# Musik-Konzepte 23/24
# Anton Bruckner

MUSIK-KONZEPTE
Die Reihe über Komponisten
Herausgegeben von Heinz-Klaus Metzger und Rainer Riehn

Heft 23/24

Anton Bruckner

Januar 1982
ISBN 3-88377-100-7



Die Reihe MUSIK-KONZEPTE erscheint mit sechs Nummern im Jahr. Die Kündigung des Abonnements ist bis zum Oktober eines jeden Jahres für den folgenden Jahrgang möglich.

Zu beziehen durch jede Buch- und Musikalienhandlung oder über den Verlag.

Gestaltung und Umschlag-Entwurf: Dieter Vollendorf, München

Gesamtherstellung: Johannesdruck Hans Pribil KG,
Nachf. Fritz Kriechbaumer, München

edition text + kritik GmbH
Postfach 800529, 8000 München 80

Löbliches Comité!

Es wolle mir das ergebenste Ansuchen gestattet sein, das löbliche Comité möge *für dieses Jahr* von den mich sehr ehrenden und erfreuenden Projecte der Aufführung meiner E-dur Symphonie Umgang zu nehmen, aus Gründen, die einzig der traurigen localen Situation entspringen in Bezug der maßgebenden Kritik, die meinen noch jungen Erfolgen in Deutschland nur hemmend in den Weg treten könnte.

In aller Verehrung

Anton Bruckner.

Wien, 13. Oktober 1885.

Anton Bruckner an die Wiener Philharmoniker[1]

[1] Am 6. November des gleichen Jahres schrieb Bruckner an seinen Förderer Moritz von Mayfeld in Linz: »Hochgeborner Herr Statthalterei Rath! Ich protestirte gegen die Aufführung meiner 7. Sinf. – da dieß (in Wien) wegen Hanslick et Consorten keinen Zweck hat. Wenn die Philharmoniker meinen Protest nicht beachten, so sollen sie thun was sie wollen. Vor Jänner für keinen Fall, da die Stimmen noch nicht im Druck erschienen sind. Überhaupt wird auch die Partitur etc. (Clavier-Auszug) noch längere Zeit nicht erscheinen, wie ich höre. Es sind bei 2 Bestellungen vom Auslande eingelaufen; 3 von Amerika.« Und in der Tat verhinderte Bruckner zunächst eine Wiener Aufführung dieser Symphonie, indem er den Philharmonikern das noch nicht im Druck erschienene Werk einfach nicht zur Verfügung stellte, weil er fürchtete, durch vorhersehbare schlechte Kritiken potentielle Verleger abzuschrecken. Erst als der Verleger Adolf Gutemann, der allerdings auf einem Druckkostenzuschuß von 1000 Gulden bestand, die Hermann Levi sammelte, sich zum Druck bereitfand, war Bruckner umzustimmen und gab die Symphonie für Wien frei.
Die Kraussche *Fackel* brachte am 12. April 1907 den Entwurf des Brucknerschen Gesuches an das Comité faksimiliert mit folgender Szene:

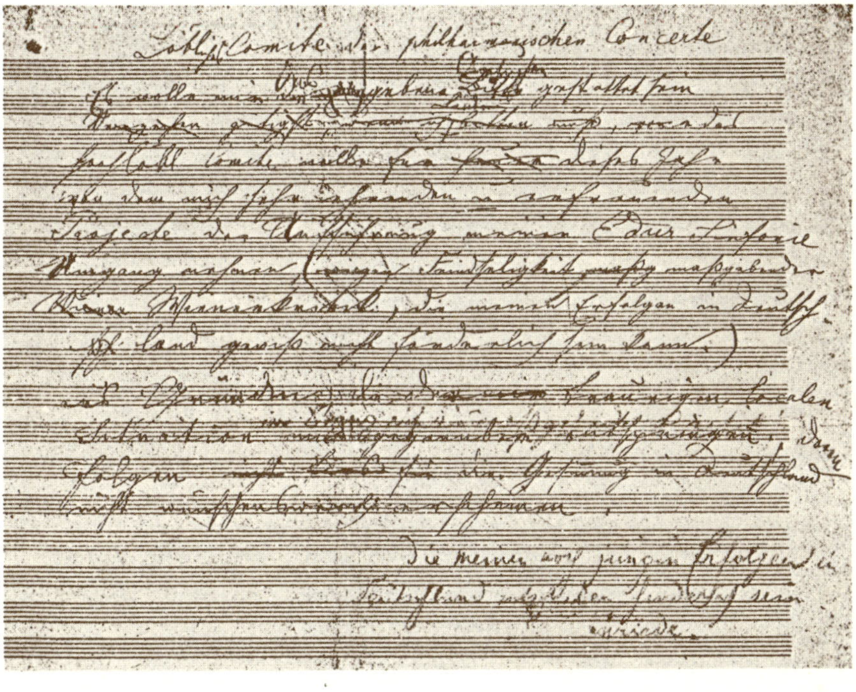

Die Siebente von Bruckner, halb unsinnig, halb großartig. Adorno sprach von »Urgestein« und Horkheimer behauptete, wenn er Komponist wäre, würde er so komponieren.

Thomas Mann in einem Brief an Erika Mann vom 8. Januar 1949

*Anton Bruckner's Bittschrift.*
Einmal – nach dem Tode Hugo Wolf's – wurden hier einige Folterszenen geschildert, wie sie sich in Wien vor nicht gar langer Zeit abgespielt haben. Darunter die folgende:
»... Anton Bruckner wird vorgeführt. Das hochnotpeinliche Verfahren nimmt seinen Fortgang.
Hanslick fragt:
Bekennst du dich schuldig, Symphonien geschrieben zu haben?
Bruckner schweigt und schafft.
Der Oberrichter legt leicht die kleinen Daumschrauben an.
Er erklärt, vor einer Bruckner-Symphonie den Musikvereinssaal zu verlassen, um die Entwürdigung des Musikvereinssaals nicht mitanzusehen.
Die Menge johlt. Vor jeder Bruckner-Symphonie wird der Musikvereinssaal verlassen.
Bruckner's Knochen knacken.
Aber Bruckner hat eine starke Konstitution.
Gehilfe Döm[p]ke schürzt die Ärmel auf.
Der Oberrichter fragt:
Anton Bruckner, bekennst du dich schuldig, ein Quintett geschrieben zu haben?
Bruckner schweigt und schafft.
Gehilfe Dömke tritt vor: ›Anton Bruckner komponiert wie ein Betrunkener!‹
Die Menge johlt.
Bruckner's Knochen knacken.
Aber Bruckner hat eine starke Konstitution.
Gehilfe Kalbeck wird gerufen. Er drückt den Schlapphut ins Gesicht.
Der Oberrichter fragt:
*Anton Bruckner, bekennst du dich schuldig, noch immer gegen uns Symphonien zu schreiben und das Ausland zu verlocken?*
Bruckner schweigt und schafft.
Gehilfe Kalbeck beginnt Bruckner ›aufzuziehen‹.
Die Menge johlt.
Bruckner's Knochen knacken.
Aber Bruckner hat eine starke Konstitution.
Er wird für toll erklärt.
Aber er will nicht wahnsinnig werden. Er hat Gottesglauben und den Glauben an die Kunst.
Er schreibt die Neunte und stirbt.
Gehilfe Kalbeck ›zieht‹ ihn noch immer ›auf‹ ...«

---

In der Beilage, die ich diesmal der *Fackel* voranschicke, findet der Leser seltsame Schriftzeichen. Eine Willenskundgebung des Gefolterten während der Folter. Ein letztes Bittgesuch um Gnade. Er bekennt sich schuldig, eine Symphonie geschrieben zu haben, will sie aber ungeschehen machen ... Anton Bruckner bittet die Philharmoniker, von der Aufführung seines Werkes abzustehen, »aus Gründen, die der traurigen lokalen Situation in Bezug auf die maßgebende Kritik entspringen«. Anton Bruckner fürchtet die »Feindseligkeit maßgebender Wiener Kritik«, vor der er nur seine jungen Erfolge in Deutschland schützen möchte... Die große Freundlichkeit eines Bruckner-Schülers, der es als schmerzensreiche Erinnerung bewahrt hat, verschafft den Lesern der *Fackel* den Anblick dieses einzigartigen Dokumentes, das ein furchtbares Urteil über das geistige Wien enthält. Ein Dokument von der journalistischen Zeiten Schande, wie es überwältigender nicht gedacht werden kann. Hier tastet die Hilflosigkeit des Genies, das nicht einmal weiß, wie sich das Ding schreibt, das seiner Kunst dient, und wie man die Mächte anredet, von denen ihm so viel Übles kommt, nach Worten. Tränen treibt hier der Anblick gedemütigter Größe, die sich klein machen muß in einer Zeit, in der sich die Kleinen groß machen. Wie lehrt einen diese Unterwürfigkeit, die mit ängstlichen Augen nach dem richtigen Wort fahndet, dieser kindische Formenrespekt, der die glückliche Abfassung eines Gesuchs vielleicht für eine größere Tat hält als die Vollendung einer Symphonie, jene Menschen hassen, die besser schreiben konnten als Anton Bruckner! In Wien hat es sich – im Jahre 1885 – begeben, daß ein Anton Bruckner seinen kritischen Peinigern durch ein Bittgesuch um Nichtaufführung seines Werkes zu entrinnen versuchte! Ob das Schreiben abgesendet wurde, weiß der Besitzer des Konzeptes nicht. Dieses wird in keiner Geschichte der Wiener Kultur des 19. Jahrhunderts fehlen dürfen. In keiner Geschichte, die von den Zeiten erzählen wird, da boshafte Zwerge über gutmütige Riesen herrschten.

Constantin Floros

# Thesen über Bruckner

»Endlich ist mit Bruckner wieder Gesang in die Welt gekommen, ein gutes Gewissen dazu. Von Wagner hat er gelernt, aber das überhitzte Wesen, die ›blutige‹ Partitur ist verschwunden. Es erscheint tätige Beweglichkeit und sich in sich wandelnde Ausstrahlung geistiger Art, geistiger Wesenheiten, schwingende Ruhe, wenn von Bruckner auch mehr noch aus dem ›kosmischen‹ denn aus dem ›intelligiblen‹ Reich geschöpft.«

Ernst Bloch[1]

## I

### Bruckners »Fremdartigkeit« = Originalität + Modernität

Von Anton Bruckner läßt sich mit gutem Grund behaupten, daß er unter den bedeutenden Symphonikern des 19. Jahrhunderts zu Lebzeiten am wenigsten beachtet und verstanden wurde. Seine Gegner, die Johannes Brahms verherrlichten, waren nicht willens, ihn als Komponisten ernsthaft zu diskutieren, und verurteilten seine Werke von vornherein. Aber auch seine Anhänger standen vielfach ratlos vor seinem monumentalen symphonischen Œuvre. Hugo Wolf beklagte noch 1891, daß Bruckner in Wien kaum Beachtung fände. Um so glücklicher war er deshalb, als er erfuhr, daß ein klassischer Philologe im fernen Tübingen die *Romantische Symphonie* verstanden hatte.

Noch heute sind die Meinungen über die Bedeutung des Symphonikers Bruckner nicht einhellig. Einem großen Teil der musikalischen Welt gilt er als der bedeutendste Symphoniker nach Beethoven. Daneben gibt es Musiker und Musikforscher, die diese Einschätzung für eine Übertreibung erklären. Noch bezeichnender ist freilich dies: Bruckners Symphonik wurde und wird immer noch oft für fremdartig gehalten. Viele seiner Zeitgenossen (und selbst diejenigen, die ihm Sympathie entgegenbrachten) fanden sich in seiner Musik nicht zurecht. Selbst Bruckners Schüler haben die Gesetzmäßigkeiten seiner Symphonik, deren stringente strukturelle Logik nicht immer erkannt.

Das Geheimnis der »Fremdartigkeit« Bruckners liegt – mag das auch vielleicht paradox klingen – in seiner großen Originalität und in der Modernität

[1] Ernst Bloch, *Zur Philosophie der Musik*, Frankfurt am Main 1974, S. 50f.

seiner Tonsprache. Zwar ist auch Bruckner historisch nicht »voraussetzungslos«: bestimmte Züge seiner Symphonik lassen sich zweifelsfrei von Beethoven, von Schubert, von Richard Wagner, ja selbst von den Programmsymphonikern Berlioz und Liszt herleiten. Trotzdem ist Bruckner als Symphoniker – insgesamt betrachtet – eine inkommensurable Erscheinung. Er steht – wie Rudolf Louis[2] schon 1904 zu Recht erkannte – recht isoliert da, »fremd und beziehungslos in einer durchaus heterogenen Umgebung«. Das Wort vom »erratischen Block« ist auf Bruckner angewandt sicher nicht unzutreffend. Hinzu kommt folgendes: Bruckners Werke verblüffen – in der historischen Perspektive – durch ihre Neuartigkeit. Sie nehmen im symphonischen Schaffen ihrer Entstehungszeit die Position der Avantgarde ein. Schon die ersten Symphonien sind in der Anwendung der technischen Mittel, in der Kühnheit der Tonsprache kaum minder »progressiv« als die symphonischen Dichtungen Franz Liszts, mit denen sie freilich äußerlich nichts gemein haben. Es war nur zu natürlich, daß eine solche Musik beträchtliche Rezeptionsschwierigkeiten zu überwinden hatte.

Für die Polemik, die Eduard Hanslick als Wortführer der Brahms-Partei gegen Bruckner geübt hat, lassen sich verschiedenartige Motive nachweisen: persönliche Animositäten, musikpolitisches Zweckdenken, ideologische und kunsttheoretische Erwägungen. Fest steht indes, daß auch die »Fremdartigkeit« Bruckners dabei eine nicht geringzuschätzende Rolle gespielt hat. Hanslick, Brahms und ihre Anhänger wollten und konnten Bruckner nicht verstehen. Die Symphonik, die er vertrat, ließ sich mit ihren ästhetischen Prinzipien nicht vereinbaren; sie wich grundsätzlich von den Gattungsnormen ab, die sie für unumstößlich erachteten. So warfen sie Bruckner immer wieder Monstrosität, Formlosigkeit, Mangel an musikalischer Logik, Wagner-Epigonentum und Unnatürlichkeit des Ausdrucks vor. Der Tenor der Kritik, die Hanslick an Bruckner übte, war, daß dieser den dramatischen Stil Wagners auf die Symphonie übertragen habe. Das war nach Hanslicks (und Brahms') Überzeugung eine verhängnisvolle Überschreitung der natürlichen Grenzen des symphonischen Gebiets.

Hanslick und seine Gesinnungsgenossen waren der monumentalen Anlage der Brucknerschen Symphonik und der Modernität ihrer Tonsprache nicht gewachsen. Sie verkannten die strenge Tektonik und die sinnvolle Gliederung der Brucknerschen Symphonien. Sie sahen Unordnung, Willkür und Chaos dort, wo eine stringente strukturelle Logik herrschte – freilich eine andersartige, sui-generis-Logik, die sich von den Gesetzmäßigkeiten der klassisch-romantischen Musik in vielen Punkten unterschied. Sie nahmen Bruckner die Anwendung einer modernen Harmonik und einer neuartigen Instrumentation übel. An bestimmten Stellen seiner Werke hörten sie verärgert ein Wagner-nahes Idiom heraus. Sie nahmen Anstoß an Bruckners teil-

[2] Rudolf Louis, *Anton Bruckner* (Moderne Essays, hrsg. von Dr. Hans Landsberg, Heft 49), Berlin 1904, S. 12.

weise pathetisch-emphatischer Sprache und fühlten sich gestört durch einen neuen, ungewohnten Ton, der ihnen theatralisch und bombastisch dünkte.[3]

Doch selbst Musiker, die Bruckner nahestanden, bejahten seine Kunst nicht vorbehaltlos. Gustav Mahler[4] zum Beispiel, der zu den aktivsten Vorkämpfern Bruckners gehörte, bewunderte bei ihm die Größe und den Reichtum der Erfindung, bemängelte aber die »Zerstücktheit« der Form. Und es mutet wie eine Ironie der Kulturgeschichte an, daß ausgerechnet ein Bruckner-Förderer, der Dirigent Hermann Levi, das falsche Schlagwort von der »Schablonenhaftigkeit« der Brucknerschen Symphonik in die Welt setzte. In einem Brief an Josef Schalk vom 30. September 1887 bemerkte er, daß das, was ihn an der (ersten Fassung) der Achten Symphonie besonders erschreckt habe, »die große Ähnlichkeit mit der Siebenten« sei, »das fast Schablonenmäßige der Form«.[5]

Postum erwuchsen Bruckner in Rudolf Louis, August Halm, Max Auer und Ernst Kurth wortgewaltige Apologeten, die sein Bild nach den Verzerrungen der Vergangenheit zurechtrückten und seine Meisterschaft im Formalen rühmten. Zumal August Halm[6] proklamierte Bruckner zum »universalsten« Musiker schlechthin, zum Begründer des »ersten Universums von Musik« und einer neuen Musikkultur. Gleichwohl lebten viele der alten Vorurteile weiter. So meinte Alfred Einstein[7] noch 1941, daß es fraglich sei, ob Bruckners vieldiskutierte Generalpausen »wirklich mit Form geladen« oder als »nicht bloß leer« aufzufassen seien. Und Wilhelm Furtwängler[8] beklagte 1939, daß in vielen Ländern Mangel an Verständnis für Bruckner herrsche: »Besonders Hörer romanischer Länder sprechen immer wieder von Formlosigkeit; Musiker stoßen sich an dem übermäßigen Gebrauch des Mittels der Sequenz, an den stereotypen Schlüssen usw.« Seit diesem Statement hat sich freilich vieles geändert. Heute bestehen selbst in den romanischen Ländern Bruckner-Gemeinden.

## II
## Stilfragen

Wollte man Eindrücke verbalisieren, die die Symphonik Bruckners beim Hörer hinterläßt, so müßte man vor allem von dem Eindruck einer großarti-

[3] Clara Schumann schrieb am 15. Dezember 1885 an Johannes Brahms über eine Symphonie Bruckners, die sie in Frankfurt gehört hatte: »Das ist ja ein greuliches Stück, nichts wie Fetzen aneinander gereiht und viel Bombast; dazu nun noch von unverschämter Länge.« Siehe: *Clara Schumann – Johannes Brahms. Briefe aus den Jahren 1853–1896*, hrsg. von Berthold Litzmann, 2 Bände, Leipzig 1927, Band II, S. 297.

[4] Natalie Bauer-Lechner, *Erinnerungen an Gustav Mahler*, Leipzig/Wien/Zürich 1923, S. 16.

[5] Anton Bruckner, *Gesammelte Briefe. Neue Folge*, hrsg. von Max Auer (Deutsche Musikbücherei, Band 55), Regensburg 1924, S. 395. Näheres zu diesem Brief Hermann Levis bei Constantin Floros, »Die Fassungen der Achten Symphonie von Anton Bruckner«, in: *Bruckner-Symposion »Die Fassungen«*. Bericht hrsg. von Franz Grasberger, Linz 1981, S. 53–63.

[6] August Halm, *Die Symphonie Anton Bruckners*, München 1923, S. 102.

[7] Alfred Einstein, *Greatness in Music*, New York 1941; deutsche Ausgabe: *Größe in der Musik*, Zürich 1951; Taschenbuchausgabe: Kassel 1980, S. 38.

[8] Wilhelm Furtwängler, *Johannes Brahms. Anton Bruckner* (Reclam Universal-Bibliothek Nr. 7515), Stuttgart 1971, S. 31.

gen Vereinigung von Gegensätzen sprechen. Strenge und Üppigkeit, Schlichtheit und Ekstatik, Bangigkeit und Feierlichkeit scheinen bei Bruckner in raschem Wechsel aufeinanderzufolgen. Hinzu kommt eine wohl einzigartige Synthese von Archaik und Modernität, die dieser Symphonik das eigentümliche Gepräge verleiht und ihre Sonderstellung begründet. Wie bei kaum einem anderen Komponisten ist bei Bruckner eben Archaisches und Modernes, Barockes und Romantisches, Altertümliches und Zukunftsweisendes integriert.

Führt man eine Stilanalyse der Musik durch, so gelangt man zu dem Ergebnis, daß das Spektrum der Stileinflüsse, die sie aufweist, breit ist. Bruckners Symphonik läßt neben einer besonderen Affinität zu Wagner vielfältige Beziehungen zur Musik des 16. Jahrhunderts, zum Barock, zu Beethoven, Schubert und selbst zu den Programmsymphonikern Berlioz und Liszt erkennen.

Bruckners Kunst hat freilich mit Eklektizismus nichts gemein: das Bewundernswerte an Bruckner liegt darin, daß selbst übernommene Stilmittel bei ihm, kraft seiner starken urwüchsigen Persönlichkeit, derart vollends assimiliert sind, daß nirgends ein Bruch spürbar ist. Alles wird in echt Brucknerscher Weise angewandt; alles trägt die Handschrift des Komponisten. Assimilierung des Herkömmlichen und Übernommenen in solchem Grade ist eine Erscheinung, die außerhalb Bruckners nur noch selten begegnet.

Bruckner kam relativ früh in Berührung mit der Vokalpolyphonie des 16. Jahrhunderts. Er lernte unter anderem Werke von Palestrina und Giovanni Gabrieli kennen. Aus einer »Wahlverwandtschaft« mit diesen Komponisten ist es zu erklären, daß modale, stufenreiche Harmonik bei ihm keine Seltenheit ist. Es kommen in den Symphonien gelegentlich Partien vor, die an Palestrina erinnern[9], und nicht selten sind Blechbläserstellen, die in ihrer Strenge und Pracht an Instrumentalkanzonen Giovanni Gabrielis gemahnen. Beispiele dafür bieten etwa die Ecksätze der Fünften Symphonie.

Bruckners besondere Vorliebe für polyphone Schreibweise und für strenge Satztechnik weist sodann in erster Linie auf die Musik des Barock hin. Eindeutig barocken Ursprungs sind zum Beispiel die häufigen Sequenzbildungen, die Bruckner liebte und derentwegen er oft getadelt wurde.[10] Aber auch seiner Art, das Orchester oft wie eine Riesenorgel zu behandeln und registerähnlich zu instrumentieren, haftet Barockes an.[11] Bruckner lernte während seines langjährigen Studiums bei Simon Sechter die strenge Kompositionstechnik in allen ihren Nuancen meistern.

Symptomatisch für sein symphonisches Schaffen ist es aber, daß er die erworbene kompositionstechnische Meisterschaft nicht in den Dienst des Historismus, sondern in den Dienst eines neuartigen Ausdruckswillens stellte.

[9] Man betrachte zum Beispiel im Kopfsatz der Dritten Symphonie (Fassung von 1878) den Schluß der Exposition T. 239–256.

[10] Vgl. dazu August Halm, *Die Symphonie Anton Bruckners* (1923), S. 204 f.

[11] Dazu Karl Schütz, »Von der Orgel-Improvisation zur Symphonie. Ein Beitrag zur Klangvorstellung Anton Bruckners«, in: *Bruckner-Studien*, hrsg. von Othmar Wessely, Wien 1975, S. 271–284.

Bezeichnend für Bruckners Denken und seine musikästhetische Position ist seine Auffassung vom Kontrapunkt: »Contrapunkt ist« – so schrieb er einmal[12] – »nicht Genialität, sondern nur Mittel zum Zweck«.

Eine überaus wichtige Komponente im Gefüge der Brucknerschen Symphonik stellt der symphonische Stil Beethovens dar. Mehrere Symphonien Bruckners sind in Details der Gestaltung dem hohen Vorbild der Neunten Beethovens verpflichtet. Bruckners eigenwilliger Scherzotypus, die rondohafte Anlage vieler seiner Adagios, die Gestalt vieler Themen und Steigerungswellen, manches Unisono, die »Rückblendetechnik« am Anfang des Finales der Fünften – dies alles wäre ohne das Vorbild der Neunten Beethovens undenkbar.[13] Man vermag die Tragweite des Beethovenschen Einflusses besser zu ermessen, wenn man erfährt, daß Beethoven für Bruckner »die Incarnation alles Großen und Erhabenen in der Tonkunst«[14] war.

Will man sodann das Österreichische in Bruckners Symphonik erfassen, so muß man auf Schubert verweisen. Die monumentale Anlage der Symphonien Bruckners, die obligatorische Dreizahl der umfänglichen Themenkomplexe, die tonartliche Disposition mehrerer Expositionen, die liedhafte Gestaltung vieler »Gesangsperioden«, die obligatorische Einbeziehung der Posaunen, Bruckners Vorliebe für ländlerartige Partien in den Scherzi und Trios – all dies läßt sich letzten Endes auf das Vorbild Franz Schuberts zurückführen, insbesondere auf den Schubert der *Unvollendeten* und der großen C-Dur-Symphonie.[15]

Besonders aufschlußreich sind die bislang völlig übersehenen Beziehungen zu Liszt und Berlioz. Bruckner bewunderte die *Faust-Symphonie* von Liszt und hat dessen Verklammerungs-, Zitaten- und Reminiszenzentechnik genau studiert. Von Berlioz' Verfahren der kontrapunktischen Verflechtung kontrastierender Themen zu programmatischen Charakterisierungszwecken empfing er wesentliche Anregungen. Überdies erwies sich der pizzicato begleitete Choral des Pilgermarsches aus der *Harold-Symphonie* als Modell für die Gestaltung mehrerer Brucknerscher »Choräle«.[16]

Mächtig war schließlich der Einfluß Richard Wagners. Es ist bekannt, daß Bruckner Wagner wie einen Abgott verehrte und seinen Weg als Symphoniker erst fand, als er 1863 und 1864 in Linz den *Tannhäuser* und den *Lohengrin* kennenlernte. So läßt sich denn auch nicht leugnen, daß Bruckner der erste bedeutende Symphoniker des 19. Jahrhunderts gewesen ist, der eine größere Anzahl musikdramatischer (bühnenmusikalischer) Elemente Wagnerscher Provenienz in die Symphonie eingeführt hat. Wagners Einfluß auf Bruckner zeigt sich nicht nur in zahlreichen Zitaten und Anklängen, in der

[12] Brief an Franz Bayer vom 22. April 1893. Siehe Anton Bruckner, *Gesammelte Briefe/Neue Folge*, S. 272.

[13] Dazu Constantin Floros, *Brahms und Bruckner. Studien zur musikalischen Exegetik*, Wiesbaden 1980, S. 55–63.

[14] Carl Hruby, *Meine Erinnerungen an Anton Bruckner*, Wien 1901, S. 19–22.

[15] Constantin Floros, *Parallelen zwischen Schubert und Bruckner* (im Druck).

[16] Ders., *Brahms und Bruckner* (1980), S. 158–166.

Orchesterbesetzung und Instrumentation, in der modulierfreudigen Harmonik und in den berühmten Steigerungswellen, sondern auch in häufigen Signalen und Fanfaren, in der Vorliebe für rezitativisch-ariose Elemente, in abrupten Kontrasten und nicht zuletzt in einer neuartigen Formkonzeption, die bei den meisten Zeitgenossen auf Unverständnis stieß.

Worin besteht diese Formkonzeption? Ernst Kurth[17] versuchte diese Frage mit der Aussage zu beantworten, daß Bruckner ein »Dynamiker der Form« sei, der bedeutendste Repräsentant eines neuartigen Formprinzips, für das der Begriff des »Werdens«, der »Innendynamik« konstitutiv ist. Zur Verdeutlichung grenzte Kurth das Formprinzip der Klassiker gegen das der Romantik ab, indem er sagte, jenes sei »überwiegend statisch«, dieses hingegen »überwiegend dynamisch«. Für Bruckners Formprinzip gelte uneingeschränkt die Definition, daß Form kein Ruhe-, sondern ein Spannungsbegriff sei, »der das Werden ständig in sich lebendig trägt«.

Je intensiver man sich mit Bruckner befaßt, desto deutlicher wird es, daß mit diesen Bemerkungen Kurths, die sich auf Gedanken Richard Wagners[18] stützen, eine wesentliche Eigenart Brucknerscher Musik erstmalig richtig erfaßt ist. Bruckners Formprinzip unterscheidet sich in der Tat grundsätzlich von dem Prinzip der Klassik. Es ist nicht statisch, sondern dynamisch und ähnelt seinem Wesen nach dem Prinzip der dramatischen Musik. Die gewaltigen Steigerungswellen, die bei Bruckner weitgehend die formalen Abläufe bestimmen, entsprechen Gefühlskurven, die steil ansteigend einen oder mehrere Höhepunkte erreichen und dann, meist abrupt, abfallen.

Klarheit der Gliederung und Logik der Gestaltung werden indessen durch die Dynamik solcher Vorgänge nicht beeinträchtigt. Insofern entbehrt das Gerede von Bruckners angeblicher Formlosigkeit jeder Grundlage. Die monumentalen Sätze der Symphonien Bruckners sind bis in die Einzelheiten tektonisch streng gegliedert und wohlproportioniert. Alles ist mit erstaunlicher Folgerichtigkeit entwickelt. Die Durchführungsteile beschränken sich auf Themen und Motive der Exposition: neue Elemente werden in der Regel nicht einbezogen. Die harmonikale Disposition bleibt bei aller Beweglichkeit der Modulation zielstrebig und übersichtlich.

Nicht minder erstaunlich ist Bruckners Fähigkeit, kontrastierende Klangbilder derart zu integrieren, daß ein zwar mannigfaltiges, aber durchweg einheitliches Ganzes entsteht. Unterzieht man die großen Themenkomplexe seiner Sätze einer genauen Analyse, so kann man finden, daß jeder auf eine besondere Weise strukturiert ist und einen unverwechselbaren Ausdruckscharakter aufweist, daß die einzelnen Komplexe jedoch auf bewundernswerte Weise assoziativ zusammengefügt sind. Daraus resultiert ein großer Reichtum an Ausdruckscharakteren. So umfaßt der Kosmos der Brucknerschen Symphonik das Profane und das Sakrale, das Intime und das Feierliche,

[17] Ernst Kurth, *Bruckner*, 2 Bände, Berlin 1925, S. 233–251.

[18] Richard Wagner, »Oper und Drama, Dritter Teil: Dichtkunst und Tonkunst im Drama der Zukunft«, in: *Sämtliche Schriften und Dichtungen* (Volksausgabe), 16 Bände, 6. Aufl. Leipzig o. J., Band IV, S. 192.

das Romantische und das Religiöse, das Lyrische und das Dramatische, den Marsch und den Trauermarsch, den Ländler ebenso wie den Choral.

Bezeichnend ist dabei, daß jede Symphonie einen ausgeprägten Individualcharakter trägt; jede zeigt eine eigene Physiognomie. Die Ansicht, daß eine Symphonie Bruckners der anderen zum Verwechseln ähnlich sehe, trifft einfach nicht zu. Man kann die Probe aufs Exempel machen und etwa die Dritte mit der Vierten oder die Achte mit der Neunten vergleichen, und man wird fundamentale Unterschiede schon in der Grundhaltung feststellen können. Die erwähnte Ansicht stimmt aber auch deshalb nicht, weil Bruckners Symphonik der Erscheinung des Stilwandels in einem Maße unterliegt, für das man Parallelen aus der Musik von Johannes Brahms nicht ohne weiteres heranziehen kann. Man braucht nur die Zweite Bruckners (1871/72) gegen die unvollendete Neunte (1891–1896) zu halten, um einen immensen stilistischen Wandel konstatieren zu können. Kaum zu glauben, daß zwischen den beiden Werken nur rund zwanzig Jahre liegen.

## III
## Zur Bruckner-Deutung

Der Bruckner-Forschung harren zweifelsohne vielfältige Aufgaben. Kernfrage der Forschung und des Bruckner-Verständnisses ist und bleibt freilich die Frage nach der Bruckner-Deutung, nach dem Wesen seiner Symphonik. Besteht bei Bruckner ein enger Zusammenhang zwischen Persönlichkeit und Werk, oder ist die »geistige Welt« irrelevant für das Schaffen? Ist seine Symphonik als *absolute Musik* aufzufassen und zu rezipieren, oder verbirgt sie einen außermusikalischen »Gehalt«? Und wenn man letztere Frage bejaht: wie läßt sich dieser »Gehalt« wissenschaftlich ergründen?

Es gibt kaum einen bedeutenden Bruckner-Forscher, der sich diese Fragen nicht gestellt hätte. Es wäre ein Wunder, wenn es nur übereinstimmende Antworten darauf gäbe. In der bisherigen Diskussion herrschten zwei konträre Theorien.

Große Relevanz kommt zunächst jener Theorie zu, die in Bruckners sprichwörtlicher Religiosität den Schlüssel für ein tieferes Verständnis seiner Musik sucht. Bruckner wurde, zumal in den zwanziger Jahren, als Mystiker par excellence gefeiert, als einer der »großen Metaphysiker in der deutschen Musik«[19], als ein Komponist, dessen Schaffen einzig und allein vom mystischen Grunderlebnis her zu verstehen sei. Er wurde mit Meister Ekkehart und Jakob Böhme verglichen; er wurde von Anthroposophen und Theosophen vereinnahmt.[20] Seine Symphonien verglich man mit gotischen Kathedralen, mit Messen ohne Worte.[21] Selbst ein so hervorragender Wissen-

[19] Oskar Lang, *Anton Bruckner. Wesen und Bedeutung*, 1. Aufl. 1924, 2. Aufl. München 1943, S. 14.

[20] Erich Schwebsch, *Anton Bruckner. Ein Beitrag zur Erkenntnis von Entwickelungen in der Musik*, 1. Aufl. Stuttgart 1921, 2. Aufl. Augsburg o. J.

[21] Karl Grunsky, *Anton Bruckner* (Musikalische Volksbücher, hrsg. von Adolf Spemann), Stuttgart 1922, S. 42–46.

schaftler wie Ernst Kurth[22] stellte seine Bruckner-Interpretation auf den Begriff der Mystik. Bestimmte stilistische Besonderheiten der Symphonik Bruckners meinte er aus dem »gotischen« Ausdruckswillen des Komponisten deuten zu können. »Steilstrebigkeit«, »Steilwirkungen«, zackige Sprünge und »Streckungen« seien danach Merkmale der »Gotik« der Neunten Symphonie. »Lebensabwendung« und »Einkehr des Mystikers« bildeten den seelisch-geistigen Boden, aus dem das Werk erwachsen sei.

Auch viele spätere Forscher hielten an dem Mystikerbild Bruckners fest. Geoffrey Sharp[23] zum Beispiel sah in Bruckner keineswegs einen einfältigen Menschen *(simpleton)*, sondern einen Künstler, dessen Mystizismus aus jeder Seite seiner höchst inspirierten Musik spreche. Für Alfred Einstein[24] war Bruckner ein »religiöser Symphoniker«, ein Komponist, in dessen symphonischem Œuvre seine religiöse Welt und seine religiöse Erfahrung sich widerspiegeln. Walter Wiora[25] kam jüngst zu dem Ergebnis, daß Einsteins These mit einigen Einschränkungen Gültigkeit besitze. Der Anteil des Religiösen am Ganzen der Brucknerschen Symphonik (zumal an den Adagios und an den Ecksätzen) sei nach Wiora wesentlich größer als im symphonischen Schaffen irgendeines anderen Meisters. Die wesentlichsten Qualitäten des »Numinosen«, nämlich Mysterium tremendum, Majestas, Mirum, Augustum und Fascinans, seien demnach der Musik Bruckners immanent.

Die Hauptargumente, auf die sich die Vertreter dieser Theorie berufen, sind drei: erstens die Überlegung, daß das Religiöse in Bruckners geistiger Welt einen wichtigen Platz einnahm; zweitens die Tatsache, daß Bruckner die Neunte »dem lieben Gott« gewidmet wissen wollte; drittens die Erwägung, daß Bruckners Schaffen an Chorälen und manchen kirchenmusikalischen Zügen reich ist. Bei näherer Prüfung verlieren freilich diese Argumente viel von ihrer Überzeugungskraft. Der Gedanke, daß alles bei Bruckner von einem mystischen Grunderlebnis herzuleiten sei, erweist sich als zu pauschal spätestens dann, wenn man gemerkt hat, daß auch das Profane im Kosmos dieser Symphonik vertreten ist, ja, daß es darin einen überaus wichtigen Bereich ausmacht. Das leuchtet sofort ein, wenn man daran denkt, wie oft ländlerartige Melodien in den Scherzi vorkommen. Kein Zweifel also: Bruckners Symphonik ist zu vielgestaltig, als daß sie sich auf eine relativ einfache Formel zurückführen ließe.

Derselbe Einwand läßt sich auch gegen jene Theorie erheben, die in Bruckners symphonischem Schaffen einen Musterfall autonom konzipierter Musik erblickt. Für viele prominente Forscher ist Bruckners Symphonik reine, *absolute Musik,* frei von literarischen, außermusikalischen Intentionen

22 Ernst Kurth, *Bruckner* (1925), S. 673–682.

23 Geoffrey Sharp, »Anton Bruckner: Simpleton or Mystic?«, in: *The Music Review 3* (1942), S. 46–54.

24 Alfred Einstein, *Music in the Romantic Era,* New York 1947; deutsche Ausgabe: *Die Romantik in der Musik,* München 1950.

25 Walter Wiora, »Über den religiösen Gehalt in Bruckners Symphonien«, in: Wiora (Hrsg.), *Religiöse Musik in nicht-liturgischen Werken von Beethoven bis Reger* (Studien zur Musikgeschichte des 19. Jahrhunderts, Band 51), Regensburg 1978, S. 157–184.

und bildhaften Vorstellungen und geradezu ein Gegensatz zur Programmusik. Der apodiktische Satz Friedrich Kloses[26] »Bruckners symphonisches Schaffen ist durchaus unprogrammatischer Art« könnte als Motto über dem größten Teil des Schrifttums stehen. Für Robert Haas[27] zum Beispiel war Bruckner »stärkster Verkünder einer wirklich absoluten Musik« und für Peter Raabe[28] gar »der absoluteste aller absoluten Musiker«. Forscher, die sich zu diesen Ansichten bekennen, pflegen den Einfluß Richard Wagners auf Bruckner zu bagatellisieren und einen vermeintlichen Gegensatz zwischen Bruckner und Liszt hervorzuheben. So behauptete Robert Haas[29], daß die neudeutsche Richtung Liszts und seiner Anhänger für Bruckner »so gut wie bedeutungslos« geblieben sei.

Mit diesen Ansichten lassen sich zwar die zahlreichen hermeneutischen Äußerungen Bruckners zu vielen seiner Werke nicht vereinbaren. Die Forschung war indes bislang nicht bereit, diese Äußerungen ernstzunehmen. Man stellte ihre Authentizität in Frage, man unterstellte Bruckner ein opportunistisches Denken, man behauptete, sie seien nachträglich abgegeben worden, man mokierte sich über ihre angeblich mangelnde Folgerichtigkeit und man vermutete, daß Bruckner ein Opfer der (schlechten) Ratschläge seiner Schüler geworden sei.

Alle diese Behauptungen entspringen indessen einem klischeehaften, doktrinären Denken und sind völlig unhaltbar. Jüngere Untersuchungen ergaben, daß das gültige Bruckner-Bild einer gründlichen Revision bedarf.[30] Bruckners Symphonik darf unter keinen Umständen als *absolute Musik* rubriziert werden; mit der formalistischen Ästhetik Eduard Hanslicks hat sie nichts gemein. Es war bislang unbeachtet geblieben, daß Bruckner mit den kunsttheoretischen Maximen des Wagnerismus vertraut war und die Programmusik höher einschätzte als die absolute Musik. Es konnte gleichfalls nachgewiesen werden, daß Bruckners hermeneutische Erläuterungen zu mehreren seiner Werke authentisch sind. Sie stellen nicht »nachträgliche Interpretationsversuche« dar, wie man immer wieder behauptet hat, sondern gehen auf die Entstehungszeit der Werke zurück. Noch signifikanter ist dies: Bruckners hermeneutische Angaben lassen sich präzise auf musikalische Sachverhalte beziehen. Die bestehenden Korrespondenzen und Korrelationen beweisen, daß außermusikalische Vorstellungen und Bilder den Schaffensprozeß bei Bruckner begleiteten und die Gestaltung der Musik wesentlich bestimmten.

Die authentischen Programme zur Vierten und zur Achten, die gemeinhin belächelt oder ignoriert werden, müssen somit ernstgenommen werden. Sie

[26] Friedrich Klose, *Meine Lehrjahre bei Bruckner. Erinnerungen und Betrachtungen* (Deutsche Musikbücherei, Band 61), Regensburg 1927, S. 237.

[27] Robert Haas, *Anton Bruckner* (Die großen Meister der Musik, hrsg. von Ernst Bücken), Potsdam 1934, S. 37.

[28] Peter Raabe, *Wege zu Bruckner* (Deutsche Musikbücherei, Band 19), Regensburg 1944, S. 181.

[29] Robert Haas, *Bruckner* (1934), S. 37.

[30] Verf., *Brahms und Bruckner* (1980), Dritter Teil.

vermögen wesentlich zu einem tieferen Verständnis der Werke beizutragen. Bruckners Programme muten freilich – vor allem wenn man sie an den Programmen Berlioz' mißt – geradezu improvisiert an; sie sind weder ausgearbeitet noch straff organisiert. Sie bestehen vielmehr aus einer Reihe nur lose miteinander verknüpfter Bilder, die nicht unbedingt eine streng logisch fortschreitende »Handlung« konstituieren. So ließ sich Bruckner bei der Komposition des Kopfsatzes der Vierten Symphonie, der er das Beiwort »Romantische« beigab, von Bildern aus Wagners *Lohengrin* und von Naturstimmungen anregen. Den langsamen Satz konzipierte er als nächtlichen Pilgermarsch. Das Scherzo gestaltete er (in der Fassung von 1878) als Jagdstück und das ländlerartige Trio als ein Genrebild: »Tanzweise während der Mahlzeit auf der Jagd«. Aufschlußreich ist dabei, daß für Bruckner Wagners »romantische Oper« *Lohengrin* der Inbegriff der Romantik war. Mit dieser Oper verband er die Vorstellungen des Wunderbaren, Geheimnisvollen, Religiösen und Reinen, und manches aus dieser Vorstellungswelt drang auch in die Vierte ein.

Dem Kopfsatz der Achten Symphonie dann liegt eine dramatische Konzeption zugrunde. Bruckner hat in einem Brief an Felix Weingartner vom 27. Januar 1891 zwei Stellen des Satzes (Fassung von 1890) – den Höhepunkt der Reprise (bei V) und die Koda (bei X) – inhaltlich gedeutet. Die zehnmalige Intonation des punktierten Rhythmus des Hauptthemas durch Hörner und Trompeten verstand er als »Todesverkündigung«; die threnodisch-verebbende Koda bezeichnete er als »Ergebung«, aber auch als »Totenglocke« oder »Totenuhr«. Man begreift die Tragweite dieser Charakterisierungen erst dann, wenn man festgestellt hat, daß Bruckner die Anregung zur Komposition des Satzes von der c-moll-Arie des Fliegenden Holländers aus dem ersten Aufzug der gleichnamigen Oper Richard Wagners empfing. Das Hauptthema der Symphonie weist eine auffällige Ähnlichkeit mit dem Thema der Holländer-Arie auf. Deren Text (»Wann alle Toten aufersteh'n, dann werde ich in Nichts vergeh'n. Ihr Welten, endet euren Lauf! Ew'ge Vernichtung, nimm mich auf!«) schildert die geistige Landschaft, in der Bruckners Musik lokalisiert werden will.

Was für die Vierte und die Achte festgestellt werden konnte, gilt auch für mehrere Sätze aus anderen Symphonien. So ist das Adagio der Neunten eine autobiographisch inspirierte Komposition, die den Todesahnungen Bruckners, seinem religiösen Glauben und der Hoffnung auf Gottes Erbarmen ergreifenden künstlerischen Ausdruck verleiht.[31]

[31] Constantin Floros, »Zur Deutung der Symphonik Bruckners. Das Adagio der Neunten Symphonie«, in: *Bruckner-Jahrbuch 1981*.

Dieter Schnebel

# Der dreieinige Klang oder die Konzeption einer Leib-Seele-Geist-Musik

## Zu Bruckners Dritter*

Mein affektives Verhältnis zu Bruckners Dritter Sinfonie – sie berührt mich jedesmal neu, wenn ich sie höre – reicht in meine frühe musikalische Vergangenheit zurück. In den ersten Jahren des zweiten Weltkriegs, als ich etwa zwölf Jahre alt war, gab es eine Sendung mit dem ebenso bombastischen, wie für die damals herrschende Kultur bezeichnenden Titel »Unsterbliche Musik Deutscher Meister«. Diese Sendung hatte einen »Indikativ«, ein als Kennmarke jedesmal vorweggespieltes signalartig kurzes Stück Musik, das mich immer wieder faszinierte: ein strahlender statischer Dur-Dreiklang in Blechbläser-Glanz und darin eine reine, klare Trompetenmelodie. Erst längere Zeit später lernte ich auch das Stück kennen, dem die Stelle entnommen war: eben Bruckners Dritte, die mich seitdem begleitet; und die Stelle war die letzte Erscheinung des Mottos der Sinfonie kurz vor Schluß.

Das Besondere an Bruckners Musik rührt in der Tat her von der eigenartigen Präsenz des Klangs: sei es sein Leuchten oder sein abgeblendetes Dunkel, sei es seine rohe Kraft oder die schmelzende Weichheit. Und ebenso ist es die Bewegung der Klänge, ihr Dahinstürmen oder ihr sanftes Fließen, das pochende Stoßen oder das quellende Pulsieren, was einen seltsamen Zauber ausübt. Die Themen sind in den Klang eingebunden, wirken eher als sein Äußeres: Gestalt seiner Materie, und nicht so sehr als eigene Gebilde und selbständig geformte Charaktere. Auch der musikalische Fortgang erschließt sich mehr vom Klang her als etwa von der thematischen Arbeit – die bei Bruckner oft merkwürdig unausgeführt, auch unlogisch, gar simpel erscheint – trotz aller kunstvollen kontrapunktischen Kombinationen. Bruckners Musik ist primär Klangkomposition, und das macht das Neuartige an ihr aus.

Die Sinfonie beginnt geheimnisvoll – »Mehr langsam, Misterioso« hat Bruckner den Anfang überschrieben, als wäre es gleichsam das Mysterium des Erklingens selbst. Kontrabässe und Violoncelli intonieren pianissimo den Grundton *D* in sehr tiefer und tiefer Lage, in pulsierender Halbe- und Vier-

* Der Analyse liegt die Partitur der Kritischen Gesamtausgabe (Fassung von 1889, Wien 1959) zugrunde.

telbewegung. Die Violen umschreiben in Sechzehntelbewegung und in mittlerer Lage den d-moll-Klang und ebenso später die Violinen in hoher und sehr hoher Lage in Achtelbewegung, so daß sowohl zeitlich als auch räumlich-klanglich ein Spektrum erscheint: ein von unten nach oben sich entfaltender Klang in zeitlich entsprechender Struktur. Gleichzeitig ertönen in den Holzbläsern lang gehaltene Klänge: zuerst die Quinte *D-A* in den Klarinetten, dann zwei Takte später diese Quinte eine Oktave höher in den Oboen, wiederum zwei Takte später ein hohes *D* der Flöten und nochmals zwei Takte danach die Quint auch noch in der Tiefe, gespielt von den Fagotten. So fächert sich im Lauf von acht Takten ein vier Oktaven breiter Quintraster auf. Im fünften Takt kommt in leicht hervortretendem Piano eine Trompetenmelodie hinzu, das Motto der Sinfonie, deren Quart-Quint-Umschreibungen *(D-A-D* abwärts und wieder aufwärts) aber mit den umgebenden Quintklängen der Bläser in hohem Maß verschmelzen und also im allgemeinen Klangfluß lediglich einen leicht hervortretenden Linienzug bilden, der dann im folgenden – etwa in den Holzbläsermelodien – weitergeht.

Also entfaltet sich Klang räumlich und zeitlich, erhebt sich gewissermaßen aus einem Unbestimmten – fast könnte man sagen aus dem Apeiron eines Uranfangs – und nimmt allmählich Gestalt an. Die ganze Entwicklung erstreckt sich über lange Zeit, und währenddessen wird der Ton *D* orgelpunktartig als Basiston durchgehalten. Allerdings vollzieht sich etwa in der Mitte der Phase eine Wendung zur Dominante und ab da eine sowohl dynamische als auch rhythmische Steigerung, so daß der gesamte Prozeß nicht nur die große Entfaltung *eines* Klangs bedeutet, sondern auch eine Art Öffnung, wie wenn dieser eine Klang nun in viele Richtungen weitergehen könnte – und also sein Potential offenbarte.

Nichtsdestoweniger hat die Entwicklung ein bestimmtes Ziel, mündet in eine Unisono-Partie (Part. Abschnitt A), als ob das Klangspektrum nun in sich, nämlich in den Einklang zusammenstürzte. Die Musik erscheint wie gemeißelt, ebenso ausgeprägt wie einprägsam – quasi-Formulierung eines Themas. Und wirklich findet sich in der Passage thematische Arbeit: ein rhythmisch scharf konturiertes viertöniges Motiv in absteigender Tonfolge ( ♩. ♬ ♩ ) wird in Varianten weitergesponnen; erst in rhythmischer Verkleinerung und mit Auftakt ( ♩|♩. ♬ ♩ ), sodann in einer Form, in der sowohl die Urform als auch die Verkleinerung enthalten ist ( 𝅗𝅥|♩. ♫ ♩ ) und in der die Tonfolge umgekehrt wird, schließlich in einer Gestalt, in welcher das Vorige rhythmisch wie melodisch aufgeweicht wird ( 𝅗𝅥 ♩♩♩ 𝅗𝅥 ). Der ganze Verlauf erinnert in den Quartumschreibungen der Tonfolge *(F-Cis, C-G, C-F)* sowie in der insgesamt erst ab-, dann aufsteigenden Linie an das Trompetenmotto.

Wie um das Thetische, Exponierende an der Passage zu bekräftigen, wird sie unter Harmonisierung wiederholt, wobei die Harmonik selbst stark chromatisch ausgestuft ist. In den Farben treten Gegensätze auf wie Tutti-Streicher, Streicher-Bläser; der orchestrale Gesamtklang der Klangentwicklung zuvor wird aufgeteilt. Eine in quasi-Echos des Vorigen eher zurücknehmende Fortsetzung schlägt plötzlich in eine Forte-Entladung um.

Danach setzt unvermittelt nochmals die Klangentwicklung des Beginns ein (B), nun allerdings konturierter und strenger durchgestaltet, nämlich in sequenzierenden Wiederholungen eines Motivs aus dem Trompetensolo ( 𝅝 |𝅗𝅥. 𝅗𝅥| 𝅝 ), dessen rhythmische Gestalt im folgenden zweimal verkleinert wird ( 𝅗𝅥 ♩. ♪ 𝅗𝅥 ; ♩ ♫ ♩ ). Diesmal bildet gleich das dominantische *A* den Orgelpunkt, wie wenn der große Steigerungsprozeß nun direkt aufs Thema zielen müßte – das dann auch erscheint, allerdings trugschlußartig in strahlendes B-Dur gewandt; es gibt denn auch rasch sein Wesen preis, löst sich überleitungsartig auf.

Die ganze Phase wirkt als komprimierende Rekapitulation der vorigen, wobei diese freilich umgedeutet wird: war die erste Phase mehr ein Werden – Entstehung eines Klangs, dessen mystischer Strom auf deutliche, gewissermaßen erhellende Form zielt und sie auch findet, so ist die zweite Phase mehr Sein: die ausformulierte Darstellung dessen, was sich im vorigen herausklärte, nämlich ein aus dem Unbestimmten sich zu strahlender Gestalt entwikkelnder Einklang, der sich fast wie in einer Peripetie aufplatzend dann melodisch, rhythmisch, harmonisch entfaltet.

Nach jener überleitungsartigen Auflösung am Ende dieses ersten Teils der Exposition des großen Sinfoniesatzes setzt etwas Neues ein (D): wieder ein Klangprozeß – der freilich für Seitensatz mit zweitem Thema steht. Er unterscheidet sich vom vorigen zunächst durch das Dur und die Triolenrhythmik – genauer: durch den bei Bruckner öfters vorkommenden Fünfer-Rhythmus aus einer Duole und einer Triole ( ♩♩♩(3) ♩♩ bzw. ♩♩ ♩♩♩(3) ). Überdies eignet dem Prozeß polyphone Struktur. Zwar finden sich wieder lang durchgehaltene Basistöne, aber darüber verwickeln sich vielerlei Linien in mannigfachen Stimmkreuzungen, so daß die einzelnen Melodien in einem Ganzen aufgehen – weshalb sich denn auch kaum etwas Thematisches heraushören läßt. Der Prozeß hat die warme Grundfarbe von Streichern und Hörnern, und die Harmonik gibt sich fast volkstümlich diatonisch. So erscheint ein intern melodisierter Klangfluß von großer Sanftheit und jenem für Bruckners Lyrik eigentümlichen seligen Wohllaut, wo die Oberstimme aus ständig neu heraufdrängenden Wellen entsteht. Der erst gemächlich dahinfließende Klangstrom treibt in verschiedene Richtungen, biegt in überraschende Kontraststellen und gerät schließlich in Überschwang. Eine letzte Steigerung leitet zu einem neuen Klangprozeß über.

Dieser – gewissermaßen ein zweiter »Seitensatz« mit »drittem Thema« (F) – ist streng linear gehalten: reine Melodik in zwei-vierfachen Oktavverdoppelungen (also verschiedenen Breiten). Die Tonfolgen mit viel Quart- und Sekundschritten klingen altertümlich modal. Die Farbe wechselt oft und plötzlich, meist so, daß aus der Gesamtfarbe des Tutti Einzelfarben herausgefiltert werden, wobei allerdings die Bläser dominieren. In der Rhythmik waltet die Gliederung 2/3/4 (♩♩ ♩♩♩(3) ♩♩♩♩) – eine Art Synthese der Zweier-Vierer-Metrik des ersten Abschnitts und der Dreier-Sechser-Metrik des zweiten –, die gleichwohl dem Gesamtverlauf etwas sehr Unruhiges gibt. Auch entstehen durch die genannten Wechsel nicht so sehr Kontraste als ein insgesamt hektischer Duktus, welcher die ohnehin fast rohe Schroffheit der Musik noch steigert. Im weiteren Verlauf des Prozesses treten zur Monodie noch andere Klänge hinzu (G) – auch hier wieder lang gehaltene –, und schließlich wird die kirchentonartliche Melodik zu einem Choral ausformuliert und ausharmonisiert.

Also besteht die Exposition des ersten Satzes von Bruckners Dritter aus drei Prozessen je verschiedener Klangcharaktere: der Ein-Klang-Entfaltung, dem polyphonen Klangstrom und der zur reinen Melodie komprimierten Klanglinie. Jeder der drei Charaktere ist in Melodik, Harmonik, Rhythmik, Dynamik und in der Klangfarbe nochmals eigen strukturiert:

| | I | II | III |
|---|---|---|---|
| Melodik: | naturtönig | diatonisch | modal |
| Harmonik: | gar nicht → chromatisch (Klangentfaltung) | diatonisch | gar nicht → choralartig |
| Rhythmik: | 2/4er-Gliederung | 3/6 (5) G. | 2/3/4 G. |
| Dynamik: | sich entwickelnd-kontrastierend | fließend | hektisch wechselnd |
| Farbgestaltung: | tuttihaft → kontrastierend | streicher-betont | bläser-betont |

Der weitere Verlauf des ersten Satzes – die »Durchführung« (J ff.) – wird in mannigfachen Weiterführungen, Umgestaltungen und Verwandlungen der drei Klangprozesse geformt, wobei die Charaktere auch miteinander verbunden werden, so daß aus der Kombination ihrer Parameter sich wiederum neue Klangprozesse ergeben. Die einzelnen Phasen werden meist überleitend verbunden, selten voneinander abgesetzt. Wie in der Exposition jeder Klangprozeß durch eine Steigerung in den nächsten übergeführt wurde, so waltet auch im weiteren das Prinzip der Verbindung. Selbst Haltepunkte wie an zwei Stellen der Durchführung (vor M und R) oder in der Coda (vor Z) sind eher Endpunkte von Verzögerungen, wo einen Augenblick lang Stillstand eintritt, oder tiefstes Luftholen, bevor die Bewegung wieder in Gang kommt – haben also ebenfalls überleitenden Charakter: Bruckners Musik ist insgesamt eine Tendenz zur Verschmelzung eigen.

Im übrigen bleibt die traditionelle Sonatenform trotz der neuartigen Gestaltung von Klangverläufen äußerlich erhalten. Es gibt wie gesagt Exposition, Durchführung – und auch eine Reprise (O), die allerdings verglichen mit der Exposition doch stark verändert ist: einmal wird der ganze Ablauf komprimiert – so entfällt beispielsweise die Wiederholung der Klangentwicklung zu Beginn der Exposition. Zum anderen sind die Entwicklungen selbst nach der vergeistigenden und quasi rationalisierenden Geschichte der Durchführung stärker durchgestaltet.

Der Gesamtablauf des ersten Satzes der Sinfonie ist folgender (Ch = Klangcharakter):

I »Exposition«

| | | | | | |
|---|---|---|---|---|---|
| Ch 1a<br>Ein-Klang-<br>Entfaltung<br>mit Motto | Ch 1b<br>quasi<br>Thema | Ch 1a/1b | Ch 2<br>Klangpoly-<br>phonie | Ch 3a<br>Klang-<br>Linie | Ch 3b<br>Choral |

II »Durchführung«

| | | | | |
|---|---|---|---|---|
| Ch 3b<br>+ 1a | Ch 1a (Motto)<br>+ 1b | 1b<br>+ 1a (Begleitung) | 1a<br>(Motto) | Ch 2<br>+ 1b |

III »Reprise« mit »Coda«

| | | | |
|---|---|---|---|
| Ch 1a/b | Ch 2 | Ch 3a | Ch 1a/b $1\frac{a}{b}$ |

Auffällig an solcher Großform sind die Dreiergliederungen: eine dreiteilige Exposition, eine dreiteilige Durchführung, eine dreiteilige Reprise. Was bereits in der Exposition geschah, nämlich die Aufstellung einer Dreiheit – hier in der Präsentation einer mystisch-geistigen, quasi zeitlosen Klangentwicklung, einer menschlich warmen und gewissermaßen gegenwärtigen und einer wilden von gleichsam archaischer Frühe – das wirkt in den Dreiergliederungen von Durchführung und Reprise weiter, wobei der große Mittelteil der Durchführung nochmals dreifach unterteilt ist, wie um das Zentrum des Satzes zu verdeutlichen. Allerdings werden die Dreiergliederungen teilweise auch verunklart. Die erste Phase der Exposition ist wegen der Wiederholung der Klangentwicklung eigentlich zweiteilig, und auf die Reprise folgt die Coda, wodurch beide Großteile in ihrer Binnengliederung insgeheim vierteilig werden, wie die Durchführung wegen des dreiteiligen Mittelteils fünfteilig. Nun bildet die Klangentwicklung zu Anfang eine Einleitung und die Coda als »Ausleitung« sozusagen ein Resumée; d. h.: beide Teile entsprechen sich, schlagen gleichsam einen Bogen, so daß eine Symmetrie entsteht, welche durch die große Dreiheit inmitten der Durchführung noch bestätigt wird.

Beides: die Dreiergliederung und die Symmetriebildung, waltet auch in den anderen Sätzen, welche wiederum aus Klangprozessen komponiert sind, wiewohl hier zuweilen mehr traditionell Getöntes erscheint als in den seinerzeit durchaus neuartigen Klangstrukturen des ersten Satzes. – Im Adagio ist es zunächst ein recht klassisch gehaltener Streichersatz, der allerdings in den hinzutretenden Bläsern bald mit Wagnerschen Elementen versetzt und chromatisiert wird – Bruckner hat ja die Dritte diesem von ihm hochverehrten Komponisten gewidmet. Eine zweite Entwicklung ist mehr melodischer Natur (B): eine weitausschwingende Violenmelodie, die von den anderen Instrumenten ziemlich einfach begleitet wird; ihr eignet großer individueller Ausdruck. Ein dritter Klangprozeß besteht aus einem kargen, altertümlich klingenden Bläsersatz (D): ein zart getupfter, wie von fern her kommender Choral. Die drei Klangentwicklungen dieses Satzes werden ineinander übergeführt, wie wenn eins aus dem anderen hervorginge, und sie sind zu einem symmetrischen Formverlauf verbunden (a b c b′ a′).

Das Scherzo ist ebenfalls aus drei Klangstrukturen komponiert, die nun im Unterschied zum langsamen Satz schroff gegeneinandergestellt werden: ein derb ungefüges, um einen Oktavklang kreisendes Gebilde, ein volksmusikartiger, sehr österreichisch klingender Ländler von naturhaft dahintreibender Harmonik und ein »altväterisch« gespreizter Menuettcharakter (Trio). Auch hier wiederum eine symmetrisch übersichtliche Form: a b a c a b a.

Das Finale wird nochmals aus drei Klangverläufen entwickelt: aus einem zugleich akkordisch und melodisch strukturierten, grell tönenden Marsch (Blechbläser und Streicher), in dem Oktaven, Quinten und Quarten eine große Rolle spielen; aus einem Klangverlauf aus zwei Komponenten: einer vertikal strukturierten, nämlich einem Bläserchoral, und einer horizontal ausgerichteten, nämlich einer volkstümlichen Melodie von seligem Überschwang (B); schließlich aus einem dritten, monodischen Klangverlauf (K), wobei allerdings – anders als im ersten Satz – die eine Klanglinie in engstem Zeitabstand versetzt mit sich selbst kombiniert wird, so daß starke Klangreibungen entstehen. Gegen Ende der an Überleitungen, Umgestaltungen und Kontrasten reichen Sonatenform (W ff. – wiederum symmetrisch dreiteilig) wird auch das Motto der Sinfonie eingearbeitet: was einmal aus einem Moll-Misterioso undeutlich hervorkam, beschließt nun die Sinfonie hell, klar – und in warm umhüllendem Dur.

Die zu Dreiheiten verbundenen Klangverläufe, aus denen Bruckner die großflächige Architektur seiner Sinfonie baut – immer wieder gibt es ausgedehnte statische Klänge –, haben mannigfache Querbeziehungen zueinander. So gemahnen der erste Teil des Scherzos und der Marsch im Finale mit den pointierten Oktaven, Quinten und Quarten an den Klangcharakter I des ersten Satzes. Die erste Adagiophase, die Ländlereinschaltung des Scherzos und die volkstümliche Melodie im Finale wirken wie Varianten des Klangcharakters II aus dem ersten Satz. Die Choralpassagen im Eingangssatz, im Adagio und im Finale erscheinen ohnehin verwandt, und auch das altertümelnde Scherzo-Trio hat dazu entfernte Affinität. Weiter erweisen sich die Unisono-Melodik im ersten Satz, die Espressivo-Melodie im zweiten und der Klangcharakter III im Finale als gleichwohl höchst verschiedene Abwandlungen eines Grundgedankens.

Schließlich ließen sich überhaupt alle Klangverläufe aus dem Motto der Sinfonie ableiten, insofern dieses in seiner Quart-Quint-Oktav-Formel, welche die ersten Teiltöne des Klangspektrums umschreibt, die Grundformel jedweden Klangs enthält. So ist es nur konsequent – und nicht etwa triumphal affirmativ –, wenn Bruckner das die Sinfonie unbestimmt und gestaltlos eröffnende Motto, das letzten Endes keimhaft alles weitere enthält, nach der Klangausbreitung der Sinfonie nochmals als quasi Essenz zum klaren Schlußpunkt macht.

Was sich also im Strukturellen zeigt, nämlich die Bildung und Entfaltung von Dreiheiten, die wiederum verbunden werden, demnach eine untergründige Einheit aufweisen oder zur Einheit tendieren; kurz: die Gestaltung von Klang-Trinitäten – das gilt auch fürs Inhaltliche. Die Exposition des ersten Satzes ließ die Entstehungsgeschichte einer solchen Dreieinigkeit deutlich werden: wie erst aus einem mystischen Klangurgrund sich Geformtes herausbildete, gewissermaßen Vergeistigung sich ereignete, daraus eine warm umfangende, ja erotisch getönte Musik entfloß, also Gefühlsmäßiges erschien, sodann wild zugreifende, wirklich packende Musik losbrach, wie wenn nun Entscheidungen gefällt würden. Man könnte darin die alte philosophische Dreiheit Denken-Fühlen-Wollen erkennen, oder auch die theologische Trias Geist-Seele-Leib.

Ähnliches läßt sich auch in den übrigen Sätzen erspüren, wobei die Dreiheiten andere, ja konkretere Formen annehmen. Nach dem quasi philosophisch-theologisch allgemeinen Eröffnungssatz redet das Adagio mehr individuell persönlich: erst in klassisch gewohnter, dann in freier und schließlich in traditionell gebundener Sprache – also eine Dreiheit von mittlerem, extrovertiertem und introvertiertem Ausdruck. Im Scherzo geht es eher um gruppenhafte Äußerungsweisen in drei soziokulturell verschiedenen Formen: urtümlich, ländlich-einfach, städtisch-differenziert. Das Finale schwenkt wieder zurück in allgemeinen und mehr kollektiven weltoffenen Ausdruck: der Marsch repräsentiert Gesellschaft, der volkstümliche Choral beschwört die Sphäre von Kultur, und die ungebändigte Unisono-Passage könnte Natur bedeuten; vielleicht aber sollte man in diesen Klangbildern eher die Bruckner nähere Dreiheit von Weltlichem, Geistlichem und Natürlichem sehen.

Die Gestaltung solcher inhaltlich verschiedenen Dreiheiten geschieht bei Bruckner primär aus einer aufnehmenden, quasi empfangenden Haltung heraus: Stoffe, Wesen erspüren, ihrem Leben nachgehen, sie SEIN lassen, oder sich in ihr WERDEN tätig hineinwerfen. Solche Haltung kommt aus Bruckners mystischem Lebensgefühl, worin es eben ums Erfühlen und sensitive Formen, nicht so sehr ums rationale Erfassen und Gestalten geht. Daher wohl auch die sinfonische Gestaltung von Klangverläufen statt von thematischen Gebilden. Sie erschließt in hohem Maße emotionale Schichten, die anscheinend mehr im Klang beheimatet sind als thematische Strukturen: Gefühle sind nicht klar konturiert, sondern fließend.

So erscheint in Bruckners Musik ein Gefühlsreichtum wie vordem vielleicht nur bei Schubert. Da gibt es das Hinabgleiten in innere Tiefen, aus denen Regungen weich und formlos emporsteigen, wie zu Beginn der Sinfonie, oder das wild zupackende Hinaus-in-die-Welt wie zu Anfang des Scherzos; oder solches zugleich mit dem Sich-Reiben, Leiden an der Realität (Klangcharakter III im ersten Satz), oder wieder den Rückzug aus dem Wirklichen in ruhige Beschaulichkeit (Anfang des Adagios). Da findet sich das Eingehen ins Geistige (die Choralpassagen) und ebenso das Aus-sich-Herausgehen – sei es in Einstimmung mit allgemeinen Gefühlen, wie in den Volksmusikstellen, wo Bruckner im guten Sinne Bodenständiges, in ehrwürdiger Tradition Verwurzeltes zum Ausdruck bringt; sei es aber auch ganz individuell in der Zuwendung des Einzelnen zum Anderen: bei Bruckner erscheinen immer wieder, wie vielleicht bei keinem anderen Komponisten außer bei Wagner, Stellen von unbeschreiblicher Erotik – so etwa die Entfaltung des zweiten Klangcharakters im ersten Satz. Allerdings ist die Liebesmusik Bruckners weniger nervös und flackernd als die Wagners, verströmt sich vielmehr in einfacher Hingabe.

Die stark verschiedenartigen Gefühlsverläufe der Brucknerschen Musik, welche zudem oft in weit auseinandergehende Richtungen treiben, werden gleichwohl immer wieder zusammengeführt oder erscheinen überhaupt insgeheim verbunden. Tatsächlich waltet in dieser Musik ein Zug zur Unio Mystica – dies nicht nur im Sinn eines Eins-Werdens mit dem Ur-Grund, sondern auch in dem einer Einigung der Dinge selbst. In Bruckners Dreiheiten sind stets zwei gegensätzliche Inhalte und ein die Mitte bildender verbunden – z. B. Leib – Geist – *und* Seele. Wie in aller Mystik so geht es auch bei ihm um die Conjunctio, ja um die Coincidentia oppositorum – also letzten Endes um die Versöhnung. Bei aller tiefgehenden Darstellung der Zerrissenheit und des Leidens an und in dieser Welt ist die tiefste Intention des österreichischen Meisters die eben der Ver-Söhnung, des Sohn- also Mensch-Werdens aus Gott-Vater und Geist. Jene Verbindung und Einigung der Gegensätze aber wird zuweilen fröhlich herbeigeführt – wie es der weltoffenen und sinnenfrohen Frömmigkeit von Bruckners Heimat entsprechen mag. Eine der schönsten Stellen in Bruckners Sinfonik überhaupt ist jene Musik im Finale der Dritten, wo eine Polka fast blasphemisch – und bäuerlich verschmitzt von einem Choral begleitet wird. Weltliches und Geistliches, Lebensfreude und Frömmigkeit, Zuwendung zur Wirklichkeit und Innerlichkeit, Gesellschaftliches und Individuelles, Natur und Mensch, Sinnlich-Seelisches und Geistiges gehören zusammen, weil nur so der Reichtum des einen, die Einheit der Mannigfaltigkeit den Menschen zugute zu kommen vermag.

(1977)

Michael Kopfermann

# Über den Anfang des Ersten Satzes von Bruckners VIII. Symphonie

Analytische Ausführungen[1]

## § 1

Großtakt und, daß das kontrapunktische Prinzip am Ort impliziert werde

Die Annahme scheint möglich, daß für den gesamten Satz der *Doppeltakt*, d. h. die Einheit des Abschnittes von 2 Takten, in der Weise: immer ein Takt mit ungeradzahliger Nummer zusammengenommen mit dem ihm folgenden Takt mit geradzahliger Nummer, das metrische Grundraster auf der Ebene der Taktfolge bildet.

Unter dieser Voraussetzung käme dann aber auch in Betracht, etwa für den Hauptsatz, oder die sog. Erste Gruppe des Satzes, d. h. für T. 1 bis 50, nach Stellen zu suchen, an denen der Doppeltakt nicht nur im Sinne dieses Grundrasters zu finden ist, sondern verbunden mit der Setzung von Tönen oder Zusammenklängen bzw. Akkorden, derart, daß diese als von der Länge des Doppeltaktes eigens hervortreten, oder auch umgekehrt, daß der Doppeltakt eigens hervortritt, als verbunden mit der konkreten Setzung der Töne oder Zusammenklänge bzw. Akkorde genau von seiner Länge.

Der erste im Satz auftretende Fall einer solchermaßen hervortretenden Setzung findet sich in T. 9/10, wo die drei Töne *ces'*, *es'* und *as'* in den Violinen und Hörnern für zwei und nur zwei Takte gesetzt sind. – Der zweite Fall findet sich in T. 15/16, wo in den Violinen und Hörnern die Töne *e'*, *fis'* und *ais'* nach der Notierung in den Violinen, *e'*, *ges'* und *b'* nach der Notierung in den Hörnern ebenfalls für zwei und nur zwei Takte gesetzt sind.

Im gesamten Hauptsatz finden sich solchermaßen dann nur zwei weitere Stellen, nämlich die Stelle der Takte 31 bis 38, und die Stelle der Takte 45 bis 50; der Fall einer entsprechenden Setzung für zwei und nur zwei Takte, jedoch verschoben gegen den Doppeltakt, kommt gar nicht vor, und es gibt auch keine Pause von der Länge von zwei und nur zwei Takten. – T. 45 bis 50 sei zunächst betrachtet. Es handelt sich um die von den Tönen der Violinen und der Viola gebildete Folge von Zusammenklängen A – B – C, nach Bei-

[1] Stellenweise werden die, zunächst (§ 1 bis 5) vorausgesetzte, 2. Fassung von 1890, und die 1. Fassung von 1887, beide nach der Studienpartitur der Wiener Gesamtausgabe, vorgelegt 1955 und 1972 von Prof. Dr. Leopold Nowak, miteinander verglichen (§ 6).

spiel 1, deren jeder zwei und nur zwei Takte liegt. Dabei bewegt sich zwischen A und B die Oktav *fes – fes'* in die Oktav *es – es'*, und zwischen B und C der Ton *des'* in den Ton *c'*. Übrigens setzt A mit allen drei Tönen neu ein, d.h. keiner liegt bereits von vorher, und auch C wird in allen drei Tönen mit dem auf dem 1. Viertel von T. 51 einsetzenden, darauffolgenden Akkord wieder verlassen.

Beispiel 1

Sodann sei die Stelle der Takte 31 bis 38 betrachtet. – In T. 35 ist in den geteilten 1. Violinen (divisi) der Ton *c'''* neueintretender Ton; der von den Tönen der Violinen, des Violoncellos und der Hörner gebildete Zusammenklang bzw. Akkord liegt zwei und nur zwei Takte. – Beim Übergang zu T. 37 bleibt in der Zusammenklangsverbindung nur dieser Ton *c'''* erhalten; der von den Tönen der Violinen, sowie der Hörner außer dem 8. Horn (mit dem das Violoncello zusammengeht) gebildete Akkord, *d' – f' – as' – f'' – as'' – c'''*, liegt zwei und nur zwei Takte.

Die Aufmerksamkeit richtet sich von daher auf den Beginn von T. 33, wo das Violoncello mit dem Ton *dis'* einsetzt, hineinsetzend in den bereits von vorher liegenden Ton *es'* (der Notierung nach) von 7. und 8. Horn, bzw. auf den Übergang von T. 32 zu T. 33. Vom vollen »Septimakkord« wie zu Beginn von T. 32 – Septimakkord, wenn man von der enharmonischen Notierung absieht, die sämtliche Töne des enthaltenen H-Dur-Akkords außer der Quint *H – fis* wie in den Posaunen betrifft – bleiben mit der 2. Halben von T. 32 die Höne *H* und *fis*, wie in den Posaunen, aus, und mit dem 2. Viertel von T. 32 auch schon der Ton *h'*, wie in den geteilten Violen. Im Verhältnis zu dem außerordentlich steilen, zum piano in T. 33 führenden diminuendo des Taktes 32 in den Violinen und Hörnern, die *dis' – fis' – a' – fis'' – a'' – h''* als Teilakkord halten – der Ton von 7. und 8. Horn bleibt notiert als *es'* –, verdeutlicht sich *dynamisch eine Überschneidung* dadurch, daß die motivische Führung in 1. und 2. Klarinette sowie in der Viola, im mezzoforte, mit dem Ton *h'*, dreifach punktierte Halbe in T. 33 sowie Auftakt zu T. 33, wiedereinsetzt. Die Auftaktbildung selber kann als Index der Überschneidung angesehen werden. Daß aber zugleich – in dieser Beziehung *das kontrapunktische Prinzip am Ort implizierend*, wie es übrigens z. B. auch darin zum Ausdruck kommt, daß die beiden Klarinetten, anders als die Viola, auf der dreifach punktierten Halben in T. 33 das Zeichen ∧ haben – das Violoncello mit dem Ton *dis'* einsetzt, kann im höchst subtilen eigenen Wert – womit durch die Instrumentierung auch der Teilakkord gefärbt wird, der so nunmehr zwei und nur zwei Takte liegt, und vorangehend in T. 31/32 ohne den Ton *dis'* des Violoncellos ebenfalls zwei und nur zwei Takte – als Index der, also unter Voraussetzung der Überschneidung, unmittelbar beim Übergang von T. 32 zu T. 33 hervortretenden Weise der *harmonischen Form* verstanden werden.

Vergleichbar kommt von daher auch der Übergang von T. 38 zu T. 39 in Betracht. Aufnotiert sei zunächst – Beispiel 2 – der Wechsel im »selben« Teil-

Beispiel 2

akkord, d. h. dem verminderten Dreiklang, wie er durch die beim Übergang gehaltenen Töne in den Hörnern außer dem 8. Horn repräsentiert ist. – Gegenüber den taktweise liegenden Tönen, wie in den Violinen zusammen mit den Hörnern außer dem 8. Horn, fehlt in Beispiel 2 nur der Ton *c'''*, wie in T. 38 in den geteilten 1. Violinen. – Daß die Stimmführung mit den beiden höchsten Tönen in T. 39, *d'''* und *f'''*, den höchsten Ton *c'''* in T. 38 »überspringt« – womit sich zugleich im Verhältnis zwischen dem jeweils höchsten Ton, *c'''* in T. 38 und *f'''* in T. 39, und der in der motivischen Führung von Viola und Trompete durchmessenen Quart *c'' – f''* (erste der Triolen in der 2. Hälfte von T. 38, und 1. Viertel von T. 39) eine Art verdeckter paralleler Oktaven ergibt; vgl. Beispiel 3 –, gehört charakteristisch zum Bild des Taktübergangs. – Der »Akkordwechsel« steht andererseits ersichtlich im Verhältnis dazu, daß das Kontrapunktieren von motivischer Führung (Viola und Trompete) und aus dem Akkord *d' – f' – as' – f'' – as'' – c'''* ausscherender Führung von Violoncello und 8. Horn, indem letztere mit dem 4. Viertel von T. 38 ins *c'* geht, mit der 2. Halben dieses Taktes zur Überlagerung von Vierteltriolen- und Viertelbewegung führt – vgl. Beispiel 3 –, und so sich auch

Beispiel 3

Beispiel 4

hier, *»stimmführungsmäßig«, die Überschneidung* verdeutlicht. – Ohne den komplex kombinatorischen Sachverhalt am Ort genauer analysieren zu können, läßt sich doch soviel feststellen: die beim Übergang von T. 38 zu T. 39 hervortretende Weise der harmonischen Form ist *spezifisch* eine *Variante* derjenigen, die beim Übergang von T. 32 zu T. 33 hervortritt. Zwischen beiden

Punkten, im Abstand von 6 Takten, besteht eine Beziehung, die sich in analoger Charakteristik und Bestimmungsart der Stellen, Taktübergänge ausdrückt.

Die Überlagerung von Vierteltriolen- und Viertelbewegung tritt vor der 2. Halben von T. 38 nur ein einziges Mal auf, nämlich auf der 2. Halben von T. 21, somit hier also nicht, wie bei T. 38, in einem Takt mit geradzahliger, sondern mit ungeradzahliger Nummer.

Mit den Vierteltriolen der motivischen Führung in T. 38 verbindet sich, daß die zweite und nur die zweite von ihnen, nämlich der Ton *d''*, auch im Akkord des folgenden Taktes (T. 39) enthalten ist, und zwar sowohl der Ton *d''*, wie auch dessen tiefere, und dessen höhere Oktav, d. h. die Töne *d'* und *d'''*. Dabei sind sowohl *d''* wie *d'''*, anders als *d'*, im Akkord von T. 39 neueintretende Töne. – Beim tastenden Versuch einer kontrapunktischen Aufschlüsselung, etwa anhand von Beispiel 4 zusätzlich zu Beispiel 2 und 3, entsteht der Eindruck, daß die neueintretende Oktav *d''* – *d'''*, durchaus auch im Verhältnis zur simultanen Oktav *d'* – *d''*, wie zwischen 7. und 8. Horn sowie Violoncello, und Viola und Trompete in der Mitte der 2. Hälfte von T. 38, für die volle Bestimmung der beim Übergang von T. 38 zu T. 39 hervortretenden Weise der harmonischen Form ein unabdingbares Bestandstück sei, also etwa keiner der Töne *d* außerachtbleiben dürfe. – Dieser Eindruck hat mit der Beobachtung von Rhythmus und Melos zu tun, die sich hier, wie auch im übrigen allenthalben, an die sich differenzierenden, und mit dem Oktavunterschied zusammenhängenden Oktavverhältnisse zu binden scheinen. – Abkürzend sei von der »Oktavkippung im Ton der mittleren Triole« gesprochen.

So kann auch ein – in absurdem Verstand – »Unisonoschema« für den Abschnitt der Takte 40, von dessen 2. Viertel an, bis 45 aufnotiert werden – Beispiel 5 –, also für denjenigen Abschnitt, in welchem die melodische Führung

Beispiel 5

der Oberstimmen, zunächst in Oktaven (bis zum 1. Viertel von T. 43), dann in Terzen, sich taktweise in der Reihung des Motivs 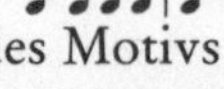 (beim Übergang von T. 43 zu T. 44 anstelle des letzten Viertels des Motivs eine Viertelpause) bewegt. Im Schema sind zu der melodischen Führung, wie in den Oberstimmen, diejenigen und nur diejenigen motivischen Verbindungen der anderen Instrumente hinzugesetzt, die jeweils auf vollem Takt einen Ton enthalten, der in einer seiner Oktaven auch in der zweiten der unmittelbar vorangehenden Triolen vorkommt; Überbindungen ein und desselben Tones über den Taktstrich hinweg (auch die Form 𝅗𝅥 | ♩, wie beim Übergang von T. 43 zu T. 44 in den geteilten Violen) sind dabei wie motivische Verbindungen betrachtet. Auch der Ton *fes* der Viola in T. 45 ist so betrachtet, als gehöre er zu den motivischen Verbindungen. – Nicht unbedingt definitionsgemäß als Ergebnis so zu erwarten, hat das Schema eine gewisse Bündigkeit auch für sich selbst.

Ein der »Oktavkippung im Ton der mittleren Triole« (wie beim Übergang von T. 38 zu T. 39) ähnliches Verhältnis beim Übergang von T. 41 zu T. 42 läßt sich leicht ablesen, indem die Töne *es* und *es'* zu Beginn von T. 42 neueintretende Töne sind. Es handelt sich zudem um die Stelle, wo wieder, auf der 2. Halben von T. 41, Überlagerung von Vierteltriolen- und Viertelbewegung eintritt.

Nochmals ein ähnliches Verhältnis zeigt sich beim Übergang von T. 44 zu T. 45, in dem hier der Ton *fes* der Viola neueintretender Ton ist.

Die drei Taktübergänge 38/39, 41/42 und 44/45 (ich gehe zu dieser abkürzenden Bezeichnung über) zeigen zweimal den relativen Abstand von 3 Takten.

Zu erkennen wäre: entsprechend wie, im relativen Abstand von 6 Takten, die bei Taktübergang 38/39 hervortretende Weise der harmonischen Form *spezifisch* eine *Variante* derjenigen ist, die bei Taktübergang 32/33 hervortritt (vgl. S. 25), ist nochmals auch die bei Taktübergang 44/45 hervortretende Weise der harmonischen Form spezifisch eine Variante derjenigen, die bei Taktübergang 38/39 hervortritt, und zwar wiederum im relativen Abstand von 6 Takten. – Es läßt sich von einer *spezifischen Sequenz der Variation* sprechen.

Hieran zeigt sich ein durchgehender Zusammenhang, nämlich es besteht etwas wie *Großtakt,* eine Art von Periodizität nach dem Maß einer größeren metrischen Einheit: des Abschnitts von 3 Doppeltakten.

Dabei verhalten sich die drei Doppeltakte, aus denen jeweils ein Großtakt besteht, auf der Ebene der Doppeltaktfolge im Sinne einer sich wiederholenden Folge immer von *Eins, Zwei* und *Drei* des Großtaktes, als eigener metrischer Bestimmung, die aus dem Zusammenhang einer *Weise der jeweils hervortretenden harmonischen Form,* oder jeweils hervortretenden Weise von harmonischer Form, sowohl erkennbar wird, wie sie diese zugleich mitbestimmt. So läßt sich auch von den drei *Großtaktteilen* sprechen, in Analogie zur Funktion wie etwa, auf der Ebene des Einzeltaktes, beim Dreiertakt (3/4-Takt).

Es sei davon ausgegangen (worauf in § 5 noch zurückzukommen sein wird), daß der Satz mit der *Drei* des Großtaktes, wie als *Großauftakt,* beginnt. Soweit es den Hauptsatz betrifft, fällt demnach die Eins des Großtaktes auf die Takte 3/4, 9/10, 15/16, 21/22, 27/28, 33/34, 39/40, 45/46. Seine Zwei fällt auf die Takte 5/6, 11/12, 17/18, 23/24, 29/30, 35/36, 41/42, 47/48.

Seine Drei fällt auf die Takte 1/2, 7/8, 13/14, 19/20, 25/26, 31/32, 37/38, 43/44, 49/50.

Insbesondere handelt es sich bei den oben, S. 23, genannten Stellen T. 9/10 und T. 15/16 übereinstimmend um die Eins des Großtaktes.

Die bezeichnete spezifische Sequenz der Variation betrifft jeweils in eigener Weise den Übergang von der Drei eines Großtaktes zur Eins des ihm folgenden. – T. 45 bis 50 für sich nimmt einen vollen Großtakt ein.

## § 2
## Entwickelnde Variation der harmonischen Form

Kontrapunktische Details. – Vorhaltsumkehrung und die Voraussetzung einer strukturellen (mikrostrukturellen) Abtauschbarkeit zwischen der harmonischen und der metrischen Dimension. – Kombinatorik.

Das »Unisonoschema« Beispiel 5 zeigt drei Stellen, an denen der Ton der mittleren Triole *simultan mehrfach* oktaviert ist: in T. 40, T. 42 und T. 43. – Zweimal also, im relativen Abstand von 1 Takt, verbindet sich diese simultane und mehrfache Oktavierung damit, daß die Form ♩‿|♩ (bzw. ♩ | ♩) der »motivischen Verbindung« (vgl. S. 26/27) je von den zusätzlich oktavierenden Tönen (*c* und *c'* bei Taktübergang 42/43; *As, as* und *as'* bei Taktübergang 43/44) gebildet wird. – Vorausgesetzt, daß Auftaktbildung hier als mit der Reihung des Motivs ♩ ♩♩♩ | ♩ formal sich koppelnd zu denken sei, ließe sich von daher eine *einholende Auftaktbildung:* bei Taktübergang 42/43, vorstellen, diese dann aber, bei Taktübergang 43/44, sich »verdoppelnd«, als *wiederholende* Form jener (bewegungsmäßig eine Art von Verdoppelung). Die wiederholende Form würde zugleich damit verbunden zu denken sein, daß beim Motiv ♩ ♩♩♩ | ♩ anstelle seines letzten Viertels eine Viertelpause eintritt, sowie auch, daß die melodische Führung der Oberstimmen von Oktaven in Terzen übergeht.

Diese »Verdoppelung« beträfe also den Übergang von der *Zwei* (T. 41/42) zur *Drei* (T. 43/44) des Großtaktes.

Demgegenüber wäre der auffallend *wiederholsame Duktus* hervorzuheben, der sich, auch nach dem »Unisonoschema«, für die Taktübergänge 41/42 und 42/43 darstellt. So z. B. kann angeführt werden, daß das »Marcato-Zeichen« >, wie bei der 2. Halben von T. 40 und T. 41 auf den Tönen g und g', jedoch nicht nur auf diesen, sondern im gesamten Orchester außer den Streichinstrumenten (bei den Pauken steht es in der Partitur eingeklammert – ? –), eine Nachdrücklichkeit von Wiederholung fordert. – Wenn hier ebenfalls von einer Verdoppelung zu reden ist, so weist diese doch einen entschieden anderen Zug auf, wodurch direkt von *Wiederholung* gesprochen werden kann. So vor allem wiederholen die Pauken ihren Einsatz ♩ | ♩, je mit den gleichen Tönen *G* und *c,* wodurch übrigens bei Taktübergang 41/42 die Nuance eines »falschen Trugschlusses« entsteht (der tiefste Ton zu Beginn von T. 42 ist der Ton *As,* wie im Kontrabaß, in der Kontrabaßtuba und im

3. Fagott, nicht aber in den Pauken). – Der Sinn von Wiederholung läßt sich hier nach einem kombinatorischen Schlüssel fassen, den das Gedankenexperiment an die Hand gibt, indem nämlich, wie Beispiel 6 zeigt, beide betreffende Abschnitte genau von der Erstreckung des Motivs ♩ ♩♩♩|♩ sich modellmäßig auch insgesamt und simultan »zusammennehmen« lassen würden, mit dem Resultat einer »Harmoniefolge« – eben Beispiel 6 –, die für sich wie

Beispiel 6

ein Fragment von kadenzierender Wendung, und zwar nunmehr wie beim sog. »Trugschluß« – so der musiktheoretische Terminus – wirkt.

Zu Beispiel 6 ist anzumerken, daß über die Erstreckung des Motivs ♩ ♩♩♩|♩ als Länge der beiden so zusammennehmbaren Abschnitte weder in der einen noch in der anderen Richtung um das mindeste hinausgegangen werden könnte, ohne daß damit die Möglichkeit, die Abschnitte noch zur »Harmoniefolge« zusammenzunehmen, abbräche. Das letzte in Beispiel 6 angegebene Viertel scheint sich wie ein »einfaches harmonisches Gebilde«, das in die »Harmoniefolge« paßt, noch mithinnehmen zu lassen (ein Septimakkord, dessen Grundton und Septim – für sich zusammengenommen *As* – *g* – *as'* – *g'* – an die Oktavlagenbestimmung der Töne wie im Zusammenklang auf dem 1. Viertel von T. 3 erinnert), während sich, wollte man in dieser Richtung um ein weiteres Viertel hinausgehen, kein »einfaches harmonisches Gebilde« mehr ergäbe, ersichtlich aufgrunddessen, daß die Töne *des''* und *des'''*, wie auf dem 2. Viertel von T. 42, mit den Tönen *d'* und *d''*, wie auf dem 3. Achtel von T. 41, harmonisch nicht passen, oder »zusammenstoßen« würden.

In einem sich umkehrenden Sinn, wie der musiktheoretische Terminus »Trugschluß«, wenn man ihn begrifflich genau nimmt, nicht eigentlich Falsches selbst benennt, sondern »Falsches« in der Bedeutung: es scheint nicht richtig zu sein, ist es aber doch (»falsch« also umgekehrt wie beim geläufigeren Gebrauch des Wortes hier zu verstehen), kann ebenso wie, und im Zusammenhang damit, daß von »falschem Trugschluß«: bei Taktübergang 41/42 und etwa nach Maßgabe der metrischen Form des Einsatzes ♩ | ♩ der Pauken zu sprechen ist, die zur Rede stehende Wiederholung – betreffend die

Taktübergänge 41/42 und 42/43 – als *»falsch« werdende Wiederholung* angesprochen werden. Nach Beispiel 6 wird sie durch den darin mit geschweifter Klammer gekennzeichneten Teilabschnitt, d. h. nach Maßgabe der metrischen Form des Einsatzes der Pauken, in eigener Weise dargestellt.

Daß sich andererseits dann aber auch die je um 6 Takte vorangehenden Stellen der Taktübergänge 34/35 und 35/36, metrisch nach entsprechend der gleichen Maßgabe, wie Beispiel 7 zeigt »zusammennehmen«, und zwar so als

Beispiel 7

in der Weise von *»falschem Implikat«* darstellen lassen, ermöglicht folgenden Rückschluß:

1. Im relativen Abstand von 6 Takten, ist die bei Taktübergang 40/41 hervortretende Weise der harmonischen Form spezifisch eine Variante derjenigen, die bei Taktübergang 34/35 hervortritt, d. h. der Stelle, wo, unter entstehenden parallelen Oktaven *(h' – c''* und *h'' – c''')* im Verhältnis zur motivischen Führung in den Klarinetten und der Viola, der höchste Ton des Akkordes von *h''* nach *c'''* geführt wird; es ließe sich von einer »durch den Ton der mittleren Triole vorweggenommenen Auflösung« sprechen, um die bei Taktübergang 34/35 hervortretende Weise der harmonischen Form, abkürzend und paradox zu kennzeichnen. – Bei Taktübergang 40/41 findet diese Vorwegnahme ihre Entsprechung in der Weise des ersten Einsatzes ♩ | ♩ der Pauken, dessen Ton *G* die simultane und mehrfache Oktavierung des Tones der mittleren Triole (der Töne *g''* und *g''')* merklich verstärkt und dessen Ton *c* diese Oktavierung »verläßt«. – Dies also die Stelle der beginnenden Zwei des Großtaktes.

2. Daß 1. und 2. Horn in der 2. Halben von T. 40 in einer Triolenbildung von *f'* nach *g'* geführt werden, womit die Auftaktbildung hier einen eigenen Wert sozusagen von verschärfter Schattierung in der momentanen harmonischen Bewegung erhält, zeigt, daß auch die beim Übergang von der 2. zur 3. Triole in der 2. Halben von T. 40 hervortretende Weise der harmonischen Form, im relativen Abstand von 6 Takten, spezifisch eine Variante derjenigen ist, die beim Übergang von der 2. zur 3. Triole in T. 34 hervortritt. – Dies also die Stelle um eine Vierteltriole vor der beginnenden Zwei des Großtaktes.

3. Im relativen Abstand von 6 Takten, ist die bei Taktübergang 41/42 hervortretende Weise der harmonischen Form, mit der Nuance des »falschen Trugschlusses« (vgl S. 28), spezifisch eine Variante derjenigen, die bei Taktübergang 35/36 hervortritt, einer Stelle, die die besondere Aufmerksamkeit,

auch als kompositorischer Realisierung, verdient.[2] Anders als bei Taktübergang 34/35, gibt es hier keine »Auflösung«, sondern bei liegenbleibend gleichem Akkord gewissermaßen anstelle der parallelen Oktaven eine Wiederholung der Doppeloktav *c' – c'''* (mittlere Triole in T. 35, und 1. Viertel von T. 36). Während zwischen diesen beiden Zusammenklängen, die in direktem Sinn konsonant sind, ein Zusammenklang liegt (letzte Triole in T. 35), der in direktem Sinn dissonant ist (kräftig dissonant), geht die motivische Führung (3. und 4. Horn) von der Vierteltriolenbewegung über in den metrischen Wert des 1. Viertels von T. 36, mit einer logisch und indirekten Wirkung wie bei Dissonanz.

Um wenigstens annähernd eine Definition zu geben, kann die bei Taktübergang 35/36 hervortretende Weise der harmonischen Form als eine Art von *Vorhaltsumkehrung*, d. h. Vorhalt bei vertauschter harmonischer und metrischer Komponente, gekennzeichnet werden.

Umgekehrt wie bei einer vorzustellenden regulären Vorhaltsbildung das Dissonanzphänomen in der Weise hervortritt, daß sich die Bewegung dort, wo sie *metrisch zurückkehrt* – dies die Funktion des guten Taktteils, auf dem die Dissonanz eintreten soll –, *harmonisch* als in einem Gleichbleibenden *überschnitten* zeigt – der vorgehaltene Ton, kontrapunktisch im Verhältnis zur harmonischen Bewegung –, während sie vorangehend, auf schlechtem Taktteil, *metrisch* ein *Auseinandertreten* voraussetzt – die Überbindung des vorgehaltenen Tons –, tritt bei Taktübergang 35/36 das Dissonanzphänomen in der Weise hervor, daß die Bewegung sich dort, wo sie *harmonisch zurückkehrt* – diese Funktion übernimmt die Wiederholung der Doppeloktav *c' – c'''* auf gutem Taktteil und bei liegenbleibend gleichem Akkord –, *metrisch* als in einem Gleichbleibenden *überschnitten* zeigt – die Vierteltriolenbewegung, im kontrapunktischen Sinn oder wiederum: das kontrapunktische Prinzip am Ort implizierend, übergehend in den metrischen Wert des 1. Viertels von T. 36 und bei ebenfalls liegenbleibend gleichem Akkord –, während sie vorangehend *harmonisch* ein *Auseinandertreten* voraussetzt – dies wird zur Funktion des in direktem Sinn dissonanten, »zwischenliegenden« Zusammenklangs, auf schlechtem Taktteil.

– Dies also die Stelle des beginnenden 2. Taktes der Zwei des Großtaktes, oder die »Mitte« des Großtaktes.

Daß das kontrapunktische Prinzip am Ort impliziert werde, ist offenbar entscheidende Voraussetzung, um annehmen zu können: die, durch imaginären Vergleich zu entnehmende, in örtlicher Beziehung jedoch qualitativ zu fixierende *formale Umkehrbarkeit* zwischen der harmonischen und der metrischen Komponente hat ihrerseits etwas wie *strukturelle (mikrostrukturelle) Abtauschbarkeit zwischen der harmonischen und der metrischen Dimension* zur Voraussetzung.

Durch die Weise der auf der 2. Halben von T. 41 eintretenden Überlagerung von Vierteltriolen- und Viertelbewegung, anteilig bewirkt durch die

[2] Vgl. auch unten, S. 69.

hier eintretende Viertelbewegung in 5. und 6. Horn, in der Tenorposaune sowie in den geteilten Violen, richtet sich die Aufmerksamkeit auf die Verflechtung der Stimmführung im Abschnitt T. 40, 2. Halbe bis T. 42, 1. Viertel. Die Führung der genannten Instrumente, zusammen mit der der Trompeten, in diesem Abschnitt – Beispiel 8 – interessiert auch für sich. Es kann

Beispiel 8

von einer *Stimmführungsbewegung in Oktaven* die Rede sein – 2. Halbe von T. 40 und 1. Halbe von T. 41 –, bis zum *Verzweigungspunkt:* Beginn des 3. Viertels von T. 41, wo die oktavierende Führung aufhört; auf dem 1. Viertel von T. 42 findet sich die Stimmführungsbewegung wieder in der Oktav zusammen.

Durch die Töne *d'* und *d''*, wie nach Beispiel 8, kann von einer *melodisch einholenden Form:* beim Übergang vom 1. zum 2. Viertel von T. 41, gesprochen werden, diese dann aber, sich »verdoppelnd«, in *wiederholender* Form: beim Übergang vom 2. zum 3. Viertel von T. 41 (am Verzweigungspunkt) – vgl. auch S. 28. Die Möglichkeit dieser Formbestimmung setzt die in der Stimmführungsbewegung in Oktaven beim Übergang vom 1. zum 2. Viertel von T. 41 eintretende, »zwischenliegende« Achtelbewegung eigens, sowie beim Übergang zum 3. Viertel des Taktes deren Übergehen in den zur Überlagerung von Vierteltriolen- und Viertelbewegung führenden Anteil von Viertelbewegung – auch melodisch bewegungsmäßig eine Art von Verdoppelung – voraus.

Das Gedankenexperiment läßt folgenden Rückschluß zu. Wäre nicht die Stimmführungsbewegung in Oktaven, wie auf der 1. Halben von T. 41, so wäre die Zusammennehmbarkeit zur »Harmoniefolge«, wie nach Beispiel 6, nicht in der vollen Länge des Motivs 𝅗𝅥 ♩♩♩ | 𝅗𝅥 (3) gegeben. – Die mit dem 2. Viertel von T. 41 eintretende Achtelbewegung, in den betreffenden Blasinstrumenten zusätzlich mit Zeichen >, kann umgekehrt dahingehend verstanden werden, daß die melodisch einholende Form in ihrer ersten Gestalt (Übergang vom 1. zum 2. Viertel von T. 41), im Zusammenhang der »falsch« werdenden Wiederholung betrachtet (vgl. S. 29/30), die Einlassungsstelle sozusagen für die Weise der harmonischen Verzahnung bildet. – Mit Bezug auf die hervortretende Weise der harmonischen Form, ist von einem *Einlassungspunkt der Wiederholung* zu sprechen: die Stelle des Übergangs vom 1. zum 2. Viertel von T. 41. Charakteristisch haben die Pauken auf dem 2. Viertel von T. 41 eine Pause; der Klang des Orchesters blendet sich momentan gleichsam etwas zurück. Hiermit in kontrapunktischer Verschränkung, und zugleich eine leuchtende Verschärfung durch die Trompeten voraussetzend, geben in der sich »verdoppelnden« melodisch einholenden Form die »Marcato-Zeichen« > Gegenakzente[3] an, die zu der Weise gehören, wie der wiederholsame Duktus und die Nachdrücklichkeit von Wiederholung hier hervortreten. – Dies steht ersichtlich im Verhältnis dazu, daß auf dem 2. Viertel des vorangehenden Taktes, T. 40, das gesamte Orchester außer den Oberstimmen »pausiert«, selber eine beredte Weise des Einsetzens mit der melodischen Führung. Diese Pause auf dem 2. Viertel von T. 40 kann als die *einlassende Pause* bezeichnet werden.

Von daher sind zwei weitere spezifische Sequenzen der Variation (vgl. S. 27) gut zu erkennen.

Erstens:

a) Im relativen Abstand von 6 Takten, ist die beim Übergang vom 1. zum 2. Viertel von T. 40 hervortretende Weise der harmonischen Form spezifisch eine Variante derjenigen, die beim Übergang vom 1. zum 2. Viertel von T. 34 hervortritt: der Stelle, wo die Viertelbewegung in der motivischen Führung innerhalb der 1. Halben des Taktes wieder *eingelassen* ist (etwa gegenüber T. 30 oder T. 26), und zwar in der Weise, daß der Ton von deren zweitem Viertel, anders als von deren erstem Viertel, Ton des Zusammenklangs wie in den Violinen, im Violoncello und in den Hörnern ist (z. B. hierin unterscheidet sich die Stelle von der der 1. Halben von T. 12). – Daß die Viola eigens einen Bindebogen für die 1. Halbe hat, während die Klarinetten zugleich in größerem Bogen binden, ist wohl nicht zufällig.

b) Ebenfalls im relativen Abstand von 6 Takten, ist die beim Übergang vom 1. zum 2. Viertel von T. 46 hervortretende Weise der harmonischen Form spezifisch eine Variante derjenigen, die beim Übergang vom 1. zum 2. Viertel von T. 40 hervortritt. Die Variante zeigt sich als solche daran, daß die motivische Führung im Kontrabaß und Violoncello auf dem 2. Viertel von T. 46, zum zweiten Mal so in dieser Gestalt mit den gleichen Tönen einsetzend, sich erst hier bereits in ihrem *Einsatz* mit der motivischen Führung in der 1. Oboe

[3] Vgl. Reinhard Kapp, *Diatonik im neunzehnten Jahrhundert, Studien zum Spätwerk Robert Schumanns,* Dissertation Freie Universität Berlin 1981, Zweites Kapitel, S. 3, wo der Unterschied der Zeichen ∧ und > in Schumanns Notierung, mit Bezug auf dessen Violinkonzert, beschrieben ist. »Zunächst ist ∧ ein »Accent«, > ein »Gegenaccent«. Bekannt ist, wie genau Schumann bezeichnet, es ist aber auch bemerkenswert, wie in der Handschrift ∧ und > gegeneinander charakterisiert werden. Sehr sinnfällig verdickt sich das ∧ und suggeriert Stauchung und Hervorhebung zugleich. Die entsprechende Bewegung erfolgt in einem imaginären Auftakt, der sich im Kommenden auch klanglich konkretisiert und an Intensität gewinnt. Dagegen erweckt das > über den Bässen in T. 9 den Eindruck eines gegen die Zeitrichtung, gegen die Blickrichtung der Musik gerichteten Crescendozeichens. (Anmerkung 9: . . . Es ist an Schuberts Akzente zu denken, die lange Zeit hindurch für decrescendo-Zeichen gehalten wurden. Vgl. ferner Bruckner, Sinfonie Nr. 1 c-Moll, Finale T. 39 ff., besonders die Fußnote: »Die Nachschläge sind bestimmt, aber *sehr leicht* und schwach zu markieren; und so immer.« Der Gegenakzent bedeutet nicht, die schwächeren Taktteile zu stärkeren zu machen, sondern sie zu neutralisieren, er entspricht ungefähr Schönbergs *»Nicht fallen lassen!«*, dort die Minimalbedeutung des ∧. Gegenakzent ist er nur auf unbetontem Taktteil. Auf betontem verstärkt er natürlich die Betonung; auf der Skala der Stärken liegt er dann vor ∧ und sf.) Die Akzente bedeuten so wenig sforzato wie die Gegenakzente. Auf den bezeichneten Ton fällt nurmehr ein leiser Nachdruck. (Anmerkung 10: . . . Der Einschwingvorgang bleibt unbetroffen, kein Akzentgeräusch ist erfordert, eher sogar ein Später des Nachdrucks, wie das Wort bereits es nahelegt. Das Hervorheben verspätet.) . . . Die übliche Melodiosität wird aufgegeben zugunsten einer in den Satz überführbaren, Gegenteil des linearen Kontrapunkts.«

überkreuzt, wie durch Beispiel 9a darzustellen momentan im Zusammenklang *Heses1 – Heses – fes – des' – fes' – as''* auf beginnendem 2. Viertel von T. 46. Bezüglich Pause und Einsatz scheint sich die Stelle im sich umkehrenden Verhältnis wie beim Übergang vom 1. zum 2. Viertel von T. 40, wo die einlassende Pause eintritt, darzustellen. Man könnte von *eingelassenem Einsatz:* bei beginnendem 2. Viertel von T. 46, sprechen.

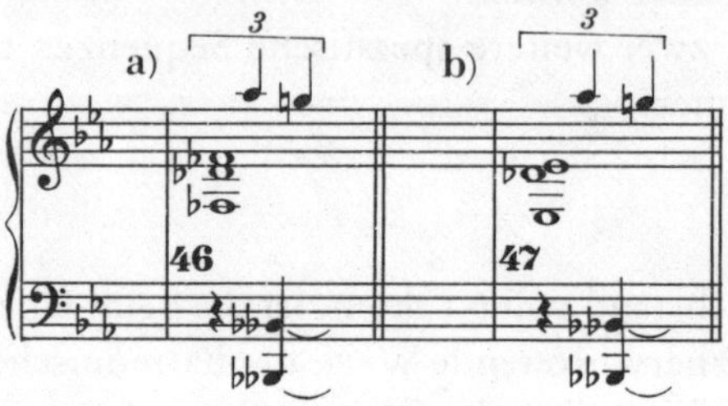

Beispiel 9

– Dies also die Stelle des beginnenden 2. Viertels des 2. Taktes der Eins des Großtaktes.

Diese Sequenz kann als spezifische *Sequenz der einlassenden Stellen* bezeichnet werden. Diese Stellen zeigen eine intensive Qualität sich spannenden Atems.

Zweitens:

c) Im relativen Abstand von 6 Takten, ist die beim Übergang vom 1. zum 2. Viertel von T. 41, also beim Einlassungspunkt der Wiederholung, hervortretende Weise der harmonischen Form spezifisch eine Variante derjenigen, die beim Übergang vom 1. zum 2. Viertel von T. 35 hervortritt: der Stelle, wo 3. und 4. Horn, *ausdrücklich mit marcato bezeichnet,* anschließen an die motivische Führung von Klarinetten und Viola, in einem durch den Zusammenhang (etwa wie oben, S. 30, formuliert wurde: der »durch den Ton der mittleren Triole vorweggenommenen Auflösung«) hochmelodisch werdenden Intervall der verminderten Unterduodezim *(c'' – fis).* Es kann hier von *einholendem Intervall* der verminderten Duodezim die Rede sein, im Anschlußton *fis* zugleich kontrapunktiert dadurch, daß dessen Oktav *fis'* (ebenso wie die des Tones *c')* Ton des Zusammenklangs, wie in den Violinen, im Violoncello und in den Hörnern liegend, ist.

d) Ebenfalls im relativen Abstand von 6 Takten, ist auch die beim Übergang vom 1. zum 2. Viertel von T. 47 hervortretende Weise der harmonischen Form spezifisch eine Variante derjenigen, die beim Übergang vom 1. zum 2. Viertel von T. 41 hervortritt. Die Variante zeigt sich als solche daran, daß auch auf die Bewegung von A nach B folgend (A und B die Zusammenklänge in den Violinen und der Viola, wie nach Beispiel 1) die motivische Führung im Kontrabaß und Violoncello noch immer als in den gleichen Tönen bleibende wiedereinsetzt; harmonisch gibt dies momentan ein ganz eigentümliches Licht, und etwa auch an diesem eigenen Wert kann die Variante erkannt werden. Hierzu Beispiel 9b.

– Dies also die Stelle des beginnenden 2. Viertels innerhalb der Zwei des Großtaktes.

Wurde oben, S. 29, zu Beispiel 6 angemerkt, daß bei diesem die Zusammennehmbarkeit zur »Harmoniefolge« sich in der einen Richtung genau auf die Erstreckung des Motivs ♩ ♩♩♩ | ♩ dadurch begrenzt, daß die Töne *des''* und *des'''*, wie auf dem 2. Viertel von T. 42, sonst mit den Tönen *d'* und *d''*, wie auf dem 3. Achtel von T. 41, harmonisch nicht passen, oder »zusammenstoßen« würden, so gibt das Gedankenexperiment nach kombinatorischem Schlüssel eine weitere Bestimmungsmöglichkeit an die Hand, indem, wie Beispiel 10 zeigt, in einer Länge der Erstreckung über 7 Viertel Zusammennehmbarkeit zur »Harmoniefolge« gegeben wäre dann, wenn gerade die in Beispiel 8 wiedergegebene Führung weggelassen werden könnte. – Beispiel 10, aus diesem Grund als Darstellung wiederum als in der Weise von »falschem Implikat« anzusehen, hat speziell dies für sich, daß in der anderen Richtung, wie diesbezüglich für Beispiel 6 angemerkt wurde, die Zusammennehmbarkeit zur »Harmoniefolge« in der Erstreckung um 1 Viertel zurückgeht, indem sich ohne die Töne *d'* und *d''*, wie auf dem 3. Achtel von T. 41, an entsprechender Stelle (d. h. in Beispiel 10 vorangehend vor dessen 1. Halben) ein in die »Harmoniefolge« nicht passender Zusammenklang *(c – g – c' – g' – f'' – as'' – f''' – as''')* ergeben würde. Umgekehrt spricht dies seinerseits für die Annahme *harmonischer Verzahnung* wie gemäß dem Einlassungspunkt von Wiederholung: Übergang vom 1. zum 2. Viertel von T. 41 (vgl. S. 32).

Beispiel 10 ermöglicht folgenden Rückschluß:

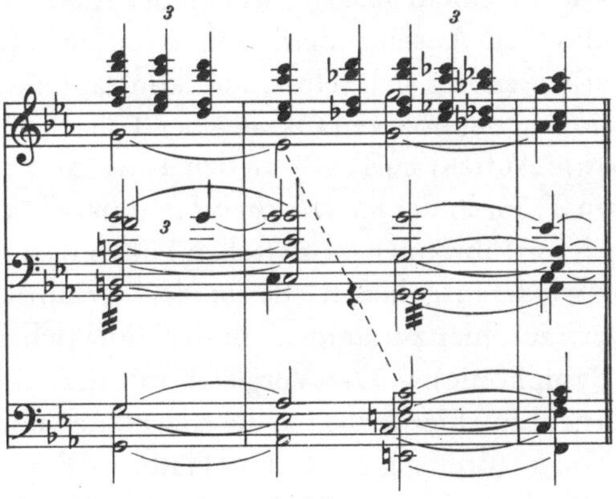

Beispiel 10

1. Die »falsch« werdende Wiederholung (vgl. S. 29/30) geht mit der 1. Halben von T. 42 in ein *Sich-Auseinanderdividieren in der Harmonie* über.

Dadurch kann von der 1. Halben von T. 42 als der *»falsch« werdenden Halben* gesprochen werden, charakteristisch kenntlich hier an der Alterierung in den Tönen *des''* und *des'''*, gegenüber den Tönen *d'* und *d''* wie in

T. 41, sowie daran, daß das 2. Viertel von T. 42, anders als in T. 41, im metrischen Wert »einhält«, d. h. keine metrische Unterteilung hat. Zu diesem *Einhalten* gehört auch, daß der zweite Einsatz 𝅘𝅥𝅯 | ♩ der Pauken, sowie auch die in Beispiel 8 wiedergegebene Führung, hier endigt. Daß das diminuendo des Taktes 42 erst mit der 2. Halben beginnt, spricht für die »falsch« werdende *Halbe*.

Zum Sich-Auseinanderdividieren in der Harmonie gehört ferner spezifisch, daß mit Beginn der 2. Halben von T. 42 die Alterierung in den Tönen *E* und *e*, gegenüber den Tönen *es* und *es'* wie auf der 1. Halben des Taktes, eintritt.

Es ist, als würde, im relativen Abstand von 6 Takten, die Gestalt der Pausen, wie in der Stimme von 3. und 4. Horn in T. 36, durch die beiden genannten Alterierungen in T. 42 nachgebildet, gleich als handelte es sich um spezifische Varianten.

2. Wenn von daher die oben, S. 28, beschriebene einholende Auftaktbildung in sich »verdoppelnder« Form, bei Taktübergang 42/43 und bei Taktübergang 43/44, ähnlich in Frage kommt für spezifische Varianten, je im relativen Abstand von 6 Takten und so im Verhältnis zur Auftaktbildung wie sowohl bei Taktübergang 36/37 als auch bei Taktübergang 37/38 – beidemale mit Sechzehntelauftakt –, so zeigt doch etwa die Stelle des Taktübergangs 36/37 eine merklich verschiedene Voraussetzung. Ebenfalls tritt hier ein Sich-Auseinanderdividieren in der Harmonie hervor, indem der beim Taktübergang neueintretende Akkord sich keinesfalls mehr, entsprechend wie nach Beispiel 7 vorauszusetzen war für die beiden vorangehenden Zusammenklänge – jeweils wie, in T. 33/34, und in T. 35/36, in den Violinen, im Violoncello und in den Hörnern liegend –, mit »zusammennehmen« lassen würde; am Ort, wie mit einem Schlage, scheint der Akkordwechsel bei Taktübergang 36/37 das Sich-Auseinanderdividieren in der Harmonie zu übernehmen, gewissermaßen mit sich selbst, und kontrapunktiert dadurch, daß Trompete und Viola in der höheren Oktav – der Ton *c''*, dreifach punktierte Halbe in T. 37 sowie Auftakt zu T. 37 – an den Ton *c'* von 3. und 4. Horn auf dem 1. Viertel von T. 36, in der *melodischen Linie* paradox identisch und im Verhältnis der sich fortführenden motivischen Führungen das einzige Mal an dieser Stelle so, wiederanschließen. Es ist der »gefährliche Einsatz« der 1. Trompete anvertraut, hier zusammen mit der Viola (ich denke auch an den Anfang der III. Symphonie). – Der Vergleich mit der Stelle des Taktübergangs 32/33 ist instruktiv; hier schließen die Klarinetten und die Viola mit ihrem Einsatz im Ton *h'* (dreifach punktierte Halbe in T. 33 sowie Auftakt zu T. 33) in der melodischen Linie an den Ton *H*, wie in der Baßposaune auf der 1. Halben von T. 32, also in der oberen Doppeloktav, und qualitativ merklich anders an. – Dies also die Stelle der beginnenden Drei des Großtaktes betreffend.

Was sich somit im analytischen Detail abzeichnet, eine *variative Rasterung*, die der Großtakt erkennen läßt oder an der der Großtakt sich erkennen läßt, kann zunächst im Sinne einer Lokalisierung verstanden werden, in der, wie man annehmen kann, sowohl eine strukturelle (mikrostrukturelle) wie eine architektonische Bestimmungsebene oder Fügungsdimension zur Geltung kommt. – Es fragt sich, in welchem Rahmen der Sinn von »Variation« sich hierbei eigentlich bestimmt.

Für das, was *Ort* sei – Lokalisierung –, wäre dabei eine selber architektonische Zusammenhangsweise in der Vorstellung vorauszusetzen, durch die sich ein Übergang zwischen struktureller (mikrostruktureller) und architektonischer Bestimmungsebene oder Fügungsdimension denken läßt.

Indem gemäß der variativen Rasterung der Großtakt die Funktion eines gleichen Maßes – Metrum – und zwar *je örtlich* übernimmt, zeigt er sich damit zugleich als Teil eines *Systems von »Fläche«*, das die Möglichkeiten der formalen Ausfaltung bestimmt, oder auch erscheint selber wie »Fläche« – *Fläche* zugleich in ihrer Bedingung von virtueller, ausgeglichener Gleichwertigkeit aller Setzungen in ihr bei durchgehendem Zusammenhang (Flächenkontinuitäts-Bedingung). – Der Großtakt, könnte man sagen, ist eine proportionale Größe architektonischen Gleichmaßes in der Ausfaltung der Form.

Die Untersuchung der Eigenschaften des zugrundeliegenden Systems von Fläche unter kontrapunktischem Gesichtspunkt wird in den folgenden Paragraphen näher beschäftigen. – Wenn von *entwickelnder Variation der harmonischen Form* gesprochen werden kann, so liegt hierin in der Tat eine Art begrifflicher Umkehrung im Verhältnis zum tradierten Begriff von »entwickelnder Variation« (Mahler und die Wiener Schule). Umgekehrt wie mit diesem tradierten Begriff das Augenmerk sich primär richtet auf gestaltliche Variabilität, während offenbleiben muß, wie sich hierin und im Verhältnis hierzu der (zu verlangende und ehemals freilich verlangte) formale Schluß oder Zusammenschluß, d.h. in einem Bindungszusammenhang zwischen »entwickelnder Variation« und dem musikalischen Gefüge, zuzutragen habe, kann – wie es heute eher als tunlich erscheint – das Augenmerk primär auf Bindungszusammenhang gerichtet werden, wobei zunächst offenbleiben mag, was es mit der gestaltlichen Variabilität auf sich hat, die übrigens, außerhalb von Bindungszusammenhang analytisch behauptet, eine unverbindliche Feststellung bleibt.

## § 3
## Die Vergrößerung mit dem genauen Maßstab 3:1

Durchgangsumkehrung. Kombinatorik und quasi Syntax.

Von der Lokalisierung des Großtaktes her betrachtet, wie sie in § 1 vorgestellt wurde, fällt folgender kombinatorischer Sachverhalt auf:

1. Es gibt zwei Taktübergänge, im Großtakt an gleicher Stelle, die sich *in der Wendung des Taktübergangs harmonisch zusammennehmen* lassen: Taktübergang 6/7 und Taktübergang 18/19; die Zusammennehmbarkeit läßt sich durch Beispiel 11 in analytischer Notation darstellen, als simultane Zu-

sammenklänge kommen nur »einfache harmonische Gebilde« vor und diese bilden an entsprechender Stelle des Taktübergangs eine »Harmoniefolge«. Es handelt sich um den Übergang zur Drei des Großtaktes.

2. Ganz ähnlich liegt der Sachverhalt bei den Taktübergängen 14/15 und 44/45, wie durch Beispiel 12 darzustellen; die hier eingeklammerte Terz *fes'* –

Beispiel 11

Beispiel 12

*as'* bewirkt, daß an dieser Stelle kein »einfaches harmonisches Gebilde« resultiert, jedoch ist die Stelle unmittelbar des Taktübergangs und damit die *Wendung*, hinsichtlich der Zusammennehmbarkeit, davon nicht betroffen. – Auf eigene Weise kommt hierbei die Enharmonik ins Spiel. – Bei beiden Stellen des Taktübergangs handelt es sich um den Übergang zur Eins des Großtaktes.

3. Wie man nachprüfen kann, gibt es, soweit es Stellen des Übergangs zu einem *vollen Doppeltakt* betrifft, im gesamten Hauptsatz bis hin zu T. 48, wo ein vergleichbarer Fall nochmals eintritt, keinen weiteren solchen Fall.

4. Zudem handelt es sich bei Taktübergang 18/19 und Taktübergang 44/45 um die beiden einzigen Stellen im Hauptsatz, wo das Motiv 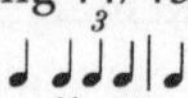 »blank« steht, d.h. in seinem vollem Auftakt  bei sonst voll momentan aussetzendem Orchester. Es sind auch die beiden einzigen Stellen, wo so das Orchester voll momentan aussetzt.

Natürlich kommen damit auch diejenigen Paare von Stellen unmittelbar des Übergangs zu Takten mit geradzahliger Nummer in Betracht, bei denen der entsprechende Sachverhalt gilt. Unter diesen Paaren zieht zunächst das der beiden Taktübergänge 11/12 und 35/36 die besondere Aufmerksamkeit auf sich. Die Zusammennehmbarkeit ist durch Beispiel 13 dargestellt. – Ließ

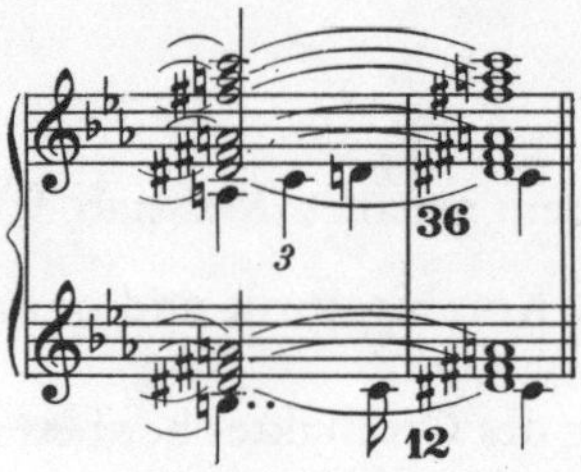


Beispiel 13

sich für die bei Taktübergang 35/36 hervortretende Weise der harmonischen Form eine (wenigstens annähernde) Definition als Vorhaltsumkehrung geben (vgl. S. 31), so ergibt sich entsprechend nun für die bei Taktübergang

11/12 hervortretende Weise der harmonischen Form: sie ist eine Art von *Durchgangsumkehrung*, d. h. Durchgang bei vertauschter harmonischer und metrischer Komponente.

1. Es kann, wie nach Beispiel 14, von den chromatisch parallelverschobenen großen Sexten, *ces'–as'* wie in T. 10, und *c'–a'* wie bei Taktübergang 11/12, ausgegangen werden. »Zwischenliegend« finden sich die verminderte Septim *h–as'*, simultan wie beim Auftakt zu T. 11, sowie die kleine Septim *h–a'*, wie in T. 11. – Mit Bezug auf *Ausholung*, wie sie bei Taktübergang 10/11 hervortritt, kann ersteres Intervall, *h – as'*, als das *zusätzliche Intervall*, letzteres aber, *h – a'*, als die *ausgeholte große Sext* (diese Sext also als das diatonisch nächstgrößere Intervall) angesehen werden.

In dieser Beziehung erscheint für die Ausholung charakteristisch erstens eine *intervallische Erweiterung*, indem der Ton *a'* für den Ton *as'* als höchster Ton in den Violinen und Hörnern eintritt, also im Tonort seines chromatischen Nachbartons; zweitens *Zusätzlichkeit* wie die des Intervalls *h – as'* beim Auftakt, und wie sie durch das Einsetzen der motivischen Führung in Viola und Violoncello vorausgesetzt werden kann. Ebenfalls charakteristisch, wird der Ton *ces'* wie in T. 10 in den Violinen und Hörnern liegend, bei Taktübergang 10/11 durch den Ton *h* in der motivischen Führung, der in ihn hineinsetzt, abgelöst, d. h. springt ab in den Ton *dis'* als nunmehr tiefsten der liegenden Töne wie in den Violinen und Hörnern – nach der Notierung im 3. Horn der Ton *es'*. Diese Weise der Stimmführung (jedoch ohne den Ton *es'*) ist in Beispiel 14 mitaufgenommen (und durch einen Pfeil hervorgehoben), wodurch darin für T. 11 und T. 12 simultan immer ein Tonort mehr besetzt ist als für T. 10 – ebenfalls eine Weise von Zusätzlichkeit.

2. Nach Beispiel 14 zeigt sich dann aber auch, mit der Ausholung gekoppelt und in gewissem Sinn sich umkehrend oder gegengerichtet, *intervallisch* etwas wie *Kontraktion*, indem mit Taktübergang 11/12 sowohl die große Sext *c'–a'* eintritt: die ausgeholte große Sext als *in kontrahierter Form*, als auch die übermäßige Sekund *c'–dis'*, die als die *Terz in kontrahierter Form*, etwa im Verhältnis zur großen Terz *h–dis'* wie in T. 11, bezeichnet werden kann. – D. h. die Intervalle ziehen sich wieder zusammen.

Daß indessen die Kontraktion nicht allein in solcher Zusammenziehung der Intervalle besteht, wird daraus ersichtlich, daß es, durch die Weise der wiederholten Auftaktbildung mit Sechzehntelauftakt in der motivischen Führung, einen *kontrahierten Abstand* gibt, den gegenüber dem Abstand von 1 Takt um die Länge eines Sechzehntels sich verkürzenden Abstand zwischen neueintretendem Akkord wie zu Beginn von T. 11, und nächstem neueintretenden Akkord, d. h. mit dem Sechzehntelauftakt zu T. 12 (in Beispiel 14 ist dies der Abstand zwischen eintretendem Zusammenklang *h – dis' – a'* und eintretendem Zusammenklang *c – dis' – a'*).

3. Die Koppelung zwischen Ausholung und Kontraktion läßt sich, wie nach Beispiel 15, aus anderer Richtung näher bestimmen. Wieder ist die Weise der Stimmführung entsprechend wie bei Beispiel 14 mitaufgenommen, und dadurch erscheint auch wieder für T. 11 und T. 12 simultan immer ein

Beispiel 14

Beispiel 15

Tonort mehr besetzt als für T. 10. Charakteristisch für die Ausholung, gibt es nunmehr einen *zusätzlichen Ton,* den Ton *fis'* wie in den Violinen und Hörnern in T. 11/12, durch den dann auch bei Taktübergang 11/12 die *Quint h – fis'* (wie mit Beginn von T. 11 eintretend) als *in kontrahierter Form: c' – fis',* auftritt. Der Ton *fis'* kann als zusätzlicher Ton vor allem auch insofern gelten, als er vorangehend, in T. 10, nicht im Tonort eines chromatischen Nachbartons besetzt ist. Er wird bei Taktübergang 10/11 im Abspringen des Tones *es',* wie in T. 10 in den Violinen und Hörnern, erreicht, womit es zugleich eine Überkreuzung in der Stimmführung der abspringenden Töne gibt, wie in Beispiel 15 durch Pfeile hervorgehoben ist, eine Überkreuzung sozusagen im enharmonisch gewechselten Ton *es',* als dem Ton *dis'* (und nach der Notierung im 3. Horn der Ton *es'*). – Nochmals findet sich auf diese Weise bei Taktübergang 10/11 ein zusätzliches Intervall, die verminderte Quart *h – es',* simultan wie beim Auftakt zu T. 11.

4. Der Übergang zu dem mit Beginn von T. 11 eintretenden »Septimakkord« *h – dis' – fis' – a'* (Septimakkord, wenn man von der enharmonischen Notierung im 3. Horn absieht) zeigt damit in voller kontrapunktischer Charakteristik eine *modale Differenz,* in der sich, wie man sagen könnte, Ausholung und Kontraktion, als in voller Charakteristik selber je eigene, zugleich aber zusammengehörige kontrapunktische Modi, auseinanderdividieren, in der Harmonie. Der »Septimakkord« wie zu Beginn von T. 11 kann als die volle Form *ausgeholten Akkordes* angesehen werden; als solcher, und also Ausholung *als in der Harmonie* und so mit Beginn von T. 11 eigens hervortretend, zeigt er die modale Differenz andererseits darin, daß die motivisch-metrische Form des Tones *h* wie in der Viola und im Violoncello, die dreifach punktierte Halbe in T. 11, und die metrische Form der wie in den Violinen und Hörnern liegenden Töne differieren. Die dreifach punktierte Halbe in T. 11 ist selber *kontrahierte metrische Form,* von der Länge des kontrahierten Abstandes (vgl. S. 39). Zur Funktion der mit ihr verbundenen Weise der wiederholten Auftaktbildung mit Sechzehntelauftakt in der motivischen Führung gehört ein *formaler Übertrag* der modalen Differenz auch auf die Wendung des Taktübergangs 11/12, indem, bereits im Auftakt zu T. 12, durch die motivische Führung der (verminderte) »Septimakkord« *c' – dis' – fis' – a'* (Septimakkord, wenn man von der enharmonischen Notierung im 3. Horn absieht) hier eintritt: dieser die volle Form *kontrahierten Akkordes,* und somit Ausholung und Kontraktion im Verhältnis des Sich-Auseinanderdividierens in der Harmonie gewissermaßen an demjenigen Punkt, wo

*als in der Harmonie* Kontraktion hervortritt. Zugleich zeigt sich die modale Differenz nochmals darin, daß beim Übergang von der dreifach punktierten Halben in T. 11 zum wiederkehrenden metrischen Wert des Sechzehntelauftaktes zu T. 12, anders als bei der Wendung des Taktübergangs 11/12, wie vor allem auch anders als beim Einsetzen des Sechzehntelauftaktes zu T. 11, also um die Länge eines ganzen Taktes vorher, der »Akkord« wechselt.

Für die Bestimmung der bei Taktübergang 11/12 hervortretenden Weise der harmonischen Form kommt damit in Betracht, daß weiterhin, also mit der vollen Wendung des Auftaktes zu T. 12, und indem hier kein Wechsel des Zusammenklangs, wie in den Violinen und Hörnern liegend, eintritt – mit einer logisch und indirekten Wirkung wie bei Dissonanz –, im Zuge der wiederholten Auftaktbildung mit Sechzehntelauftakt der Ton *c'* der motivischen Führung wie auf dem 1. Viertel von T. 12 diesen metrischen Wert des Viertels eigens und neu als im *zusätzlichen metrischen Wert* einnimmt, oder metrisch so in ausgeholter Form, während er zugleich die Stelle des nicht wechselnden »Akkordes«, d. h. beim Einsetzen des Sechzehntelauftaktes zu T. 11, im Abstand von minutiös mehr als 1 Takt (quasi 1 Takt + 1 Sechzehntel) zurückläßt. Bei voller Form kontrahierten Akkordes und gerade indem dieser sich wiederholt, geht in örtlicher Beziehung die Bestimmung von Ausholung momentan an die metrische Komponente über.

Dies zeigt zugleich, in örtlicher Beziehung, und so, formal, d. h. im Zusammenhang der Wendungen von Taktübergang 10/11 und Taktübergang 11/12, *Abtauschbarkeit zwischen der harmonischen und der metrischen Dimension* (vgl. S. 31).

5. Umgekehrt also, wie bei einem vorzustellenden regulären Durchgang das Dissonanzphänomen in der Weise hervortritt, daß dort, wo die Bewegung *metrisch kontrahiert* – der Übergang vom guten zum schlechten Taktteil, so als wäre der gute Taktteil der minutiös größere, und der schlechte der minutiös kleinere –, in örtlicher Beziehung die Bestimmung von Ausholung momentan an die *harmonische Komponente* übergeht – so als wäre der dissonante Zusammenklang der auch intervallisch erweiterte, der in formalem Übertrag hervorgeht – (modale Differenz und Sich-Auseinanderdividieren in der Harmonie kann entsprechend dem vorangehend, bereits auf gutem Taktteil, gegebenen Unterschied der Notenwerte vorausgesetzt werden), tritt bei Taktübergang 11/12 das Dissonanzphänomen in der Weise hervor, daß dort, wo die Bewegung *harmonisch kontrahiert,* in örtlicher Beziehung die Bestimmung von Ausholung momentan an die *metrische Komponente* übergeht.

Die bei Taktübergang 11/12 hervortretende Weise der harmonischen Form ist daher *Durchgangsumkehrung,* d. h. *Durchgang* bei vertauschter harmonischer und metrischer Komponente; als Umkehrungsform, kann sie weiterhin offenbar als eine *strukturelle Form von Umkehrung* angesehen werden.

6. Die Beschreibung, während sie die Weise der enharmonischen Notierung in der Partitur sorgfältig aufnimmt, läßt jedoch offen, was es mit dieser auf sich hat. Es entsteht der Eindruck, daß diese hier weniger eine »unortho-

graphische« sei, sondern vielmehr so verfaßt, wie es dem Kontrapunkt entspricht. Es sieht ganz so aus, als könnte modale Differenz und Sich-Auseinanderdividieren in der Harmonie ebenfalls für die Beziehungen zwischen den enharmonisch gleichklingenden Tönen gelten, oder sogar als gehörte Enharmonik (die hier zum erstenmal in dem Satz hervortritt) zur spezifischen Voraussetzung, unter der die bei Taktübergang 11/12 hervortretende Weise der harmonischen Form – als Durchgangsumkehrung – sich bestimmt. – Hierauf wird noch zurückzukommen sein.

Die unter kombinatorischem Gesichtspunkt gefundenen Paare von Stellen des Taktübergangs (vgl. S. 37/38):

1. 6/7 und 18/19,
2. 11/12 und 35/36,
3. 14/15 und 44/45

können zum Ausgangspunkt genommen werden, um folgenden übergreifenden Sachverhalt genauer zu belegen.

Mit dem Großtakt offenbar zusammenhängend, findet sich zugleich eine *Vergrößerung mit dem genauen Maßstab 3 : 1.* In architektonischer Weise des Zusammenhangs vollzieht sich die Ausfaltung der Form nach dem Maßstab des Großtaktes nochmals entsprechend wie nach dem Maßstab des Doppeltaktes, also im genau Dreifachen der metrischen Erstreckung.

So gibt nach Beispiel 11 das Paar von Stellen des Taktübergangs 6/7 und 18/19, also vom Beginn des Satzes gerechnet nach 6, und nach 18 Takten, zwei in diesem Sinn *kongruent korrespondierende Stellen* an, d. h. solche, die mit sich und im gegenseitigen Verhältnis die Vergrößerung in der Weise zeigen, daß sie sich genau im Dreifachen (immer vom Beginn des Satzes gerechnet) in der Wendung – in diesem Fall der des Taktübergangs – harmonisch zusammennehmen lassen.

Auch die Stellen der Taktübergänge 5/6 und 15/16 sind, wie Beispiel 16 zeigt, kongruent korrespondierende Stellen. Es wird nicht schwerfallen, von daher an der Stelle zwischen 15/16 und 18/19 die Vergrößerung im Verhältnis zur Stelle zwischen 5/6 und 6/7, wenigstens im ersten Umriß wahrzunehmen.

Beispiel 16

Beispiel 17

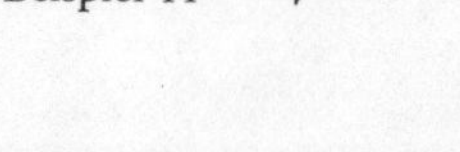


Beispiel 11

Wie Beispiel 17 zeigt, lassen sich die Stellen der Taktübergänge 5/6 und 17/18, im Großtakt an gleicher Stelle, jedoch selber nicht genau im Dreifachen, in der Wendung des Taktübergangs harmonisch zusammennehmen (dies der erste im Satz auftretende Fall dieser Art). – Gleichsam signalisiert dies eine besondere Sachlage. Es kann von einer *harmonischen Einholung des Großtaktes,* in sich »verdoppelnder« Form wie nach Beispiel 17 und Beispiel 11 (hier nochmals; dieses steht für die wiederholende Form; vgl. auch S. 28 und S. 32) gesprochen werden. Dabei gibt es einen *motivischen Einlassungspunkt der Wiederholung:* die Stelle des Übergangs vom 1. zum 2. Viertel von T. 18, dort, wo das Motiv ♩ ♩♩♩ | ♩ »blank« stehend einsetzt. Zugleich ist dies die Stelle der *Ablösung* zwischen der motivischen Führung wie in T. 17/18 in 1. Oboe und 1. Klarinette, und wie in T. 18 / T. 19, 1. Halbe in Viola und Violoncello; in T. 17/18 ist der letzte der Holzbläsereinsätze wie in T. 5/6, T. 9/10, T. 13/14, T. 17/18. Dann auch ist die Stelle charakteristisch ausgezeichnet durch die *endigende* Form | 𝅝 | ♩𝄽 bzw. | 𝅝 | ♩𝄽 des Zusammenklangs, wie in T. 17/18 in den Violinen und Hörnern liegend.

Mit dieser harmonischen Einholung des Großtaktes also verbindet sich, daß, wie nach Beispiel 11, die Vergrößerung mit dem genauen Maßstab 3 : 1, vom Beginn des Satzes gerechnet nach 18 Takten, = 3 Großtakten, sozusagen in sich zurückmündet im Verhältnis kongruent korrespondierender Stellen, die die gleiche Stelle im Großtakt einnehmen (Übergang zur Drei des Großtaktes).

Weiterhin kann aufgrund des mit dem Ton *fis''* der motivischen Führung in 1. Oboe und 1. Klarinette auf dem letzten Achtel von T. 17 eintretenden, in direktem Sinn dissonanten Zusammenklangs die darauffolgend, also an der Stelle des Taktübergangs 17/18 hervortretende Weise der harmonischen Form, vergleichbar mit der bei Taktübergang 35/36 hervortretenden, als ebenfalls eine Art von *Vorhaltsumkehrung* (vgl. S. 31) angesehen werden. Dabei geschieht die harmonische Rückkehr indessen nur *indirekt,* zwischen den Tönen g'' und f'' (vorletztes Achtel von T. 17, und 1. Viertel von T. 18) der motivischen Führung, indem beide Töne in ihrer unteren Oktav enthalten sind im Zusammenklang, wie in den Violinen und Hörnern liegend. – Bei beiden Stellen handelt es sich übrigens übereinstimmend um die Stelle des beginnenden 2. Taktes der Zwei, oder um die »Mitte« des Großtaktes (vgl. S. 31), im relativen Abstand von 18 Takten, = 3 Großtakten.

Wird demgegenüber etwa die Stelle betrachtet, die um 1 Großtakt vorher liegt, so ergibt sich ein gut unterscheidbares Bild. Von der bei Taktübergang 11/12 hervortretenden Weise der harmonischen Form, als Durchgangsumkehrung, war bereits die Rede; Taktübergang 11/12 ist wieder die »Mitte« des Großtakts. – Weiterhin aber kann aufgrund des mit dem Ton g der motivischen Führung in Viola und Violoncello auf der 1. Vierteltriole der 2. Halben von T. 12 eintretenden, in direktem Sinn dissonanten (kräftig dissonanten) Zusammenklangs die darauffolgend, also beim Übergang von der 1. zur 2. Triole in dieser Halben hervortretende Weise der harmonischen Form, ähnlich auch wie die bei Taktübergang 35/36 hervortretende, als ebenfalls

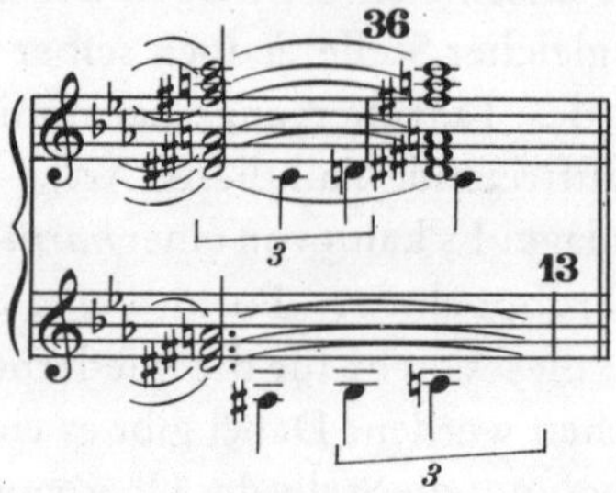


Beispiel 18

eine Art von *Vorhaltungsumkehrung* angesehen werden; es handelt sich, wie Beispiel 18 zeigt, um kongruent korrespondierende Stellen (die erste von ihnen ist dabei keine Stelle eines Taktübergangs). Als wesentlich erscheint nun, daß vom *vorangehend* vor dem Punkt der eintretenden Dissonanz – in direktem Sinn – eingenommenen metrischen Wert des Viertels her (2. Viertel des Taktes) die Bewegung sich metrisch als in einem Gleichbleibenden überschnitten zeigt indem sie in die Triolenbewegung übergeht. Dem entspricht wiederum, daß die harmonische Rückkehr nur *indirekt* geschieht, zwischen den Tönen *fis* und *a* in der motivischen Führung, indem beide Töne in ihrer oberen Oktav enthalten sind im Zusammenklang, wie in den Violinen und Hörnern liegend (hierin also ähnlich wie bei Taktübergang 17/18). – Entsprechend dem Begriff von »Auffassungsdissonanz«, kann die beim Übergang von der 1. zur 2. Triole in der 2. Halben von T. 11 hervortretende Weise der harmonischen Form als *Auffassungs-Vorhaltsumkehrung* angesehen werden. – Daß auf der 2. Halben von T. 12 zum erstenmal in dem Satz Vierteltriolenbewegung eintritt, hat offenbar eine Bedeutung gerade auch im Zusammenhang der Vergrößerung, als einer mit dem genauen Maßstab 3:1.

Die Vorstellung kann demnach sein: es gebe spezifisch rhythmisch eine Art von Verkettung in der jeweils hervortretenden Weise von harmonischer Form; oder anders: Durchgangsumkehrung und Auffassungs-Vorhaltsumkehrung, wie hervortretend in T. 11/12, sind Anzeichen und Teil einer – über beide Stellen übergreifenden – charakteristischen Kettung, die nach der Art ihrer Bestimmung eine quasi *syntaktische Kettung* ist.

Indem sich nun zwar die Zusammenklänge, wie eintretend zu Beginn von T. 5 und zu Beginn von T. 13, harmonisch zusammennehmen lassen *(C – c – g – c' – dis' (es') – fis' – g' – a')*, die Stellen dieser Taktübergänge nicht aber auch in der Wendung des Taktübergangs, können Taktübergang 4/5 und Taktübergang 12/13 als *korrespondierende Stellen* (d.h. im Sinne der Vergrößerung mit dem genauen Maßstab 3:1) *im sich auseinanderdividierenden Verhältnis* angesehen werden. – Die beiden Taktübergänge liegen dabei an ungleicher Stelle im Großtakt – Taktübergang 4/5 die Stelle der beginnenden *Zwei*, Taktübergang 12/13 die Stelle der beginnenden *Drei* des Großtaktes –, und durch die Weise der enharmonischen Notierung im 3. Horn (T. 11 bis 14) bleibt der Gesichtspunkt von Enharmonik.

Im gesamten Hauptsatz gibt es übrigens nur einen einzigen weiteren Fall solchermaßen korrespondierender Stellen im sich auseinanderdividierenden Verhältnis: die Taktübergänge 10/11 und 30/31. Diese liegen ebenfalls an ungleicher Stelle im Großtakt, und zwar in der gleichen Weise wie eben: Taktübergang 10/11 die Stelle der beginnenden *Zwei*, und Taktübergang 30/31 die Stelle der beginnenden *Drei* des Großtaktes. Die Weise der enharmonischen Notierung betrifft zu Beginn von T. 31 sämtliche Töne des Zusammenklangs außer den Tönen *fis*, wie in der Tenorposaune, sowie *a'* und *a''*, wie in den geteilten Violinen, im 5. Horn und in der 3. Oboe.

Syntaktische Kettung zeigt sich ebenfalls charakteristisch in T. 15/16. Wieder ist die bei Taktübergang 15/16 hervortretende Weise der harmonischen Form eine Art von *Durchgangsumkehrung*. Für diese, als strukturelle Form von Umkehrung, ist vorauszusetzen, daß der mit Beginn von T. 15 eintretende Zusammenklang, der »Terzquartakkord« *cis' – e' – fis' – ais'* (Terzquartakkord, wenn man von der enharmonischen Notierung in 1. und 2. Horn – die Töne *ges'* und *b'* – absieht; im 3. Horn liest sich *e'*), entsprechend wie beim »Septimakkord« in T. 11 (vgl. S. 40), die volle Form ausgeholten Akkordes bildet. Dies geschieht indessen im Auffassungsverhältnis – analog wie bei »Auffassungsdissonanz« –, indem die Voraussetzungen für Ausholung, wie oben, S. 39 und S. 40, mit Bezug auf die Wendung des Taktübergangs 10/11 angegeben – z. B. intervallische Erweiterung, und einen zusätzlichen Ton wie den Ton *fis'* im »Septimakkord« –, bei der Wendung des Taktübergangs 14/15 so nicht gegeben sind. Mit ihr selbst und in örtlicher Beziehung deutlich werdend, setzt die bei Taktübergang 14/15 hervortretende Weise der harmonischen Form als Durchgangsumkehrung und so als strukturelle Form von Umkehrung etwas wie *syntaktische Wendbarkeit* voraus, aufgrund deren – als Voraussetzung, wie sie insbesondere im genannten »Terzquartakkord« zum Ausdruck kommt – sie als eine *syntaktisch gewendete Durchgangsumkehrung* angesehen werden kann.

Dies bestätigend, erinnert wohl auch die Stelle des Übergangs vom 1. zum 2. Viertel von T. 16 an Vorhaltsumkehrung oder Auffassungs-Vorhaltsumkehrung. Zugleich bildet sie, auf ihre Weise, mit sich selbst einen motivischen Einlassungspunkt von Wiederholung aus (vgl. S. 43): *Wiederholung*, wie sie z. B. darin liegt, daß mit dem Übergang von der 1. zur 2. Triole in der 2. Halben des Taktes nochmals die Verbindung *cis' – d'* in der motivischen Führung von Viola und Violoncello eintritt. – Wie Beispiel 19, an Beispiel 16 erinnernd, zeigt, kann die Stelle der 2. Vierteltriole der 2. Halben von T. 16, mit

Beispiel 19

Bezug auf einen imaginären Übergang vom 3. zum 4. Viertel dieses Taktes, rückbezogen werden auf die Stelle des Übergangs vom 1. zum 2. Viertel von T. 6, d. h. die Stelle des Endigens der motivischen Führung in der 1. Klarinette mit dem 1. Viertel von T. 6, bei eintretender Pause auf dem 2. Viertel. – Das Verhältnis beider Stellen ist eines, ähnlich wie bei kongruent korrespondierenden. – Für die syntaktische Kettung in T. 15/16 charakteristisch, nimmt mit Eintreten der letzten Vierteltriole in T. 16 die Anzahl der Töne simultan sich um Eins zurück, es scheint, dadurch kommt hier Vorhaltsumkehrung oder Auffassungs-Vorhaltsumkehrung nicht mehr in Frage, indem sowohl keine Überschneidung der Bewegung metrisch in einem Gleichbleibenden auftritt, als auch der Ton *cis'*, wie in der 1. Triole, nicht enthalten ist im Zusammenklang wie in den Violinen und Hörnern liegend.

Von daher ist zu ersehen: im relativen Abstand von 6 Takten, bildet T. 21/22, also die *volle Eins* des Großtaktes, einschließlich des Auftaktes zu T. 21 und einschließlich der Wendung des Taktübergangs 22/23 *spezifisch* die *Variante* von T. 15/16 – ebenfalls die volle Eins des Großtaktes –, einschließlich des Auftaktes zu T. 15 und einschließlich der Wendung des Taktübergangs 16/17. Hierzu die Gegeneinanderstellung beider Stellen in Beispiel 20,

Beispiel 20

durch die sich der Aspekt entwickelnder Variation der harmonischen Form (vgl. S. 37) verdeutlicht. Es sei insbesondere auf die »Ähnlichkeit« beidemale der motivischen Führung wie in der Viola, in der, auf ihre Weise, *Wiederholung* wie in T. 15/16 (vgl. S. 45) mit übernommen zu sein scheint, hingewiesen; an der Stelle des motivischen Einlassungspunktes von Wiederholung, wie in T. 16 beim Übergang vom 1. zum 2. Viertel, tritt in T. 22, mit beginnendem 2. Viertel, charakteristisch die *Pause in den Bässen* ein. – Auf der letzten Vierteltriole von T. 22 nimmt die Anzahl der Töne simultan sich wiederum um Eins zurück. – An die Stelle des ausgeholten Akkordes wie in T. 15, tritt mit beginnendem T. 21 der Septimakkord $G_1$ – *G* – *d* – *h* – *f'*, der in mehrfacher Stufung, und unter Vorhaltbildung in der Viola mit ihrem Ton *c'* (bei dessen Eintreten auf beginnender 2. Halber von T. 21 resultiert der c-moll-Quartsextakkord), mit der Wendung des Taktübergangs 21/22 übergeleitet wird in den Zusammenklang $G_1$ – *G* – *g* – *c'* – *d'*, wobei die Oktav $G_1$ – *G* in den geteilten Kontrabässen in metrisch übergebundener Form, |𝅝 |♩𝄽, auftritt. Die bei Taktübergang 21/22 hervortretende Weise der harmonischen Form gehört gewissermaßen unter die Rubrik der *Cambiata;* hierfür spricht u.a. auch die in der Terz abspringende Führung wie in der 1. Halben von T. 22 in den Violinen. – Im relativen Abstand von 6 Takten geht also die bei Taktübergang 15/16 hervortretende Weise der harmonischen Form als syntaktisch gewendete Durchgangsumkehrung variativ an diese Cambiata über. – Zugleich mit der metrischen Form |𝅝 |♩𝄽 in den geteilten Kontrabässen, d.h. in der vollen Wendung der Auftaktbildung zu T. 22, und im Verhältnis zur Wendung des Taktübergangs 17/18 mit endigender Form |𝅝 |♩𝄽 bzw. |𝅝 |♩𝄽 des Zusammenklangs, also im relativen Abstand von 4 Takten, ist noch etwas wie Fortsetzung – gleichsam in andere Instrumente übergegangen – der Kette der Holzbläsereinsätze wie in T. 5/6, T. 9/10, T. 13/14, T. 17/18, auch diese immer im relativen Abstand von 4 Takten, zu bemerken.

In besonderer Weise durch den Einsatz der geteilten Kontrabässe in T. 20 bis 22 mit ihren Tönen *f* und *g* zeigt die volle Eins des Großtaktes hier ihre eigene, und Kadenzfunktionen umspielende physiognomische Charakteristik. Indessen ist die Führung der geteilten Kontrabässe als eine *motivische* anzusehen; sie steht, auch im Sinn entwickelnder Variation der harmonischen Form, in Zusammenhang mit dem Motiv *f* – *ges,* wie in der Viola, im Violoncello und im Kontrabaß bei Taktübergang 2/3, also an gleicher Stelle im Großtakt, wenn man sie, als Motiv *f* – *g,* auf die Stelle des Tonwechsels in ihr als motivischer *Verbindung* bezieht. Oder anders: es handelt sich um *diatonisch dasselbe Motiv.* – Dies läßt an die Theorie Rudolph Rétis erinnern (unten hierzu noch Näheres). – Der momentan sich einstellende tragende Charakter von logischer Bestätigung ist deutlich. Logizität in solcher Weise ist übrigens auch für die Stelle T. 369 ff. (»Todesverkündigung«), bei Taktübergang 368/369 mit einsetzendem (und sogleich rückgewendet und wiederholtem) Motiv *f* – *g* in den tiefen Instrumenten (und, sollte der Großtakt für den gesamten Satz in der gleichen Weise bestehen, dann ebenfalls an gleicher Stelle im Großtakt), vorauszusetzen.

Mit dem Zusammenklang auf dem 2. Viertel von T. 21, $G_1$ – *G* – *d* – *h* – *g'*, sowie mit dem auf der 1. Vierteltriole der 2. Halben des Taktes, $G_1$ – *G* – *es* – *c'* – *g'*, tritt zum zweiten Male in dem Satz eine Stelle mit simultan mehr als zwei verschiedenen Tönen *g* hervor. Das erste Mal ist die Stelle des beginnenden Taktes 8, durch die Art der motivischen Führung von Viola, Violoncello und Kontrabaß hier mit den Tönen *G, g* und *g'* und nur mit diesen. Das dritte Mal ist die Stelle des beginnenden Taktes 22. Es handelt sich um ein vergleichbares Verhältnis wie bei kongruent korrespondierenden Stellen, erstens zwischen Taktübergang 7/8 und Taktübergang 21/22, wie Beispiel 21 zeigt, zweitens auch zwischen der Stelle des Übergangs vom 3. zum 4. Viertel von T. 7 und der Stelle des Übergangs vom 1. zum 2. Viertel von T. 21, wie

Beispiel 21

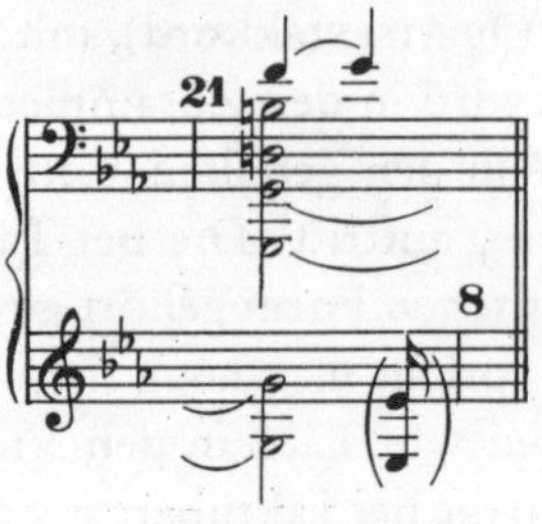


Beispiel 22

Beispiel 22 zeigt. Bei Beispiel 21 ist die Charakteristik auffallend: als ginge Ausholung, bis in einen Bereich von Sich-Auseinanderdividieren in der Harmonie, voraus, um dann, sozusagen beim Taktstrich, in Überschneidung gebracht zu werden. – Eine solche Charakteristik wird in den kombinatorischen Beispielen in §4 noch mehrfach begegnen. – Daß ein qualitativer Unterschied etwa gegenüber den korrespondierenden Stellen im sich auseinanderdividierenden Verhältnis besteht, läßt sich im Versuch, diese entsprechend jeweils auch in der Wendung des Taktübergangs harmonisch zusammenzunehmen, ohne weiteres vergegenwärtigen.

Wenn sich somit im analytischen Detail gleichsam ein Netz von Bezugspunkten abzeichnet, durch das, je in örtlicher Beziehung, die Vergrößerung mit dem genauen Maßstab 3:1 erkannt werden kann, so läßt sich von daher umgekehrt aber auch der Sachverhalt der Vergrößerung selbst, mit dem Großtakt in architektonischer Weise des Zusammenhangs zusammenhängend, als Teil des Systems von Fläche erkennen, von dem oben, S. 37, die Rede war. Auf Fläche und Kontinuität in ihr scheint insbesondere der Maßstab, 3:1, der Vergrößerung, und daß er *genauer* Maßstab sei, rückbezogen werden zu müssen.

## §4
## Der Hauptsatz in architektonischer Bestimmung seiner Form als Krebskanonumkehrung. Zur Flächenkontinuität

Die *Pause in den Bässen* auf dem 2. Viertel von T. 22 (vgl. S. 46), d. i. des 2. Taktes der Eins des Großtaktes, ist auf ihre Weise *einlassende Pause* (vgl. S. 33), und so kann die *Sequenz der einlassenden Stellen* (vgl. S. 34) durch den gesamten Hauptsatz hindurch verfolgt werden, dies auch so, daß jeweils die volle 1. Halbe der betreffenden Takte, einschließlich vorangehender Wendung des Taktübergangs, in Betracht gezogen wird. Hierzu ein Schema, in dem diese Takte angegeben sind, danach unterschieden, ob sie eine Pause in den Bässen (+++) auf dem 2. Viertel haben, oder nicht (kein +). T. 10 und T. 28 nehmen insofern eine Sonderstellung ein (++), als in T. 10 eine Pause auf dem 2. Viertel steht, aber nicht in den Bässen; in T. 28 haben nur die Pauken, nicht aber auch die Posaunen eine Pause auf dem 2. Viertel. Im Schema sind unterhalb der Taktzahlen die metrischen Formen jeweils für die volle

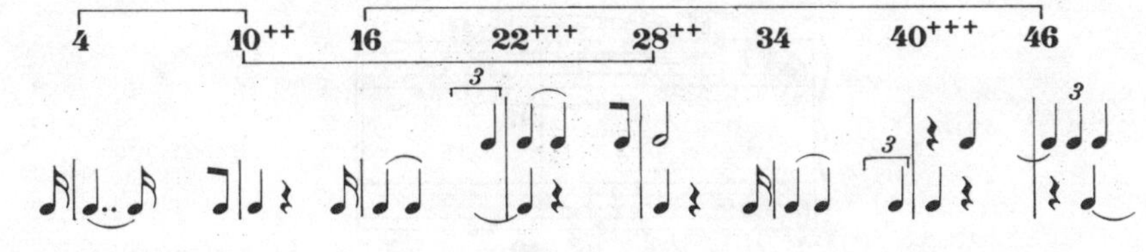


1. Halbe, die Wendung des Taktübergangs miteinbezogen, abkürzend aufnotiert. Die eingetragenen drei Klammern bezeichnen diejenigen Paare von Takten (4 und 10; 10 und 28; 16 und 46), die für korrespondierende Stellen (im Sinne der Vergrößerung mit dem genauen Maßstab 3 : 1) in gegenseitigem Verhältnis in Frage kommen, d. h. wenn diese außerdem an gleicher Stelle im Großtakt liegen sollen. Wie ohne weiteres ersichtlich, müßte dies jeweils die Stelle des beginnenden Taktes sein.

Ließe sich von daher das Schema einesteils im Sinne der Vergrößerung deuten, so deutet sich in ihm anderenteils aber auch eine Art von Krebsgängigkeit an, so als würde, wenn man es in der umgekehrten Richtung, von rechts nach links, liest, dabei immer eine relative Vertauschung der mit ++ gekennzeichneten Stellen gegen die mit +++ gekennzeichneten eintreten; auch die metrischen Formen lesen sich auf diese Weise wie eigentümlich korrespondierend mit, wobei T. 16 und T. 34 gewissermaßen gleichbleibt.

Der zugrundeliegende Sachverhalt, der sich darin anscheinend andeutet, ist: der Hauptsatz, von der Länge von 50 Takten, bildet soweit ein in sich rückläufiges, geschlossenes krebsgängiges Stück aus, das mit T. 49/50 in seinen Anfang, T. 1/2, zurückmündet, und mit Taktübergang 50/51 weiterhin in den Seitensatz, oder die sog. Zweite Gruppe (T. 50ff.) übergeht.

Demnach müßte dann z. B. die Stelle des Taktübergangs 44/45 die *»Krebsstelle«* zur Stelle des Taktübergangs 6/7 bilden. – Wie Beispiel 23 zeigt, lassen sich beide Stellen in der Wendung des Taktübergangs harmonisch zusammennehmen. Dabei scheint die oben, S. 48, zur Kennzeichnung der Charakteristik von Beispiel 21 gebrauchte Formulierung auch als Kennzeichnung der Charakteristik von Beispiel 23 zutreffend zu sein: als ginge Ausholung, bis in einen Bereich von Sich-Auseinanderdividieren in der Harmonie, voraus, um dann, sozusagen beim Taktstrich, in Überschneidung gebracht zu werden.

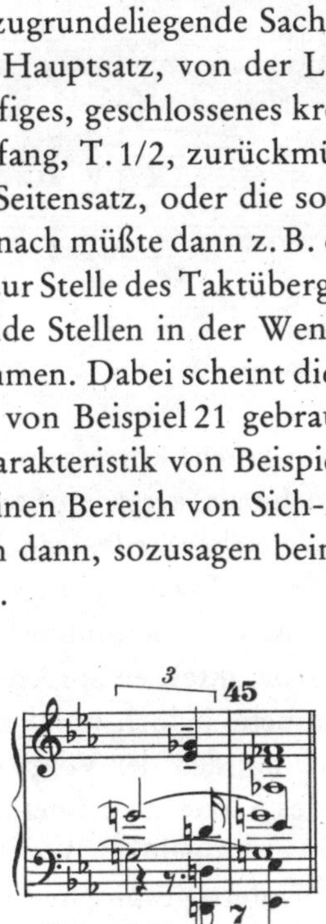

Beispiel 23

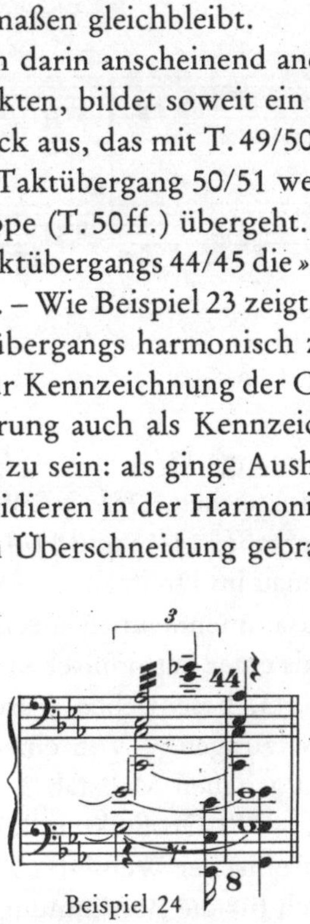

Beispiel 24

Ebenso für das Paar von Stellen des Taktübergangs 43/44 und 7/8, wie Beispiel 24 zeigt. – Beispiel 23 und 24 erinnern an Kadenz. – Ebenso auch für das

Beispiel 25

Paar von Stellen des Taktübergangs 32/33 und 18/19, wie Beispiel 25 zeigt. – Der kombinatorische Sachverhalt läßt an die oben, S. 24 bis 27, als erste festgestellte spezifische Sequenz der Variation erinnern (Taktübergänge 32/33, 38/39, 44/45), unter Beobachtung von Überschneidung bereits je am Ort. Die Vorstellung kann sein, daß gegebenenfalls – etwa bei Taktübergang 32/33 und bei Taktübergang 44/45 – solche Weise von Überschneidung würde auch die Krebsgängigkeit, formal bereits am Ort mit zu tragen vermögen.

Für die Lokalisierung der Krebsgängigkeit auch weiterhin in der gleichen Weise ist erforderlich, die Vergrößerung mit dem genauen Maßstab 3 : 1 einzubeziehen. Wie sich durch Beispiel 26 andeuten läßt, sind die Stellen des

Beispiel 12

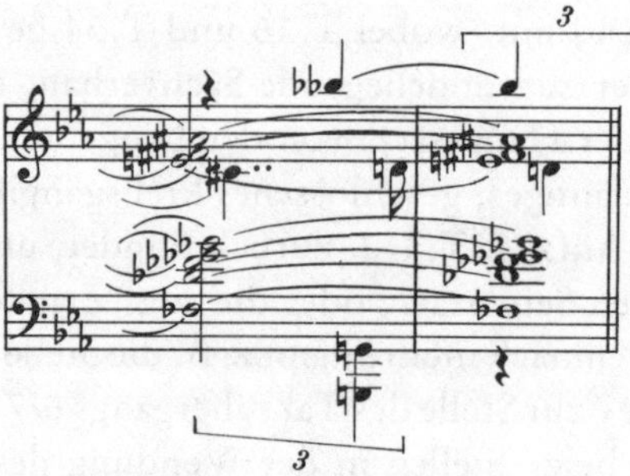


Beispiel 26

Taktübergangs 15/16 und 45/46 ähnlich wie kongruent korrespondierende Stellen anzusehen. Daß, wie Beispiel 12 (hier nochmals) zeigt, die Stellen des Taktübergangs 14/15 und 44/45, im Großtakt an gleicher Stelle, jedoch selber nicht genau im Dreifachen, sich in der Wendung des Taktübergangs harmonisch zusammennehmen lassen, signalisiert gleichsam die besondere Sachlage nochmals einer harmonischen Einholung des Großtaktes, entsprechend wie oben, S. 43, beschrieben wurde, metrisch nunmehr jedoch unter anderen Voraussetzungen. – Von einem In-sich-Zurückmünden der Vergrößerung mit dem genauen Maßstab 3 : 1, vom Beginn des Satzes gerechnet nach 45 Takten, = 7½ Großtakten, könnte gemäß sich verdoppelnder Beziehung in architektonischer Weise des Zusammenhangs insofern gesprochen werden, als es sich für die Bestimmung nicht allein um die Beziehung zwischen den Stellen des Taktübergangs 15/16 und 45/46 handeln würde, sondern auch die des Taktübergangs 5/6 einzubeziehen ist; wodurch Vergrößerung und Krebsgängigkeit für die Bestimmung zugleich ins Spiel kommen, sowie auch, daß die Stellen des Taktübergangs 5/6 und 15/16 ihrerseits kongruent korrespondierende Stellen sind. Die Beispiele 16, 26, 27 und 28 geben sämtliche Kombinationsmöglichkeiten (im Sinn der harmonischen Zusammennahme in der Wendung des Taktübergangs) zwischen diesen drei Stellen an. Am ehesten in Richtung auf Darstellung als in der Weise von »falschem Implikat« wirkt Beispiel 27, in welchem 5/6 und 45/46 zusammengenommen sind. Ab-

Beispiel 16

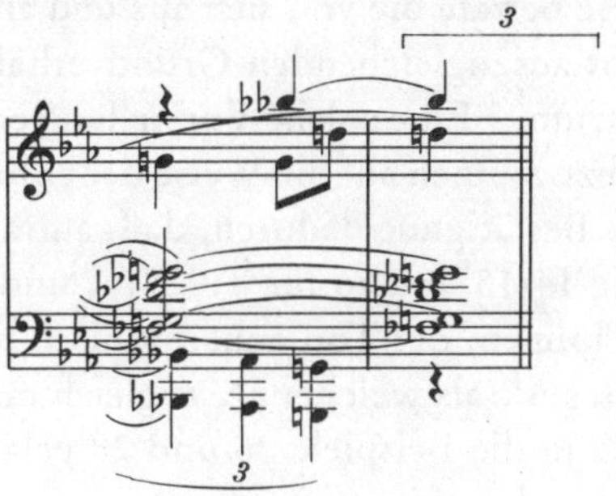


Beispiel 27

gemildert, ist dies wohl auch für Beispiel 26 anzunehmen. Auffallenderweise scheint dagegen Beispiel 28 – alle drei Stellen zusammengenommen –, und in

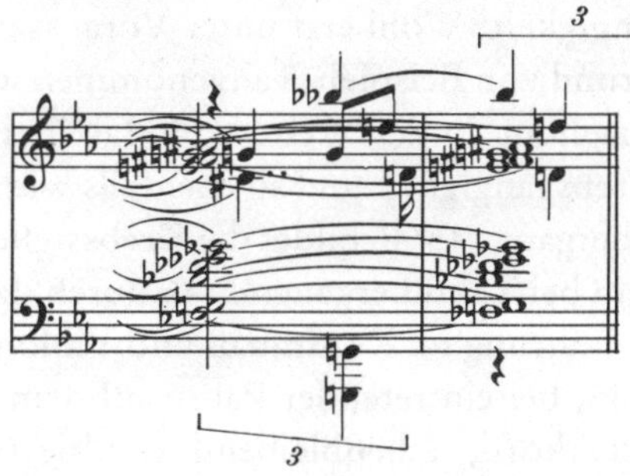


Beispiel 28

direktem Sinn das dissonanteste, ganz richtig. Dadurch wird deutlich, daß die Charakteristik von Beispiel 26 nicht eigentlich für korrespondierende Stellen im sich auseinanderdividierenden Verhältnis – die Stellen des Taktübergangs 15/16 und 45/46 – spricht, sondern vielmehr Dissonanz (in direktem Sinn) nur ebenfalls in starkem Maße beansprucht, und auf diese Weise als Darstellung des Verhältnisses, wie bei kongruent korrespondierenden Stellen, gelten kann, Darstellung als in der Weise von »falschem Implikat«.

Qualitativ zu urteilen, liegt vor allem am hinzukommenden Ton *g′* (wie in der 1. Violine und im 1. Horn bei Taktübergang 5/6), daß Beispiel 28 – gegenüber Beispiel 26 – ganz richtig wird, oder daß Beispiel 26 sich »ausgleicht«. – Wenn von daher an etwas wie *strukturellen Ausgleich im architektonischen Verhältnis* zu denken ist, so würde diesbezüglich für die Vorstellung – betreffend den, wie oben, S. 37, formuliert wurde, Übergang zwischen struktureller (mikrostruktureller) und architektonischer Bestimmungsebene oder Fügungsdimension – einerseits ein *Übersprung* erfordert, etwa wie zwischen den Stellen des Taktübergangs 5/6, 15/16 und 45/46, andererseits (in der Gegenrichtung) aber ließe dies zugleich gerade auch die Voraussetzung einer, mit der Struktur (Mikrostruktur) notwendig verbundenen, und, durch den Kontrapunkt und in der Form, und je am Ort auszugleichenden, sich ausgleichenden, *»Differenz«* zu, wie man sagen könnte, der *strukturalen Differenz*. Diese beträfe die von sich aus und an ihnen selbst nicht ausgeglichenen und nicht auszugleichenden Grundverhältnisse in der Harmonie ebenso wie im Metrum. – Eine solche Vorstellung erfährt, im speziellen analytischen Detail und zu stützen auf die Weise der enharmonischen Notierung in der Partitur, eine Bestätigung dadurch, daß, auffallenderweise, im 2. Horn bei Taktübergang 14/15 und so für T. 15/16, und anders als gleichzeitig in den geteilten 2. Violinen, der Ton enharmonisch umnotiert ist: sozusagen gerade von *fis'* nach *ges'*, als welcher er, zugleich mit dem Ton *fis'* der geteilten 2. Violinen auch in die Beispiele 26 und 28 gelangt.

Dem kombinatorischen Prinzip entsprechend, kann demnach die Beziehung zwischen den Stellen des Taktübergangs 5/6 und 45/46 angesehen werden als sich bestimmend gemäß einer im architektonischen Verhältnis (und eigentlich erst in einem solchen) gegebenen Vereinbarkeit zwischen dem Sachverhalt der Vergrößerung mit dem genauen Maßstab 3 : 1 und dem Sachverhalt der Krebsgängigkeit. Wohl erst unter Voraussetzung dieser Vereinbarkeit, wie sie aufgrund von Beispiel 28 angenommen werden kann, kommt Beispiel 27, als Darstellung in der Weise von »falschem Implikat«, für die Lokalisierung der Krebsgängigkeit und so ebenfalls wie Beispiel 26 in Frage. Die Stelle des Taktübergangs 45/46 bildet die Krebsstelle zur Stelle des Taktübergangs 5/6. Indem bei Taktübergang 45/46 durch das momentane Endigen der motivischen Führung im Kontrabaß und Violoncello mit der letzten Vierteltriole von T. 45, bei eintretender Pause auf dem 1. Viertel von T. 46, ebenso ein Quartsextakkord, stehenbleibend, resultiert, in Gestalt von *fes – des' – fes' – heses'*, wie durch die auf der 2. Vierteltriole der 2. Halben von T. 45 eintretende Oktav $As_1$ – *As* im Kontrabaß und Violoncello, in Gestalt von $As_1$ – *As – fes – des' – fes'*, – beide Quartsextakkorde selber Auffassungsdissonanzen –, kann die bei Taktübergang 45/46 hervortretende Weise der harmonischen Form als *syntaktisch gewendete Form*, insofern (– syntaktisch gewendet –) übereinstimmend mit der bei Taktübergang 15/16 hervortretenden (und so auch der Vergrößerung mit dem genauen Maßstab 3 : 1 entsprechend), nach der Art der Lokalisierung in örtlicher Beziehung jedoch ähnlich wie bei Vorhaltsumkehrung, als der bei Taktübergang 35/36 hervortretenden Weise der harmonischen Form (vgl. S. 31), angesehen werden. Die »zwischenliegende« Oktav $G_1$ – *G* im Kontrabaß und Violoncello auf der letzten Vierteltriole von T. 45, so läßt sich annehmen, stellt die Beziehung zur Stelle des Taktübergangs 5/6 her, indem dort die Töne *g* und *g'* vorkommen.

So ist auch der zu Beginn von T. 45 eintretende Zusammenklang *fes – des' – fes'* in den Violinen und der Viola, durch den Ton *fes* der Viola und im harmonischen Rückbezug auf den Beginn von T. 44, als eine Art von Auffassungsdissonanz anzusehen. Für die Bestimmung dessen, daß die Stelle des Taktübergangs 44/45 die Krebsstelle zur Stelle des Taktübergangs 6/7 bildet (vgl. S. 49/50), läßt sich über Beispiel 23 hinaus anführen, daß auch bei Taktübergang 6/7 etwas wie Auffassungsdissonanz, und zwar durch die Töne *d* im Auftakt zu T. 7, im Verhältnis zur Oktav *g* – *g'*, gegeben ist. Daß *fes* – *des'* – *fes'* als Auffassungsdissonanz bei Taktübergang 44/45 erst auf vollem Takt eintritt – während die Auffassungsdissonanz bei Taktübergang 6/7 im Auftakt eintritt –, spricht auf seine Weise für Krebsgängigkeit, wie sie, formal bereits am Ort, an der Stelle des Taktübergangs 44/45 durch die Überschneidung scheint mit getragen werden zu können. Oder anders gewendet: die Überschneidung an der Stelle des Taktübergangs 44/45 bestimmt sich wesentlich mit aufgrund der Auffassungsdissonanz als eintretenden Zusammenklangs *fes* – *des'* – *fes'*.

So kann auch für die Bestimmung dessen, daß die Stelle des Taktübergangs 43/44 die Krebsstelle zur Stelle des Taktübergangs 7/8 bildet, über Beispiel 24 hinaus angeführt werden, daß, wie oben, S. 28, formuliert wurde, die wiederholende Form einholender Auftaktbildung, bei Taktübergang 43/44, damit verbunden ist, daß mit Beginn von T. 44 momentan, durch die Pause auf dem 1. Viertel des Taktes, »Töne weniger« sind. So auch zu Beginn von T. 8, indem hier, einschließlich motivischer Führung in der Viola, im Violoncello und im Kontrabaß, ein Zusammenklang nur aus Tönen *g* eintritt.

Der besseren Übersichtlichkeit, und zum Zweck der Veranschaulichung der Krebsgängigkeit kann Beispiel 29 dienen, eine Gegeneinanderstellung der Partitur im Abschnitt T. 26 bis 50, und der spiegelschriftlichen Kopie eines Particells für den Abschnitt T. 1 bis 25. Die eingetragenen Pfeile markieren sämtliche Paare je von Stelle und Krebsstelle, für die sich kombinatorische Beispiele entsprechend wie bei Beispiel 23 bis 26, in ähnlicher Charakteristik und bei gleicher Weise der Lokalisierung, jedoch nicht nur bei Taktübergängen, sondern auch innerhalb der Takte angeben lassen. – Die neben die Pfeile gesetzten Zahlen geben die Nummern der zugehörigen kombinatorischen Beispiele an, welche, soweit sie bisher noch nicht angegeben sind, im Folgenden angegeben werden.

Beispiel 30 scheint als Angabe möglich, indem es Beispiel 27 nahekommt und dadurch ebenfalls als Darstellung in der Weise von »falschem Implikat« angesehen werden kann.

Beispiel 30

Beispiel 31

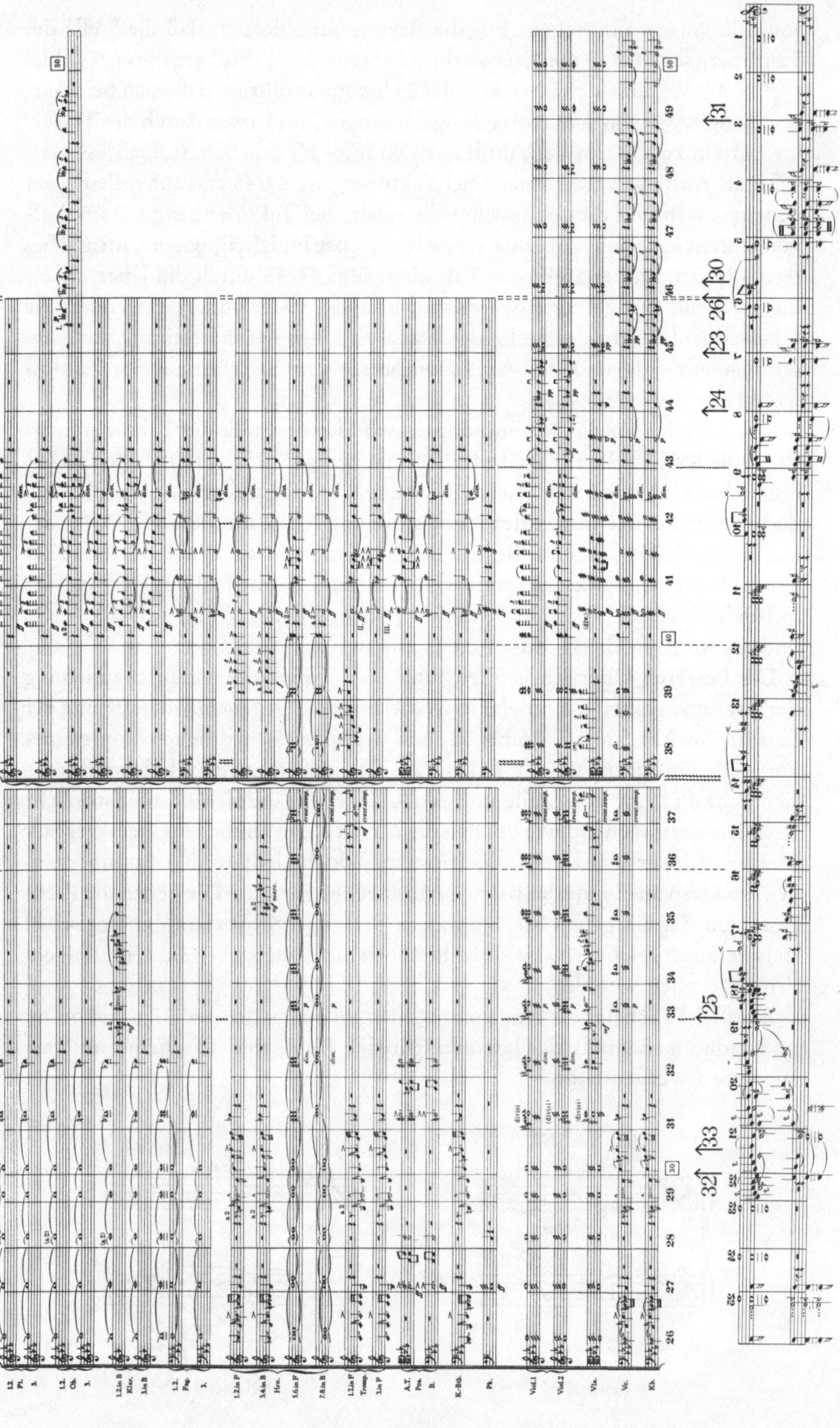

Beispiel 29

Beispiel 32, sehr ähnlich wie Beispiel 21, unterscheidet sich von diesem jedoch u. a. darin, daß die Töne *Es, es* und *es'* bereits liegen, wo die Töne *f'* und *f* (wie in T. 21 in den Violinen bzw. im Violoncello) eintreten, die Wirkung ist die einer sich überspannenden Wendung durch die momentane Verdoppelung (simultan) des Bestandteils *es' – f' – g'* in der unteren Oktav (als *es – f –*

Beispiel 32

Beispiel 33

*g*). Dennoch scheint das Beispiel als Angabe gut möglich, aufgrund des Charakters der enthaltenen Cambiata (vgl. S. 47). Daß die Wirkung einer sich überspannenden Wendung durch die bezeichnete momentane Verdoppelung entsteht, liegt ersichtlich daran, daß in T. 29 eine dreifach punktierte Halbe für die Töne *es* steht, anders als in T. 7, wo die Töne *es* auf dem 1. Viertel, mit anschließenden Pausen, stehen.

Steht ebenso für die Töne *ges* in T. 25 eine dreifach punktierte Halbe, und ebenfalls anders als in T. 3, wo die Töne *ges* auf dem 1. Viertel, mit anschließenden Pausen, stehen, so kann sowohl die bei Taktübergang 24/25, wie dann auch die bei Taktübergang 29/30 hervortretende Weise der harmonischen Form als eine Art von *Cambiaten-Umkehrung* angesehen werden, beidemale aufgrund der metrischen Form der dreifach punktierten Halben als strukturelle Form von Umkehrung und in örtlicher Beziehung zu lokalisieren entsprechend wie bei Durchgangsumkehrung (und nicht so bei Taktübergang 3/4 und Taktübergang 7/8). Dabei dürfte, entsprechend dem Auftakt zu T. 29 als Auffassungsdissonanz, die bei Taktübergang 29/30 hervortretende Weise der harmonischen Form als *syntaktisch gewendete Cambiaten-Umkehrung* anzusehen sein. In dieser Weise sich umkehrender Form, so kann man annehmen, bildet die Stelle des Taktübergangs 29/30 (Cambiaten-Umkehrung, syntaktisch gewendet) die Krebsstelle zur Stelle des Taktübergangs 21/22 (Cambiata). – In diesem Zusammenhang ist auch Beispiel 33 als Angabe dafür zu verstehen, daß die Stelle des Übergangs vom 2. zum 3. Viertel von T. 30 die Krebsstelle zur Stelle des Übergangs vom 2. zum 3. Viertel von T. 21 bildet.

Wie man leicht feststellt, gibt es entsprechend der oben, S. 31, gegebenen Definition für die bei Taktübergang 35/36 hervortretende Weise der harmonischen Form als Vorhaltsumkehrung, im gesamten Hauptsatz nur eine einzige weitere, und direkt vergleichbar in Frage kommende Stelle: bei Taktübergang 39/40. Ein Unterschied liegt darin, daß hier der »zwischenliegende« Zusammenklang, auf schlechtem Taktteil, d.h. der letzten Vierteltriole in T. 39, nicht ein in direktem Sinn dissonanter Zusammenklang ist, sondern ein Terzquartakkord, *f – b – d' – f' – as' – d'' – f'' – as'' – d''' – f'''*. Dadurch ist (vgl. S. 45) die bei Taktübergang 39/40 hervortretende Weise der harmonischen Form als *syntaktisch gewendete Vorhaltsumkehrung* anzusehen, wobei, im relativen Abstand von 4 Takten, der Einsatz von 1. bis 4. Horn in T. 39 / T. 40, 1. Viertel den marcato-Einsatz von 3. und 4. Horn in T. 35/36 gleichsam fortsetzt.

Wie in Beispiel 29 durch zwei senkrechte gestrichelte Linien verdeutlicht ist, bilden die vier Stellen des Taktübergangs 11/12, 15/16, 35/36 und 39/40, also wo Durchgangsumkehrung, und Vorhaltsumkehrung als Weise harmonischer Form hervortritt, ein, wie ich sagen will, *spezifisches* krebssymmetrisches *Quadrupel* von Stellen, d.h. paarweise sind immer Stelle und Krebsstelle mit ihnen eingenommen; in doppelter Position wären dabei – in diesem Falle – die Stellen mit Vorhaltsumkehrung (35/36 und 39/40) krebssymmetrisch zu denen mit Durchgangsumkehrung (11/12 und 15/16) gelegen, oder mit Taktübergang 35/36 und Taktübergang 39/40 ginge Durchgangsumkehrung (wie bei 11/12 und 15/16) an Vorhaltsumkehrung als hervortretende Weise der harmonischen Form über. Im Verhältnis je von Stelle und Krebsstelle *asymmetrisch* hingegen wären die Positionen von syntaktisch gewendeter struktureller Form von Umkehrung (15/16 und 39/40) gegenüber den beiden anderen (11/12 und 35/36). Ebenso wären auch die Positionen im Großtakt asymmetrisch im Verhältnis je von Stelle und Krebsstelle; bei relativem Gesamtabstand von 24 Takten (= 4 Großtakten) – zwischen 11/12 und 35/36 ebenso wie zwischen 15/16 und 39/40 – würde die Stelle des beginnenden 2. Taktes der *Zwei* des Großtaktes (seine »Mitte«) übergehen an die des beginnenden 2. Taktes seiner *Eins*, und umgekehrt. Als »innerer Abstand« sei der relative Abstand von 4 Takten, wie sowohl zwischen 11/12 und 15/16, als auch zwischen 35/36 und 39/40, bezeichnet.

Wird das Quadrupel von Stellen des Taktübergangs 5/6, 15/16, 35/36 und 45/46 betrachtet – in Beispiel 29 verdeutlicht durch eine zusätzliche senkrechte gestrichelte, doppelte Linie (bei 5/6 und 45/46) –, so sind ganz entsprechend asymmetrische Positionsverhältnisse gegeben; bei relativem Gesamtabstand von 30 Takten (= 5 Großtakten) – zwischen 5/6 und 35/36 ebenso wie zwischen 15/16 und 45/46 – würde wieder die Stelle des beginnenden 2. Taktes der *Zwei* des Großtaktes übergehen an die des beginnenden 2. Taktes seiner *Eins*, und umgekehrt. Der »innere Abstand« ist nun 10 Takte. – Indem nun aber, wie oben, S. 52, gezeigt wurde, die Stelle des Taktübergangs 45/46 tatsächlich die Krebsstelle zur Stelle des Taktübergangs 5/6 bildet, läßt sich ersehen, daß auch die Stelle des Taktübergangs 35/36 die Krebsstelle zur Stelle des Taktübergangs 15/16 bildet. Wenn angenommen werden kann, daß, wie oben, S. 52, formuliert wurde, die »zwischenliegende« Oktav *G*1 – *G* im Kontrabaß und Violoncello auf der letzten Vierteltriole von T. 45 die Beziehung zur Stelle des Taktübergangs 5/6 herstellt, indem dort die Töne *g* und *g'* vorkommen, so stellt wohl auch der »zwischenliegende« Zusammenklang auf der letzten Vierteltriole von T. 35, nicht zuletzt durch den Ton *d'* von 3. und 4. Horn in der motivischen Führung selbst (marcato-Einsatz) die Beziehung zur Stelle des Taktübergangs 15/16 her, indem an beiden Stellen gemeinsam die Töne *d'* und *fis'* vorkommen, der Ton *d'* bei Taktübergang 15/16 gleichfalls in der motivischen Führung (Viola und Violoncello), sowie der Ton *fis'* gleichzeitig mit dem als *ges'* notierten Ton im 2. Horn. – Dies würde u. a. bedeuten, daß im architektonischen Verhältnis, und umgekehrt auch die architektonische Weise des Zusammenhangs mitbestimmend, *harmonische Funktion beim Einzelton*, gemäß seiner Identität mit sich selbst, liegen zu können vermag. – Aus anderer Betrachtungsrichtung ergibt sich auf diese Weise wohl zugleich eine Bestätigung der Theorie Rudolph Rétis, die, unter den Titel des »thematischen Prozesses« gestellt[4], um die Frage nach der diatonischen Ton-Identität kreist (vgl. auch S. 47). – Die Vorstellung müßte demnach sein können: die Stelle des Taktübergangs 35/36 würde die Krebsstelle zur Stelle des Taktübergangs 15/16 in der Weise bilden, daß in struktureller Form von Umkehrung (wie jeweils hervortretend als Weise der harmonischen Form) nunmehr, bei Taktübergang 35/36, Vorhaltsumkehrung (wie bei Taktübergang 15/16) übergeht an Durchgangsumkehrung – in architektonischem Zusammenhang Durchgangsumkehrung also selber noch *strukturell umkehrbar* in Vorhaltsumkehrung (so als wäre auch bei struktureller Umkehrung Vorhaltsbildung die, wie in direktem Sinn, umgekehrte – d. h. metrisch umgekehrte – Form von Durchgangsbildung).

Für die Möglichkeit solcher Vorstellung spricht andererseits die bei Taktübergang 33/34 hervortretende Weise der harmonischen Form. Diese, an Durchgangsumkehrung erinnernd, ist jedoch eher, indem die Voraussetzungen für Kontraktion, wie oben, S. 39 und S. 40, mit Bezug auf die Wendung des Taktübergangs 11/12 angegeben, entsprechend so hier, d. h. bei der Wendung des Taktübergangs 33/34 nicht gegeben sind, etwa als »verkehrte[5] Durchgangsumkehrung« zu bezeichnen. Sie hat, offenbar in architektonischem Maßstab von *syntaktischer Kettung*, oder diese auch *in architektonischem Maßstab* hervortretend, *rücklösende Funktion*, und kann insofern als das Gegenstück zu der beim Übergang von der 1. zur 2. Vierteltriole der 2. Halben von T. 12 hervortretenden Weise der harmonischen Form als Auffassungs-Vorhaltsumkehrung (vgl. S. 44) angesehen werden. Wie Beispiel 34 zeigt, sind die Stellen des Taktübergangs 11/12 und 33/34 kongruent korre-

Beispiel 34

[4] Rudolph Réti, *The Thematic Process in Music*, London 1961.

[5] In norddeutschem Sprachgebrauch ein geläufiger Ausdruck für falsch.

spondierende Stellen. Zur Rücklösung scheint ebenso zu gehören, daß die Töne *h'*, *c''* und *fis'* in der motivischen Führung von Klarinetten und Viola in T. 33 (mit Auftakt) / T. 34, 1. Halbe, gegenüber den Tönen *h*, *c'* und *fis* in der motivischen Führung der Viola in T. 11 (mit Auftakt) / T. 12, 1. Halbe, um eine Oktav höher gesetzt sind, wie daß mit beginnender 2. Halber von T. 34 die melodische Linie (vgl. S. 36) auch sonst sich relativ abzuwandeln beginnt. So z. B. tritt mit beginnender 2. Halber von T. 34 kein im direkten Sinn dissonanter Zusammenklang ein, wie mit beginnender 2. Halber von T. 12. Wenn anzunehmen ist, daß die Stelle des Taktübergangs 33/34 – mit »verkehrter Durchgangsumkehrung« als hier hervortretender Weise der harmonischen Form – die Krebsstelle zur Stelle des Taktübergangs 17/18 – mit Vorhaltsumkehrung (bei nur indirekt geschehender harmonischer Rückkehr; vgl. S. 43) als hervortretender Weise der harmonischen Form – in der Weise bildet, daß rücklösend Vorhaltsumkehrung an »verkehrte Durchgangsumkehrung« übergeht, so kann darüber hinaus wohl auch angenommen werden: die Stelle des Übergangs von der 1. zur 2. Halben von T. 34 bildet die Krebsstelle zur Stelle des Übergangs von der 1. zur 2. Halben von T. 17 – mit Synkopierung als hier hervortretender Weise der harmonischen Form – in der Weise, daß diese Synkopierung beim Übergang vom metrischen Wert des 2. Viertels zu dem der 1. Vierteltriole der 2. Halben in T. 34 zurückgelöst wird. Hierfür spricht auf seine Weise, daß der Übergang vom 1. zum 2. Viertel von T. 34, wie oben, S. 34, formuliert wurde, eine einlassende Stelle bildet.

Es verhält sich offenbar so: vorausgesetzt den zweifachen Zug des Hauptsatzes, beginnend mit T. 23 (also vom Beginn des Satzes gerechnet nach 22 Takten) in gestaltlicher Analogie die melodische Linie, unter bestimmten Abwandlungen, zu »wiederholen«, als so durchziehend verfolgbar über nochmals 22 Takte, d. h. bis T. 44, ist die Gesamtgestalt des Hauptsatzes, oder dieser in architektonischer Bestimmung seiner Form, als *Krebskanonumkehrung* anzusehen, d. h. umgekehrt, wie bei einem vorzustellenden Krebskanon – ich denke an den Bachischen aus dem *Musikalischen Opfer*[6] – dieser die architektonische Bestimmung seiner Form daraus erhält, daß eine gestaltliche Linie kankrizierend mit ihr selbst, also in zweifacher Form, und so in einem einzigen Zug (wie man annehmen muß) zu kontrapunktieren vermag, zeigt der Hauptsatz des Brucknerschen Satzes die architektonische Bestimmung darin, daß die Form in ihrer Gesamtgestalt (des Hauptsatzes), in zweifachem Zug und so in einer einzigen Linie – der Linie des Vollzuges – durch den Kontrapunkt mit ihr selbst kankriziert. Hierfür ist wesentlich, daß die »Wiederholung« unter »Verschiebung« zum 1 Doppeltakt gegen den Großtakt geschieht. Die Linie des Vollzuges zeigt sich von daher als unter der Bedingung von Flächenkontinuität stehend, die in denkbar strengster Weise erreicht zu sein scheint, soweit der Einblick in die kompositorische Realisierung ermessen läßt. – Im Unterschied etwa zur Wendung des Taktübergangs

[6] Vgl. meine Analyse »Über den Zählsinn, ...«, in: *Musik-Konzepte 17/18, Johann Sebastian Bach. Das spekulative Spätwerk*, S. 20 bis 79, ebenfalls in: *ANALLE Zeitschrift für Kultur*, Nr. 7, 8, 9 (Wietmarschen 1979/80/81).

4/5 (mit decrescendo-Nadel in der motivischen Führung von Viola, Violoncello und Kontrabaß) als dem Übergang von der Eins zur Zwei des Großtaktes, gibt der erste Einsatz von Pauken und Trompeten, sowie auch der Posaunen zu verstehen, daß der Beginn von T. 27 die Stelle der beginnenden Eins des Großtaktes ist.

Zum kombinatorischen Verfahren der Analyse sei angemerkt, daß Terzquartakkorde nicht als Auffassungsdissonanzen bereits für sich bildend betrachtet sind, sondern jeweils nur in örtlich weiterreichender Beziehung und, gleichsam indirekt, derart »wie bei Auffassungsdissonanz«. Dagegen treten Terzquartakkorde in den kombinatorischen Beispielen fast dominierend auf. Von daher fällt besonders auf, daß das Sich-»Ausgleichen« von Beispiel 26, qualitativ zu urteilen, vor allem am hinzukommenden Ton *g'* liegt (vgl. S. 51); erst der Ton *g'*, oder auch der Ton *g*, bewirkt, daß – in Beispiel 28 – nach dem Taktstrich gerade ein, sozusagen angereicherter, wenn auch »falscher« Terzquartakkord entsteht.

## §5
## Die architektonische Fuge der Krebskanonumkehrung

Dux- und Comes-Charakteristik. Quasi Algorithmus. Oktav-Melos. Zur Instrumentierung.

Von den Stellen des Taktübergangs 32/33 und 18/19 ausgehend (erstere bildet, wie nach Beispiel 25, die Krebsstelle zur letzteren), kann im Näheren bestimmt werden, was als die *architektonische Fuge der Krebskanonumkehrung* zu bezeichnen ist. Im relativen Abstand von 32 Takten, also gegenüber dem Großtakt sich um 1 Doppeltakt »verschiebend« (jedoch in der anderen Richtung als bei der genannten »Wiederholung« der melodischen Linie), bildet sich, beginnend mit Taktübergang 32/33 und über eine Erstreckung von 18 Takten, Takt für Takt, deutlich verfolgbar, eine Charakteristik von Wiederholung, die von *Dux* und *Comes* zu sprechen erlaubt. Hierzu Beispiel 35, in welchem der Abschnitt T. 1 bis 18, wie als Dux, unter den Abschnitt T. 33 bis 50, wie als Comes, gesetzt ist.

Dies steht im Verhältnis dazu, daß sich, im relativen Abstand von 18 Takten, = 3 Großtakten, beginnend mit Taktübergang 18/19 und über eine Erstreckung von 32 Takten, Takt für Takt, verfolgbar eine vergleichbare Charakteristik von Wiederholung bildet: wie als eines *zweiten Zuges von Dux*. Hierzu Beispiel 36, in welchem der Abschnitt T. 1 bis 32, als des ersten Zuges von Dux, unter den Abschnitt T. 19 bis 50, als des zweiten Zuges von Dux, gesetzt ist.

Die in Beispiel 36 eingetragenen Pfeile markieren einige Paare von Stellen mit analogen Charakteristiken, wie sie in örtlicher Beziehung bestimmbar werden.

1. So ist z. B. Taktübergang 35/36 die Stelle, wo sich, im zweiten Zug von Dux, Vorhaltsumkehrung und Vorhaltsumkehrung »begegnen« (Taktüber-

gänge 17/18 und 35/36), wie man annehmen kann, relativ im Modus differierend, indem bei Taktübergang 17/18, anders als bei 35/36, die harmonische Rückkehr nur indirekt geschieht (vgl. S. 58 und S. 43).

2. Unter kontrapunktischem Gesichtspunkt kann hiermit in Verbindung gebracht werden, daß Taktübergang 34/35, als Stelle der, wie oben, S. 30, formuliert wurde, »durch den Ton der mittleren Triole vorweggenommenen Auflösung«, die Stelle ist, wo sich im zweiten Zug von Dux *Stelle und ihre Krebsstelle* (Taktübergänge 16/17 und 34/35, also um 1 Takt vorangehend) begegnen, dies bei Taktübergang 34/35 qualitativ etwa im Sinne eines *Kulminationspunktes* der Form.

3. Taktübergang 33/34 ist die Stelle, wo sich, im zweiten Zug von Dux, (syntaktisch gewendete) Durchgangsumkehrung und »verkehrte Durchgangsumkehrung« begegnen.

Die Bestimmung der Stelle des Taktübergangs 36/37 erscheint von daher unter dem Aspekt einer *syntaktischen Ablösung*, im Verhältnis zur Stelle des Taktübergangs 18/19 – immer die beginnende Drei des Großtaktes – differierend. In beiden Fällen sind die Stellen um 1 Großtakt vorher, also Taktübergänge 30/31, und 12/13, solche Stellen, die – letzterenfalls in der Rückbeziehung auf Taktübergang 4/5, ersterenfalls auf Taktübergang 10/11 – je mit der betreffenden von diesen Stellen ein Paar von korrespondierenden Stellen im sich auseinanderdividierenden Verhältnis bilden (vgl. S. 44/45). Geradezu sich umkehrend wie bei diesen korrespondierenden Stellen im sich auseinanderdividierenden Verhältnis, lassen sich – in

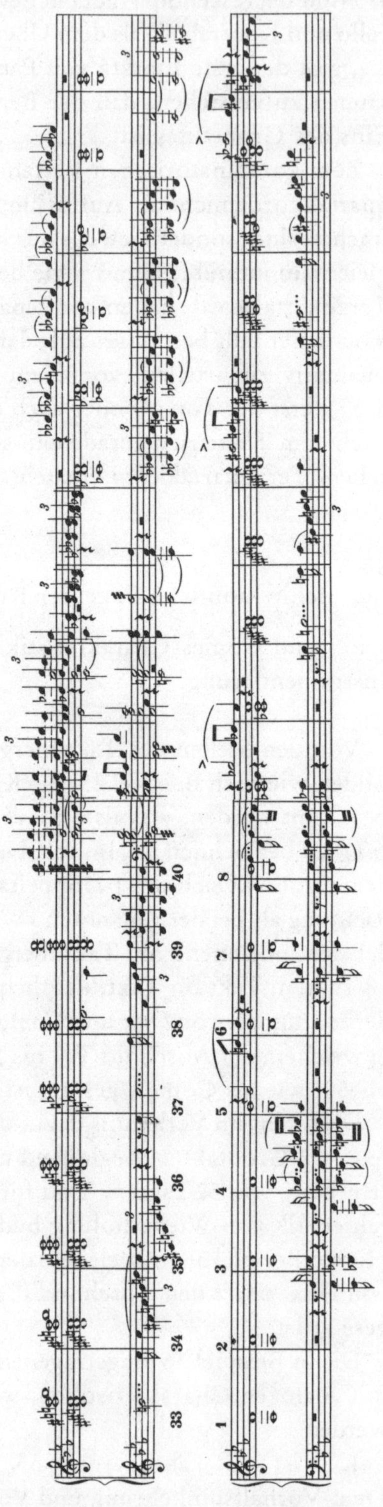

Beispiel 35

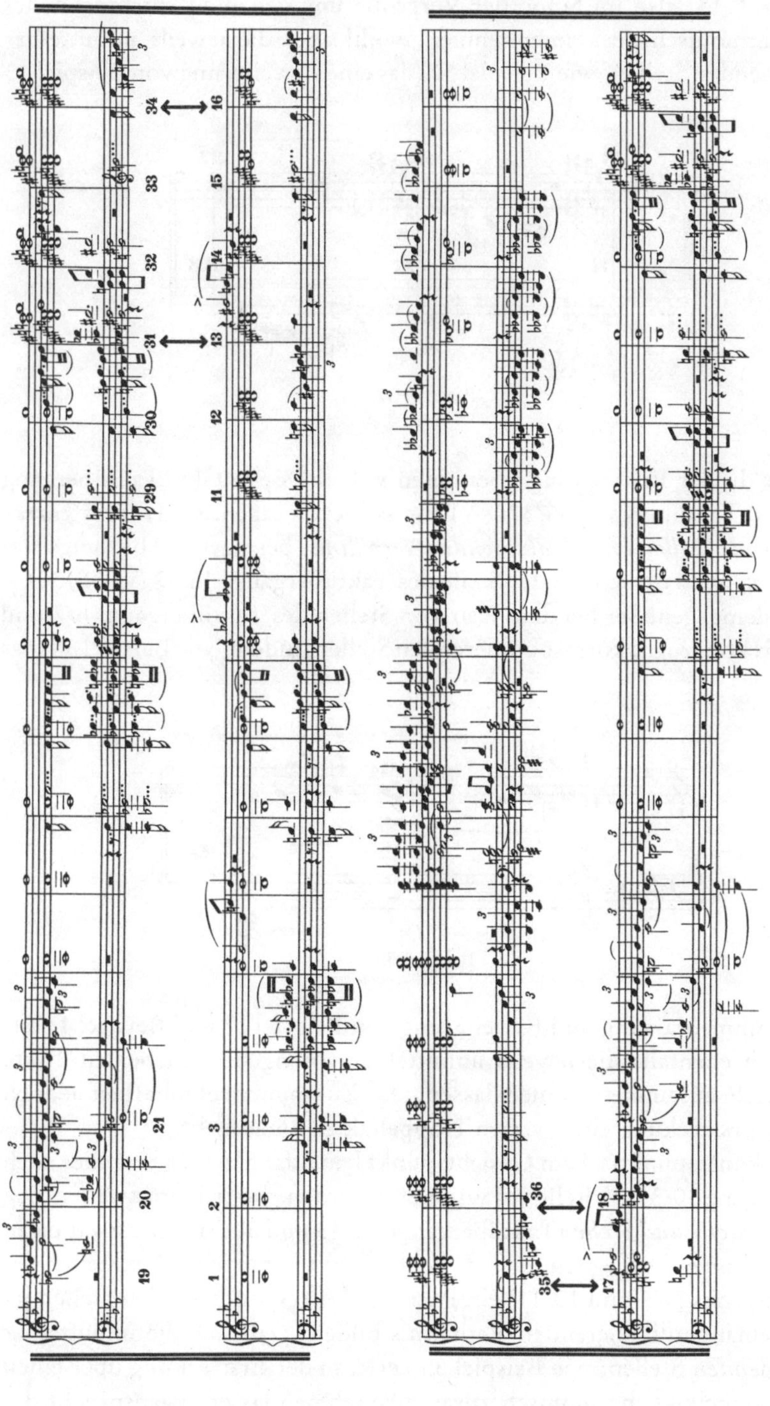

Beispiel 36

der Rückbeziehung des Doppeltaktes 35/36 auf den Doppeltakt 11/12 – zwar nicht die Zusammenklänge, wie eintretend zu Beginn von T. 37 und zu Beginn von T. 13, also im Sinne der Vergrößerung genau an entsprechender Stelle, harmonisch zusammennehmen, wohl aber die jeweils unmittelbar vorangehenden Stellen, wie Beispiel 37 (das eine Erweiterung von Beispiel 13

Beispiel 37

ist) zeigt, in der Erstreckung über einen vollen Doppeltakt. Taktübergang 12/13 und Taktübergang 36/37, so ließe sich etwa sagen, sind *invers korrespondierende Stellen im sich ablösenden Verhältnis,* bei eigener Ablösungscharakteristik, auch örtlich, an der Stelle des Taktübergangs 36/37 (vgl. S. 36). – Anders demgegenüber bei dem Paar von Stellen des Taktübergangs 6/7 und 18/19, als kongruent korrespondierenden Stellen, indem, wie Beispiel 38 (das

Beispiel 38

eine Zusammenfassung und Erweiterung von Beispiel 17 und Beispiel 11 ist) zeigt, sich ebenfalls die jeweils unmittelbar vorangehenden beiden Takte harmonisch zusammennehmen lassen, die Zusammennehmbarkeit jedoch über die Erstreckung eines vollen Doppeltaktes hinausgeht.

Unter kontrapunktischem Gesichtspunkt kann dann umgekehrt aber auch Taktübergang 30/31 als Stelle vorausgesetzt werden, wo sich, im zweiten Zug von Dux, *Stelle und Stelle* (Taktübergänge 12/13 und 30/31), und zwar darin übereinstimmend begegnen, daß sie beide, je mit vorangehenden Stellen des Taktübergangs (4/5 und 10/11) ein Paar von korrespondierenden Stellen im sich auseinanderdividierenden Verhältnis bilden. Daß sich die unmittelbar *anschließenden* Stellen, wie Beispiel 39 zeigt, in der Erstreckung über einen vollen Doppeltakt, harmonisch zusammennehmen lassen, beansprucht das besondere Interesse. Beispiel 39 zeigt speziell auch, daß die Stellen des Takt-

Beispiel 39

übergangs 13/14 und 31/32, im Großtakt an gleicher Stelle, aber weder im Dreifachen, noch auch nur ungefähr im Dreifachen, sich in der Wendung des Taktübergangs harmonisch zusammennehmen lassen – kombinatorisch das einzige Paar von Stellen des Taktübergangs, das sich, bis hin zu T. 48, wo ein vergleichbarer Fall nochmals eintritt, in dieser Weise finden läßt (vgl. auch S. 38).

Gleichsam signalisiert dies eine besondere Sachlage. Im relativen Abstand von 14 Takten, findet sich nochmals, wie in T. 17/18, die endigende Form | 𝅝 | ♩ 𝄽 bzw. | 𝅝 | ♩ 𝄽 in T. 31/32, hier in den Holzbläsern sowie in den geteilten Violen (vgl. S. 43). Spezifisch nach dem Vergleich zwischen Beispiel 38 und Beispiel 39 zu modifizieren, kann nochmals von einer harmonischen Einholung des Großtaktes (vgl. auch S. 50) gesprochen werden. Unter der Voraussetzung von »Verschiebung« um 1 Doppeltakt gegenüber dem Großtakt, ist demnach T. 31/32, als *einholender Doppeltakt,* spezifisch eine *formale Variante* von T. 17/18, ebenfalls als einholenden Doppeltaktes. Dies wird je zur Voraussetzung, daß mit Taktübergang 18/19 der Dux, mit Taktübergang 32/33 der Comes *eröffnet.*

Dabei zeigt sich auch intern die »Verschiebung« an. Während z. B. die bei Taktübergang 17/18 hervortretende Weise der harmonischen Form eine Art von Vorhaltsumkehrung ist, läßt sich bei der Wendung des Taktübergangs 31/32, ungefähr aber nicht genau an entsprechender Stelle, die beim Übergang vom 7. zum 8. Achtel von T. 31 hervortretende Weise der harmonischen Form als »verkehrte Vorhaltsumkehrung« (wie bei »verkehrter Durchgangsumkehrung«; vgl. S. 57) ansehen, aufgrund der Führung der Altposaune und indem deren Ton *h* auf dem 7. Achtel des Taktes nicht auch im Zusammenklang der anderen Instrumente enthalten ist; gewissermaßen an die Stelle der synkopierenden Halben *as''*, wie in 1. Oboe und 1. Klarinette in T. 17, tritt in T. 31 das Aussetzen im Ton *h* bzw. *ces'* derjenigen Instrumente (Violoncello sowie 3. und 4. Horn), die auf dem 1. Viertel des Taktes diesen Ton haben. – Indem sich in T. 32 ein entsprechendes Aussetzen im Ton *h'* der Viola (vgl. S. 24) »wiederholt«, wird eine, wie man sagen könnte, »intern ablösende Wiederholung im Verhältnis zum Akkord« deutlich, in der sich der Formsinn durch das *Oktav-Melos* wesentlich mitbestimmt. Eine solche »intern ablösende Wiederholung im Verhältnis zum Akkord« ist, nach der Beziehung zwischen motivischer Führung in 1. Oboe und 1. Klarinette (T. 17 / T. 18, 1. Viertel) und der in der Viola und im Violoncello (T. 18), auf ihre Weise in T. 17/18 ebenfalls gegeben, nicht so hingegen in T. 35/36; sie zeigt gleichsam das Definierende des einholenden Doppeltaktes.

Von daher, daß sich in T. 31/32 diese »intern ablösende Wiederholung im Verhältnis zum Akkord« ihrerseits wesentlich durch das Aussetzen von Instrumenten bestimmt, und indem z. B., wie oben, S. 36, angeführt wurde, die Klarinetten und die Viola mit ihrem Einsatz im Ton *h'* (dreifach punktierte Halbe in T. 33 sowie Auftakt zu T. 33) in der melodischen Linie an den Ton *H*, wie in der Baßposaune auf der 1. Halben von T. 22, also in der oberen Doppeloktav, und qualitativ merklich anders als bei Taktübergang 36/37 anschließen, bestätigt sich auf seine Weise die oben, S. 26, angeführte Annahme, daß sich Rhythmus und Melos an die sich differenzierenden, und mit dem Oktavunterschied zusammenhängenden Oktavverhältnisse binden.

Beispiel 39 als kombinatorisches Beispiel, und anders als Beispiel 38, liest sich, entsprechend der Weise der enharmonischen Notierung zum Teil wie in der Partitur, eigentümlich und ganz im Sinne eines stufenweisen Sich-Auseinanderdividierens in der Harmonie so, als würde dieses an drei Stellen (durch Stern markiert) des Übergangs von einem metrischen Wert zu dem ihm folgenden sich als im diatonischen Ton selbst (gemäß seiner Identität mit sich selbst; vgl. S. 57) darstellen. So z. B. treten auf dem 1. Viertel des Beispiels die verschiedenen Töne *h* und *ces* simultan mit dem Ton *c'* (wie auf dem 1. Viertel von T. 13 in der Viola und im Violoncello) auf – dieser springt dann ab in den Ton *fis''*; dies die Stelle der ersten Markierung.

Die beiden anderen markierten Stellen betreffend, ließe sich – in absurdem Verstand – von einem sich *örtlich verdoppelnden* »falschen 4 – 3 – Vorhalt« sprechen, »falsch« zunächst insofern, als nicht wie auf gutem Taktteil, sondern auf dem 8. Achtel des ersten Taktes von Beispiel 38 der »Septimakkord« mit seiner »Terz« – *dis'* bzw. *es'* – und gleichzeitig der »vorgehaltenen Quart« – der Ton *e''*, wie in 1. Oboe und 1. Klarinette auf dem 8. Achtel von T. 13 – eintritt; sich verdoppelnd dann aber auch insofern, als diese »vorgehaltene Quart« in der Verbindung von Ton *f''* her, wie in 1. Oboe und 1. Klarinette auf dem 7. Achtel von T. 13, und simultan mit den Tönen *fis'* und *fis''* eintritt.

Von daher käme in Frage, den Ton *es'*, wie bei der Wendung des Taktübergangs 31/32 in 7. und 8. Horn sowie in 2. und 3. Fagott notiert, und als Ton von 7. und 8. Horn, sozusagen beginnend mit dem 2. Viertel von T. 32, als einziger Ton verbleibend, der die Spur von Enharmonik weiterhin zeigt, bis zum Beginn von T. 37, wo er in den Ton *d'*, übereinstimmend mit dem Ton des Violoncellos geführt ist, spezifisch als Repräsentanten des (eines) Sich-Auseinanderdividierens in der Harmonie anzusehen, etwa so, als beträfe dieses auch die »falsch vorgehaltene Terz des Akkordes« – *dis'* und *es'*.

Hierfür spricht eigentlich auch der Klang. 7. und 8. Horn sind tiefe B-Hörner, ihr Ton liegt relativ sehr hoch, er bildet den »falschen Baß« des Akkordes, »Quintsextakkordes« wenn man von der enharmonischen Notierung dieses seines tiefsten Tones absieht. Dadurch, daß dieser mit der Wendung des Taktübergangs 32/33 vollends zum einzigen Ton des Akkordes wird, der in ihm nicht auch oktaviert repräsentiert ist, und indem das Violoncello zu Beginn von T. 33 mit seinem Ton *dis'* in diesen Ton *es'* von 7. und 8. Horn hineinsetzt, kann von der Nuance eines »falschen Quintsextakkordes« gesprochen werden, mit dem der Comes eröffnet, und den als »falschen« spezifisch die tiefen B-Hörner tragen, die hier, anders als in T. 11 bis 14, zu zweien verlangt sind.

Wenn die Weise der enharmonischen Notierung in der Partitur nicht einfach als beliebig angesehen werden sollte, so gibt sie vielmehr hier wohl eher an, daß im schwebenden Verhältnis gleichen Tonortes, und etwa im Sinn einer dem Kontrapunkt entsprechenden modalen *Differenz* der Ton *dis'* des Violoncellos, wie einsetzend zu Beginn von T. 33, *diatonisch verschieden* ist vom Ton *es'*, wie in der Viola und im Violoncello eingenommen zu Beginn von T. 19; wenn kontrapunktisch eine modale Differenz, so tritt sie in (sich ausgleichender) strukturaler Differenz und so als in der Harmonie mit Beginn von T. 33 hervor. Auf seine Weise zeigt dies auch Beispiel 25 (hier nochmals), und daß dieses sich auch nochmals, die Wendung des Taktübergangs betreffend, harmonisch zusammennehmen läßt mit dem die Stellen des Taktübergangs 13/14 und 31/32 betreffenden Anteil von Beispiel 39, wie Beispiel 40 zeigt, in welchem der örtlich sich verdoppelnde »falsche 4 – 3 – Vorhalt«, auch metrisch in instruktiver Weise, wiederkehrt. – Das wohltemperierte System selbstverständlich vorausgesetzt, ist hierbei vom Klang jedoch

Beispiel 25

Beispiel 40

nicht abzusehen: es wäre denkbar, daß die tiefen B-Hörner, zumal mit dem diminuendo des Taktes 32, etwas leicht Heulendes haben *sollen*, gegenüber dem Schwirrenden des Tremolos der Streichinstrumente. – Wenn ohnehin die zentrale Bedeutung des Hörnersatzes für die Instrumentierung anzunehmen ist, zeigt die Stelle anscheinend außerdem, daß die Instrumentierung außerhalb von Bindungszusammenhang nicht diskutiert werden kann.

Wurde oben, S. 35, gesagt, die »falsch werdende Wiederholung« (vgl. auch S. 29/30) gehe mit der 1. Halben von T. 42 in ein Sich-Auseinanderdividieren in der Harmonie über, so läßt sich nunmehr ohne weiteres erkennen: gleichsam nach dem Maß von Sich-Auseinanderdividieren in der Harmonie ist nochmals (vgl. S. 63) T. 41/42 spezifisch eine formale Variante von T. 31/32 (speziell tritt dabei sozusagen an die Stelle der »verkehrten Vorhaltsumkehrung«, wie bei der Wendung des Taktübergangs 31/32, nunmehr, bei Taktübergang 41/42 der »falsche Trugschluß«). So bildet sich auch nochmals die Charakteristik von Wiederholung, beginnend mit Taktübergang 42/43 und wie als eines *dritten Zuges von Dux.* Hierzu Beispiel 41, welches weiter bis in den Seitensatz hinein fortgesetzt vorzustellen ist. Nur soviel sei angemerkt, daß Taktübergang 46/47 die Stelle ist, wo sich, im dritten Zug von Dux, Stelle und ihre Krebsstelle (Taktübergänge 4/5 und 46/47) begegnen (vgl. auch S. 60).

Dies steht im Verhältnis dazu, daß sich beginnend mit Taktübergang 8/9 zum erstenmal die Charakteristik von Wiederholung, wie im Verhältnis von Dux und Comes, bildet. Hierzu Beispiel 42, welches ebenfalls fortgesetzt vorzustellen ist. Daß mit T. 9 die Zusammenklänge in den Violinen und Hörnern in Akkorde übergehen, signalisiert gleichsam das Eröffnen des Comes, zu Beginn von T. 9 mit dem Sextakkord *ces – ces' – es' – as'*. Die »Verschiebung« um 1 Doppeltakt gegenüber dem Großtakt ist in derselben Richtung gegeben, wie nach Beispiel 35. Die sowohl bei Taktübergang 8/9, entschiedener aber noch bei Taktübergang 2/3 auftretende Charakteristik von Überschneidung läßt annehmen, daß der Satz mit T. 1/2 als Großauftakt beginnt (vgl. S. 27). Sozusagen umgekehrt wie bei Vorhaltsumkehrung (vgl. S. 31) ist die bei Taktübergang 2/3 hervortretende Weise der harmonischen Form Vorhalt an der Stelle, wo, auf der Ebene der Großtaktfolge, die Bewegung metrisch zurückkehrt zum guten Großtaktteil, d. h. der Eins des Großtaktes.

Entsprechend wie sich durch Beispiel 36 der zweite Zug von Dux darstellen läßt, bei relativem Abstand von 18 Takten, = 3 Großtakten, läßt sich durch Beispiel 43 – auch dieses fortgesetzt vorzustellen – der zweite Zug von Comes darstellen, bei relativem Abstand von 24 Takten, = 4 Großtakten. An der Stelle des Beispiels, wo, unten, der Dux zum zweitenmal eröffnet (Taktübergang 18/19), eröffnet er, oben, zum dritten Mal (Taktübergang 42/43).

Die architektonische Fuge der Krebskanonumkehrung scheint demnach etwas wie ein räumliches Verzahnungssystem von Fläche zu bilden oder zum Ausdruck zu bringen. – Dabei bleibt offen, was es wie nach Beispiel 42 mit dem relativen Abstand von 4 Doppeltakten, der viermal so groß als relativer Abstand wie nach Beispiel 35 wiederkehrt, auf sich hat (eine geplante Fortsetzung der Analyse soll hiermit befaßt sein).

Vergleichbar wie die vier Stellen des Taktübergangs 11/12, 15/16, 35/36 und 39/40, bilden auch die vier Stellen des Taktübergangs 8/9, 18/19, 32/33 und 42/43 ein *spezifisches krebssymmetrisches Quadrupel* (vgl. S. 56), wie in Beispiel 29 durch zwei geschlängelte senkrechte Linien verdeutlicht ist; dabei liegen beide Quadrupel im Beispiel gleichartig »symmetrisch«, d. h. wäre dieses auf seiner linken Seite um 1 Takt länger und damit seine »symmetrische Mitte« anzugeben wie durch die eingetragene doppelte geschlängelte senkrechte Linie, so lägen beide Quadrupel »zentralsymmetrisch« im Beispiel. – Dies weist in die Richtung einer Annahme oder Vorstellung von *architektonischem Körper der Form,* wie er durch den Hauptsatz, in architektonischer Bestimmung seiner Form als Krebskanonumkehrung, gebildet würde.

Beispiel 42

Beispiel 41

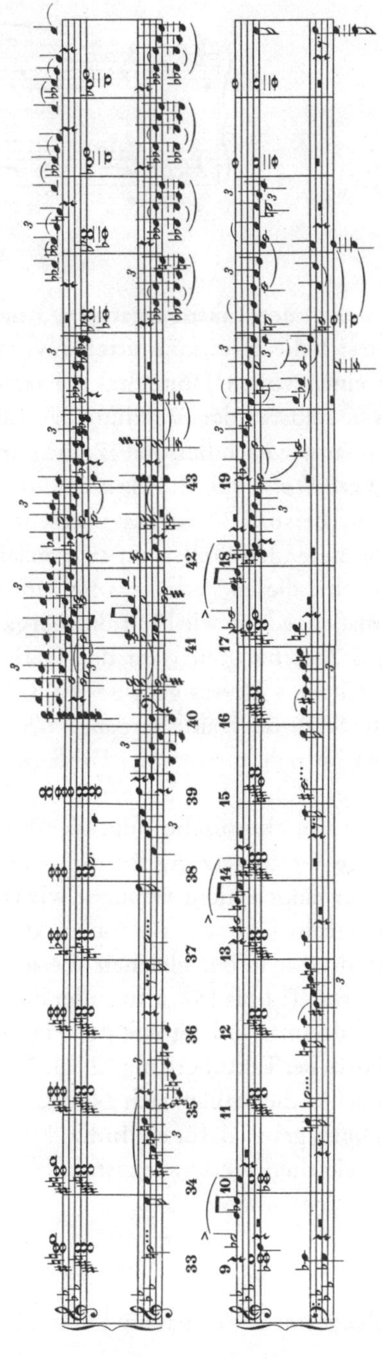

Beispiel 43

Daß die Vergrößerung mit dem genauen Maßstab 3 : 1 bereits vom ersten Beginn des Satzes an vorauszusetzen ist, wird aus der Beziehung zwischen

Beispiel 44

den Stellen des Taktübergangs 2/3 und 6/7 deutlich. Wie Beispiel 44 zeigt, lassen sich die jeweils unmittelbar vorangehenden Stellen, in der Erstreckung über einen vollen Doppeltakt, harmonisch zusammennehmen, nicht aber auch sie selbst in der Wendung des Taktübergangs. Es handelt sich also, vergleichbar wie nach Beispiel 37, um *korrespondierende Stellen im sich ablösenden Verhältnis* (vgl. S. 62), nicht *invers* korrespondierende insofern, als die (wie für Beispiel 37 vorauszusetzende) Umkehrung: im Verhältnis zu korrespondierenden Stellen im sich auseinanderdividierenden Verhältnis, oder umgekehrt dieses Verhältnis bis hin zu T. 7 noch nicht gegeben ist. – Gleichermaßen jedoch wie für Taktübergang 36/37, zeigt sich auch bei Taktübergang 6/7 damit gleichsam das Definierende des Übergangs zur Drei des Großtaktes. – Dieses geht bei Taktübergang 12/13 – in der Rückbeziehung auf die Stelle des Taktübergangs 4/5 – an das Verhältnis korrespondierender Stellen im sich auseinanderdividierenden Verhältnis über, in welchem sich Dux und Comes hier begegnen (vgl. Beispiel 42).

Die architektonische Fuge der Krebskanonumkehrung dürfte eine notwendige Voraussetzung für die kontrapunktische Analyse des Seitensatzes (die hier jedoch nicht versucht wird) bilden.

Weiterhin läßt sich vermuten, daß die Vergrößerung mit dem genauen Maßstab 3:1, in der gleichen Weise wie bisher, für die gesamte Exposition des Satzes, T. 1 bis 152, also außer der »Differenz« des Großauftaktes (T. 1/2) gerade dreimal so lang wie der Hauptsatz, gilt. Die markanten Einschnitte der Form bei Taktübergang 72/73, 96/97, 108/109, 126/127, 138/139, also im Dreifachen die Stellen nach 24, 32, 36, 42, 46 Takten, vom Beginn des Satzes gerechnet, geben dafür ein Indiz. Möglicherweise besteht auch der Großtakt, in der gleichen Weise wie bisher, für die gesamte Exposition, wenn nicht sogar für den gesamten Satz.

## §6
## Vergleich mit der 1. Fassung von 1887

Soweit es den Hauptsatz betrifft, sind die Veränderungen, die die 1. Fassung von 1887 durch die 2. Fassung von 1890 erfahren hat, als Detailveränderungen einzuschätzen, durch welche jedoch die in §1 bis 5 aufgezeigten Grundverhältnisse der Architektonik der Form nicht verändert sind. Die 1. Fassung vorausgesetzt, hätte sich insofern der analytische Befund ebenso, in seinen Grundzügen unverändert, ergeben. Die Ausführungen in §1 bis 5 sind zugleich, Schritt für Schritt, so gehalten, daß die Detailunterschiede jeweils hätten angemerkt und einbezogen werden können – ein für die Darstellung jedoch zu umständliches Verfahren. Auch wäre wohl, die 1. Fassung vorausgesetzt, die Darstellung mühsamer; es scheint, daß die 2. Fassung von 1890, als kompositorische Realisierung, zugleich die analytisch geschärftere ist, womit sie auch der Möglichkeit, sie zu analysieren, in gewissem Sinn entgegenkommt.

So gehört zu den vielleicht auffallendsten (und am umständlichsten zu beschreibenden) Veränderungen diejenige, die die Takte 40 bis 44 erfahren haben. Ersichtlich ist eine Verschärfung der Artikulation eingetreten, zusammen mit erheblicher Verstärkung des Klanges u. a. auch durch Oktavierungen; ein Pendant zum »Unisonoschema« Beispiel 5 ließe sich, sinngemäß so, nach der 1. Fassung kaum finden oder angeben. Auch gibt es in der 1. Fassung keinen Paukeneinsatz, und damit weder eine Pause in den Pauken, wie in der 2. Fassung auf dem 2. Viertel von T. 41, noch die Nuance eines »falschen Trugschlusses«, wie in der 2. Fassung bei Taktübergang 41/42. – Die genannte Verschärfung der Artikulation geht zusammen mit einer Abänderung des Klanges in Richtung einer Vertiefung – um es nach Analogie zu den Bedingungen von Farbe, sowie von Hell-Dunkel in der Malerei auszudrücken – von Schwarz und Weiß; gegenüber der quasi farblicheren 1. Fassung von 1887 zeichnet sich die 2. Fassung von 1890 – nicht nur an dieser Stelle – durch ein stärker gegenfarbliches Moment aus.

Dies zeigt sich etwa auch daran, daß es in der 1. Fassung keinen marcato-Einsatz von 3. und 4. Horn in T. 35/36 gibt, sondern einen Oboen-Einsatz, um 2 Oktaven höher und ohne an die motivische Führung von Klarinetten und Viola unmittelbar anzuschließen – vgl. S. 34 –; tritt in der 1. Fassung melodisch eine Pause auf dem 2. Viertel von T. 35 ein, so dafür nicht auf dem 2. Viertel von T. 41 – also im relativen Abstand von 6 Takten und übrigens ganz wie bei der auf S. 34 angegebenen spezifischen Variante.

Die bei Taktübergang 35/36 hervortretende Weise der harmonischen Form ist auch in der 1. Fassung, gerade so wie in der 2. Fassung, als Vorhaltsumkehrung nach der auf S. 31 gegebenen Definition zu bestimmen. Lediglich könnte nicht der »zwischenliegende« Zusammenklang, auf der letzten Vierteltriole von T. 35, als (in direktem Sinn) *kräftig* dissonanter bezeichnet werden. – Die Ausprägung ist in der 2. Fassung die deutlichere, und, wie mir scheint, die kompositorisch überlegen realisierte.

Ersichtlich steht hiermit im Zusammenhang, daß die Artikulation in der Folge der Wendungen des Taktübergangs 27/28, 31/32, 35/36, 39/40, 43/44 (sowie, harmonisch, auch 47/48) – immer im relativen Abstand von 4 Takten – insgesamt gegenüber der 1. Fassung eine Veränderung durch die 2. Fassung erfahren hat.

Besonders auffallend die Reduktion von T. 43, womit in der 2. Fassung eine überaus leuchtende, und zugleich innige Wendung, wie in der 1. Fassung, entfällt. Ähnlich auch die Reduktion von T. 30. Offenbar ist im Sinne der Krebsgängigkeit eine Umbewertung von T. 8 erfolgt, zu welchem T. 43 die »Krebsstelle« bildet (vgl. Beispiel 29), und so scheint auch T. 30 verändert worden zu sein; nach der 1. Fassung wäre übrigens Beispiel 33 als kombinatorisches Beispiel nicht möglich. – Der Vergleich zwischen T. 43/44 und T. 7/8, sowie gerade auch die Veränderung, die T. 44, durch den Zusatz in der 2. Violine, durch die 2. Fassung erfahren hat, läßt an die Theorie Rudolph Rétis nochmals erinnern.

Die in der 2. Fassung vorgenommene, und die »Mitte« des Großtaktes hervorhebende Hinzufügung des Einsatzes der 1. Klarinette in T. 5/6 dürfte wesentlich im Sinne einer verschärfenden Realisierung von Flächenkontinuität zu sehen sein. Hierfür spricht z. B. auch, daß die kombinatorischen Beispiele 16 und 44 ohne diesen Klarinetteneinsatz weniger befriedigend wären.

Manfred Wagner

# Musik von gestern – Provokation für heute *

Zum Einfluß Anton Bruckners auf die musikalische Gegenwart.

*Musik: Collage, Beginn Neunte Symphonie gegen Ligeti »Clocks and Clouds«*

In Sachen Anton Bruckner steht noch vieles aus. Die Gesamtausgabe seiner Werke, quantitativ ohnehin leichter überschaubar als bei anderen Komponisten, ist immer noch nicht abgeschlossen, ein Werkverzeichnis erschien erst vor einigen Wochen. Eine gültige Biographie, wie wir sie über Bach oder Beethoven besitzen, gibt es trotz vielfacher Anläufe immer noch nicht. Wissenschaftliche Studien über seine Musik sind spärlich gestreut und neigen eher feuilletonistischer Ausdeutung zu. Die Rezeptionsgeschichte, wie sie für Beethoven immerhin seit 1970 vorliegt, ist bei Bruckner noch nicht einmal diskutiert worden. Statt dessen wurden Vermutungen über die Funktion des Komponisten in der Musikgeschichte angestellt, die tief ins österreichische Fuxianische Barock über Mozartsche Verwandtheit und Vollendung Beethovenscher Symphonik bis zum Zeitgemäßen und Unzeitgemäßen seiner Epoche reichen, zum Vorbild für die Wiener Schule bis zum Bannerträger der Ultramoderne ausufert.

Damit schließt sich der Kreis zum Begriff der Aufhebung der Musikgeschichte und Symphoniegeschichte ins Absolute, wie ihn viele Jünger Bruckners vertraten.

Von der Musikliteratur ist also keine Lösung zur Frage Bruckner zu erwarten, und beobachtet man ihr Erscheinen seit den vierziger Jahren, so ist sie auch quantitativ ins Hintertreffen geraten. Trotzdem, und dies wird kaum bestritten werden können, hat sich die Musik Anton Bruckners einen Platz im Konzertrepertoire erkämpft, der in einer breit ausgefächerten Interpretationswelle, die 1974 mit den Bruckner-Festwochen in Wien ihren vorläufigen Höhepunkt erreichte, etwas von der Aktualität des kompositorischen Werkes zu verkünden schien. Manche glaubten zweifellos, daß dies mit Gustav Mahler und dessen Etablierung aus stereophonen Erwägungen – wie Blaukopf vermutet – oder nostalgischen, wie dies manchmal geäußert wird, zusammenhängt.

Doch auch dafür gibt es, unabhängig von der Zeitkomponente, keine stichhaltigen Begründungen. Allerdings fällt auf, daß, losgelöst von allen memorials, Brucknersche Musik zitatmäßig in zeitgenössische Werke etabliert wurde. Nicht nur in den Titel des Bruckner-Dialogs des konventionell

* Eine Sendung für den Österreichischen Rundfunk, 1. Programm, 4. Oktober 1977

komponierenden Gottfried von Einem, einer Auseinandersetzung mit Widmungscharakter, sondern auch in die auf den ersten Blick keinen Zusammenhang erkennen lassende Produktion wie *Turnus* des Schweizers Klaus Huber. Er zitiert Bruckner original und durch überlagernde Akkordschichten zugleich verfremdet in einem Werk, das den Prozeß der Zeit aufzeigen möchte. Der Hörer wird niemals an das schon Gehörte zurückgeführt, sondern Vorgänge steigern und verlieren sich, erzeugt durch eine Konfliktsituation

Klaus Huber: Brucknerzitat (Beginn der VIII. Symphonie)
aus *Turnus* (1973/74)

z. B. von leisen Pizzicatostellen mit punktierenden tiefen Bläsern, mit Klangblöcken, die aufeinanderprallen und, in verschiedenen Abschnitten als »Niemandsland« bezeichnet, eine Art Befreiungsakt in einem Quasi-Gang durch musikalische Akquisitionen nachvollziehen wollen. Welchen emotionalen Stellenwert Huber seinen Klangblöcken zumißt, ist aus dem in der Partitur aufzufindenden Terminus »Re(Ex-)Pressionen« abzulesen, einer Kombination von Repression und Expression. Es kann nach dem Kompositionsplan nicht zufällig sein, daß gerade in dieses prozessuale Demonstrationsstück, das Lieblings-Komponisten aus sieben Jahrhunderten je einmal zitiert, Bruckner-Musik gleich dreimal einmontiert ist.

Zitat in der Musikgeschichte bedeutet immer Auseinandersetzung, sei es in ironischer oder ernstgemeinter Absicht. Vermutlich also haben die Komponisten der Gegenwart und vermutlich aus denselben Gründen die Interpreten der Musik Bruckners einige Kriterien erkannt, die für die zeitgenössische Musik Geltung haben, Ansätze vielleicht, die heute erst zu ihrer vollen Durchformung finden. Grob gesprochen ist dies das Prinzip der Entwicklung, wie es Bruckner vor allem zu Beginn der Symphoniesätze anlegte und die Erforschung des Materials, konkreter des Klanges, was immer noch als Hauptziel der Arbeit Karlheinz Stockhausens angesehen werden muß.

Ebenso wichtig dürfte des St. Florianer Komponisten Idee der Architektur sein, die ein Schichtdenken kennzeichnet, was seine Entsprechung in den Modellen der seriellen Musik findet. Diese nahezu physikalisch ablesbare Qualität des Klangfeldes ist bei Bruckner auf dynamische Bereiche konzentriert. Zwar gibt es auch bei ihm Klangkombinationsspiele, die über die zeitgemäße Orchesterpraxis weit hinausreichen. Nicht üblich war beispielsweise der tiefe Holzbläsersatz, den Bruckner in der Erstfassung der Vierten Symphonie deutlich herausstrich oder das Discant-Tremolo, eine Art Orgel-Tremolant im Kopfsatz der Fünften Symphonie. Wichtiger aber dürften die dynamischen Komponenten gewesen sein. Wie anders wäre zu erklären, daß es die negative Musik, die Stille, längst vor Cages Demonstrationsstück *4'33''* in Bruckners Kompositionen angedeutet gab. Während hier durch den genau vier Minuten und dreiunddreißig Sekunden schweigenden Pianisten deutlich wird, was an Klang fehlt, so bei Bruckner in den Anfangsphasen aller Symphonien oder auch in den zahlreichen als Interpunktionen verstandenen Zäsuren der ersten Fassungen der Symphonien wie beispielsweise im Kopfsatz der IV. Symphonie (Fassung 1874).

Es dauert eben seine Zeit, bis aus dem unhörbaren Klang ein fixierbarer Ton entnommen werden kann (vgl. Beispiel S. 74).

Von diesem Entwicklungsgedanken ausgehend, der in der strukturellen Durchformung der Architektur noch einmal angesprochen werden muß, bezieht Bruckner in der Setzung jedweden Tremolos Klangfarbenaspekte mit ein, die sich nahezu als physikalische Darstellungen von Hörvorgängen erklären lassen. So dient es ihm als letztes Steigerungsmittel in nahezu allen kadenzartigen Bildungen am Schluß der Symphoniesätze. So gelten viele Entwicklungstremoli gleichzeitig als Einschwingvorgänge und werden von ei-

Beginn der IX. Symphonie

nem Nachhalltremolo kontrastiert. Oder wie der Musikpsychologe Ernst Kurth dem Prozeß der Entwicklung einen adäquaten des Verfalls entgegensetzt: »In diesem letzteren Sinne aber wiesen schon mehrere der früheren Beispiele inmitten von Steigerungen oder aber auch gedehnter Höhepunktsübersteigerungen Zwischenglieder auf, die ohne weiteres in der Bedeutung von tiefen Eindrücken hervortreten. / Derlei breitet nun Bruckner, der Klangplastiker, in seiner eigentümlichen Weitenschau mit Vorliebe nach plötzlich verhallenden Höhepunkten in die Symphonik, in genial verschiedenen Formen und Wirkungsinhalten zwar, aber stets in einer unverkennbaren inneren Raumsymbolik eines Gegensatzes von klangspezifischer Weite und Leere gegenüber der vorherigen symphonischen Verdichtung und Gipfelstellung.

Aus dem Nichts, von dem sich die erste symphonische Klangbildung herauslöste, verhallt diese ins Nichts zurück. Bruckner empfindet die Leere vor und nach dem Schöpfungsereignis und er gestaltet sie. Sie ist tönend gewordene Leere.«

Spätestens aus György Ligetis eigenhändig geschriebenen Einführungen zu seinen musikalischen Werken ist dieser Terminus der musikalischen Leere in den Begriff des imaginären musikalischen, leeren Raumes übergewechselt. Tatsächlich setzt György Ligeti in vielen seiner Kompositionen diese aus Klanggründen spezifizierte Räumlichkeit thematisch um, und zwar analog zu Bruckner nicht nur in den Orgelwerken, sondern auch in konventionalen Formen wie dem 2. Streichquartett aus dem Jahre 1968.

Nicht ohne Grund prägt er die charakteristischen Bezeichnungen »stets sehr mild« und »wie aus der Ferne«, womit unzweideutig an die Netzgewebe von *Atmosphères* und *Lux aeterna* angespielt wird. Wenn auch der zweite Satz des Streichquartetts »Sostenuto, molto calmo«, also mit derselben Bezeichnung wie die Bewegung des *Lux aeterna*, definiert wird, werden Parallelen unausweichlich.

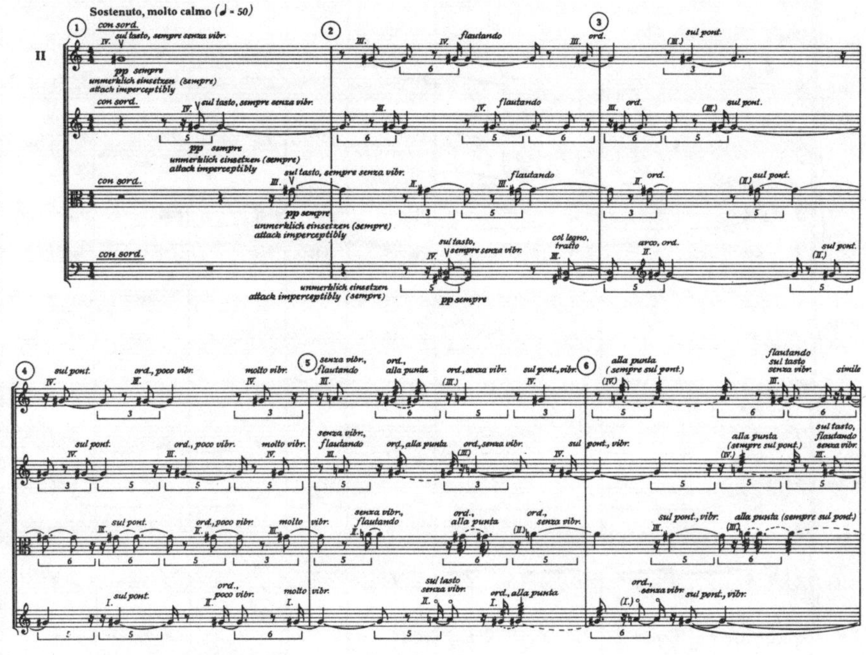


György Ligeti, Beginn des zweiten Satzes
aus dem Streichquartett Nr. 2

In engem Zusammenhang mit dieser Erforschung des Materials auf dynamischer Basis steht bei Bruckner und wohl auch heute die Behandlung charakteristischer Intervallphänomene, wobei gewiß der Eigenwert an sich weniger eine Rolle spielt als die nicht gleichzuhaltende und deswegen auch oft in der Praxis verschlampte d.h. gekürzte Darstellung von gleichliegenden Tönen.

Konkret ist dies am Beispiel des ausgehaltenen Klangs abzulesen. Erst heute ist wieder aktuell, was Bruckner in den Finali der Siebenten und Neunten Symphonie thematisch hervorkehrte: die liegenbleibende Intervallkonstellation, damals z.B. nur sieben Takte, schon 1960 bei LaMonte Young, wenn man wollte, Stunden.

Schluß der IX. Symphonie

to be held for a long time

LaMonte Young, *Composition 1960 Nr. 7*
Interpretation als *ff*-Stück

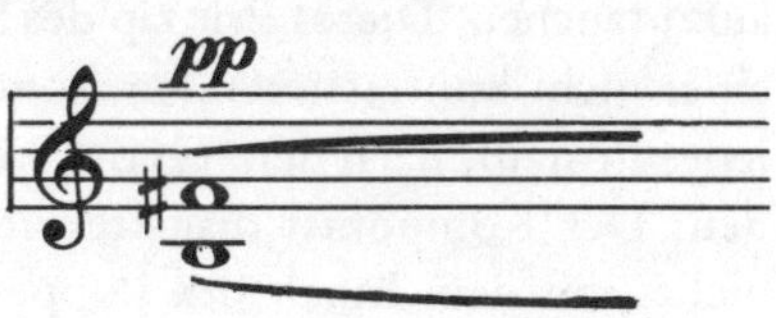


to be held for a long time

LaMonte Young, *Composition 1960 Nr. 7*
Interpretation als *pp*-Stück

Wenn wie hier einem musikalisch schrifttoten Intervall Lebendigkeit in der Darstellung nachgesagt und durch die Praxis auch bewiesen wird und wenn dies als Argument für musikalische Aussagen zu akzeptieren ist, dann werden im Verlauf der Interpretationsgeschichte noch eine Reihe ähnlicher Probleme innerhalb der Finalsätze Brucknerscher Symponien auftauchen. Tatsächlich ist vieles von dem dort schriftlich niedergelegten Material bis heute unhörbar geblieben, weil Simultandarstellungen von fünf bis acht verschiedenen thematischen Bereichen noch immer zum Schwierigsten in der Interpretation zählen. Wahrscheinlich aber kann eine Auseinandersetzung mit den verfeinerten Darstellungsmethoden neuer Musik auch hier Lösungen anreißen, die bis heute nur vorstellbar erscheinen, aber niemals realisiert werden konnten.

Nimmt die Klangforschungsparallele des Anton Bruckner, wie sie weniger vielleicht aus seinem Wollen, aber aus der täglichen Praxis heraus verstanden werden muß, schon einen wichtigen Raum der Erkenntnis ein, so wird dies noch deutlicher in der architektonischen Idee des St. Florianer Komponisten, die von einem Schichtdenken gekennzeichnet ist, das in der seriellen Musik nahezu thematischen Charakter erfuhr.

Als Beispiel dafür steht die Entwicklungsstruktur der Neunten Symphonie, wo aus der Stille heraus ein Ton entsteht, der von den Holzbläsern als Tonica gefestigt wird, dann die harmonischen Eigenfähigkeiten dieser Grundstufe durch die aufeinanderfolgende Darstellung der Entstehung des d-moll-Dreiklanges in den Hörnern abgetastet wird, schließlich der Dreiklang auch in seiner Schwebungsausweichung, dem Ces-Dur, präsentiert und gleich darauf in einer neuerlichen Konfrontation mit der Tonica d-moll in ornamentaler Umspielung in seiner Wichtigkeit bestätigt wird. Das Hauptthema schließlich beim dreifachen Forte (T. 63) beweist, daß die dynamische Klangfarbenentwicklung parallel zur architektonischen Entwicklung läuft, weswegen alle Hauptthemen Bruckners in zumindest Forteebenen angesetzt sind; das Hauptthema der Neunten Symphonie schließlich ist eine Kombination beider vorher aufgezeigter Möglichkeiten der Zentrumsbildung eines Tones. Dies ist ein fast didaktisch sich entwickelnder Prozeß, wo aus kleinen Elementen nämlich größere Zusammenhänge hergestellt werden. Die Linearität dabei ist dem Tremolo überlassen, das nur der dynamischen und artikulierten Schärfe des Hauptthemas weicht, sich quasi hinter dem dreifachen Forte versteckt, um gleich wieder als Nachhall verfremdet aufzutauchen. Dieses Prinzip des Sich-Verbergens bestimmter Strukturen in einer nicht kontrastierenden, sondern einander ablösenden Weise ist genau jenes Prinzip, nach dem György Ligetis *Clocks and Clouds* geschaffen wurden. Der Komponist drückte dies so aus: »Meine Komposition hat zwar nichts mit dem Inhalt des Popperschen Aufsatzes zu tun, doch gefiel mir Poppers Titel und erweckte in mir musikalische Assoziationen an einem Formvorgang, in dem rhythmisch und harmonisch präzise Gestalten allmählich in diffuse Klangtexturen übergehen und umgekehrt, wobei also das musikalische Geschehen hauptsächlich aus Prozessen der Auflösung von Uhren zu Wolken und der Kondensation und Materialisation von Wolken zu Uhren besteht. Diese Vorgänge sind nicht linear. Der Übergang von Uhren zu Wolken und zurück ist unregelmäßig und vertrackt, auch gibt es ständig Überlappungen und Aneinanderschichtungen von musikalischen Vorgängen, so daß Uhren innerhalb von Wolken ticken und Wolken gleichsam von innen heraus die Uhren aushöhlen und verflüssigen.«

Versteht man nun diesen Vorgang als strukturelles Modell, wird schnell einsichtig, daß Bruckner in allen Kompositionen als Strukturalist anzusprechen wäre, als Vertreter jener zeitgenössischen Tendenz, die in den späten fünfziger Jahren von Adorno mit dem Verdikt »Formelkram« belegt wurde, obwohl bis heute aber wesentliche Teile des musikalischen Schaffens davon geprägt sind.

Glaubt man den Erinnerungen Nathalie Bauer-Lechners, so wurde ein ähnlicher Begriff schon einmal mit Bruckner in Beziehung gebracht, und zwar von Gustav Mahler: »Bei Bruckner wird man durch Größe und Reichtum der Erfindung hingerissen, aber auch jeden Augenblick durch ihre Zerstücktheit gestört und wieder herausgerissen.«

Genau diese Zerstücktheit und ihre sinnvolle Eingliederung in die Großform ist in der Interpretation zum Thema Nr. 1 der Bruckner-Bewältigung heute geworden. Werkmäßig ist aber von diesem Gesichtspunkt die Parallele leicht zu Stockhausen zu schlagen, und zwar zu seinem knapp halbstündigen Werk *Gruppen für drei Orchester,* weil auch dort Struktur nicht sosehr in der linearen Entstehung, sondern im Zerreißen, der Zerstückung des einzelnen Apparats gezeigt wird. Wie bei Bruckner geht es nicht nur um die Übertragung der Raumklangkonzeption auf den großen instrumentalen Apparat, weswegen von Interpreten oft der Terminus Registrierung angesprochen wird, sondern auch um den Reichtum an Tonsatztypen, an Farben, an Charakteren, jenen Elementen, die Stockhausen gegeneinander setzt; es geht um die Stärke der bildnerischen Phantasie und um die dialektische Schlüssigkeit, die durch die statisch wirkenden Blöcke der drei Orchester quasi abschnittweise aufgezeigt wird.

Srukturierung in der Musik bedeutet immer auch Tendenz zur Verräumlichung. Deswegen auch dauert der Weg bis zu den Themen Bruckners so lange, weil sie aus dem Einzelton des Tremolos heraus entstehen müssen, also synthetisch aus Bausteinen zusammengefügt werden, obwohl analytisch jeder Baustein wieder für sich herausgelöst werden kann.

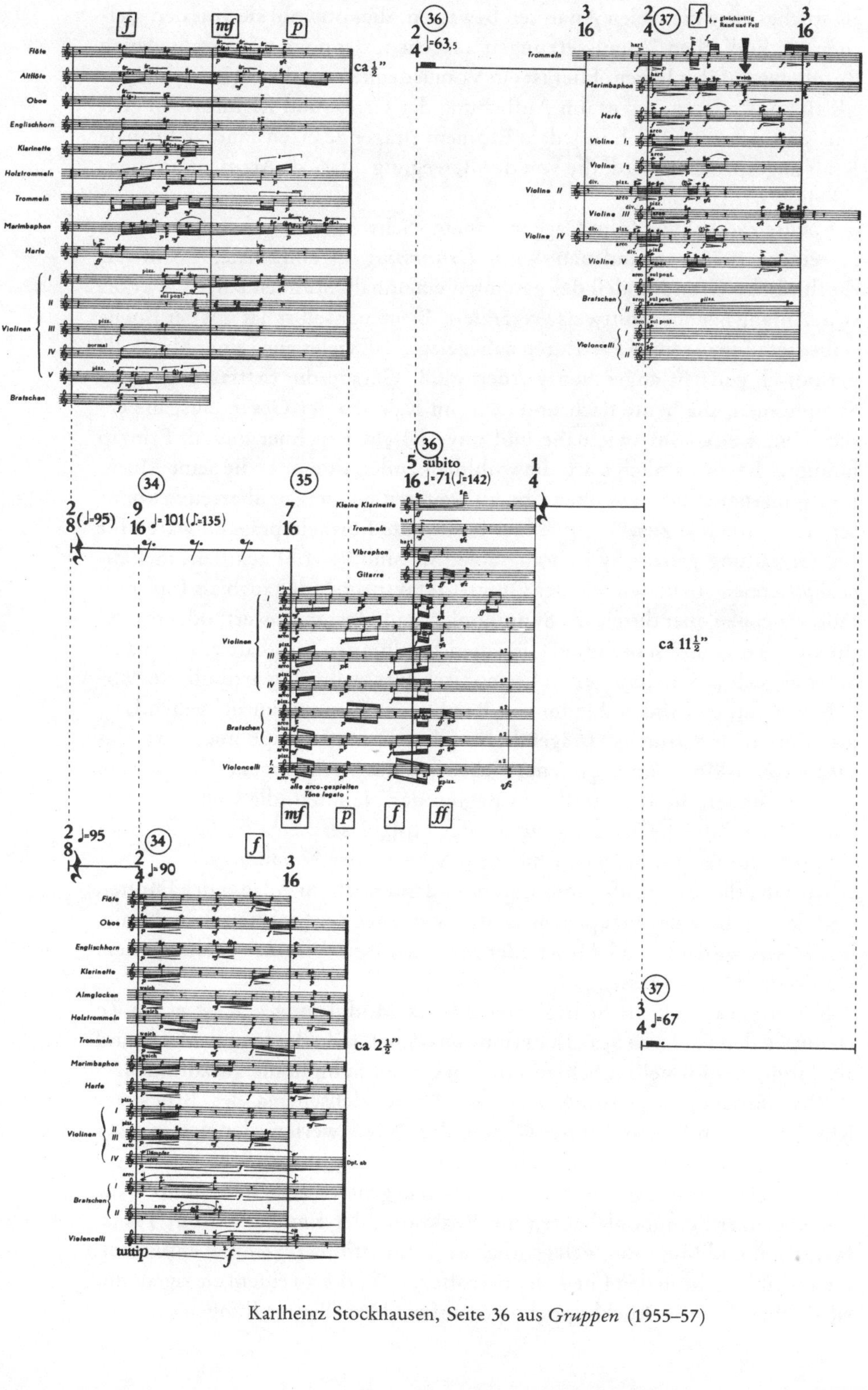


Karlheinz Stockhausen, Seite 36 aus *Gruppen* (1955–57)

Form wird bei diesem Prozeß nur als Gerüst benützt und oft nicht einmal als solches, wie die vielen Analysen beweisen, die, obwohl sie von den gleichen methodischen Voraussetzungen ausgehen, dennoch zu verschiedenen Resultaten geführt haben. Hier ist ein Vorausdenken auf die periodische Musik zu konstatieren, wo es um Aufhebung der Groß- und Kleinformen geht und statt dessen die sich in jedem Moment prägende eigenständige formale Kraft angesprochen wird, die von der Bewegung quasi als Atem zusammengehalten wird.

Ebenso radikal wie John Cage in seinem »Schweigestück« hat Steve Reich in seinem 1970 entstandenen Werk *Drumming* in einfachster Form das rhythmische Grundmodell des gesamten eineinhalb Stunden langen Werkes vom Anfang her abschnittweise verändert. Bruckner selbst hat mit der Buchstabensetzung in seinen Partituren nahegelegt, daß vieles von seiner Musik als periodisch gedacht angesehen werden muß. Gerade die Erstfassungen der Symphonien, die heute nach und nach im Rahmen der Gesamtausgabe erscheinen, weisen auf, wie nahe und unverfälscht Bruckner diesem Prinzip huldigte. Bevor nämlich noch die wohlmeinenden Freunde, die seine Musik konsumierbarer haben wollten, ihn zu weiteren Fassungen überreden konnten, ist deutlich abzusehen, daß hier bestimmte Formeln prägend waren für die Gestaltung ganzer Symphoniesätze. Sie sind sowohl aus dem melodischen Bereich abzulesen wie der Quint-Oktavsprung, der auch als Interpretationszeichen quer durch alle Symphonien und Messen geistert, oder die expressive Terzdurchschreitung, die einen bestimmten, sieghaft emotionalen Wert an sich prägt. Jenes erste harmonisch intervallmäßig artikulierte Modell, vermutlich auf den Beginn von Beethovens Neunter zurückgehend, ist als Entwicklungsthema prägend für die Dritte Symphonie, für das Horn-Cello-Motiv am Beginn der Siebenten, das im *Rheingold*-Vorspiel ein Pendant findet, die Hornstelle am Beginn der Neunten, die Cello-Kontrabaß-Floskel im Scherzo der Dritten, das Holzbläserthema im Scherzo der Fünften und das Oboenmotiv aus dem Scherzo der Neunten.

Als inhaltliches Anruf-Symbol steht es dann noch im Adagio der Fünften und der Baßlinie des Hauptthemas im ersten Satz der Sechsten Symphonie, im »Miserere« der e-moll-Messe oder der »Ex-Maria-Virgine«-Stelle aus dem Credo der f-moll-Messe.

Schon entwickelt als heutig verstandenes Modul hingegen ist es im *Te Deum*, in den Fanfaren des »Et iterum« aus dem Credo der f-moll-Messe und als Trompetenformel im Scherzo der Siebenten Symphonie aufzufinden.

Rhythmisches Gegenstück dazu ist das Modellschema des Bruckner-Rhythmus vom Wechsel von zwei und drei Notenwerten, der sich in allen Kompositionen feststellen läßt und so etwas wie Beethovens Schicksalformel in Parallele ergibt. Konstruktiv gesprochen geht es also selbst durch die Länge ganzer Symphoniebauten um Reaktion oder Kettenreaktion, Transformation und Mutation, gelegentlich auch Imitation von einmal entwickelten Gebilden, die in den Finali der betroffenen Werke zu einem einzigen musikalischen Netz als Rückkoppelungen auf die Modellvorstellungen von vorher verbunden werden. Ein Vorgang, den Karlheinz Stockhausen in seiner *Prozession* als gültiges Erklärungsmoment festgelegt hat.

Funktionell gesprochen bedeutet dies Erzeugung von Emotionalitäten durch Anpassung, mehr oder weniger didaktische Hinführung zu bestimmten ästhetischen Endprodukten, die aber mit dem Erscheinen ihrer vollendeten Gestalt wieder durch langsamen Abbau sozusagen in ihrer Emotionalität zurückgenommen werden und sich hinter das Gewebe feststehender Formeln nur in der Gleichgeltigkeit kompaktiert zurückziehen. Nichts anderes geschieht bei Stockhausen, wenn Zeitabschnitte gespiegelt werden, oder auch bei Terry Riley, wo dynamisch ähnlich prozessuale Vorgänge entwikkelt und wieder rückentwickelt werden.

Bruckner selbst versuchte diese Errungenschaften von der Erforschung der Klangmaterialien einerseits und einer synthetisch aufzubauenden Architektur andererseits in einer dialektischen Kombination zum Gewebe zu verbinden. Für die Zukunft der Musik dürften diese Bewußtseinsvorgänge ungleich wichtiger gewesen sein als die oftmals zitierten formalen Erweiterungen eines dritten Themas oder die Integrierung des Chorals.

Die romantische Forderung nach dem Nicht-enden-wollen der Musik, Fachterminus: unendliche Melodie, erfüllte Bruckner mit einem konstanten Tremolo, das sich bald in den Mikroorganismen der Begleitstimmen, in bogenförmigen Schleifen oder Spiralengestalten auflöste. Damit aber schuf er sich Freiraum für die Organisation seiner Hauptlinien, die engmaschig zu halten sich schon aus formökonomischen Gründen empfahl. Entwicklungsmotivation zu einfachen Strukturmodellen trat hinzu, und als Ergebnis resultiert dann eine zwar völlig transparente, aber relativ kurzatmige Linienführung, deren dynamischer Kontrastreichtum die Blockhaftigkeit noch mehr betonte. Als problematisch hierfür erwiesen sich die, beinahe möchte man sagen erzwungene Wiederholbarkeit infolge der Kurzstruktur und die ziemlich schnell erschöpften Mittel der dynamischen Kontrastbildung. Deswegen haben Bruckners Fortissimo-Stellen heute in der Interpretation immer etwas vom Rauschklang des Wagner-Orchesters an sich; die Lautstärke verdeckt oft die vertikale Strukturierung, wenn wie im Finale der Achten Symphonie die zentralen Gedanken aller vier Sätze zusammentreffen (vgl. Beispiel S. 82f.).

Ein umfassendes Verstehen der zusammenfindenden Elemente aus den bereits aufgezeigten Bereichen ist im Hörvorgang nahezu unmöglich, zumindest beim heutigen Stand der Interpretation. Daraus ergibt sich aber eine weitere Parallele zur Musik der Gegenwart. Schon aus Gründen einer Konsumiergefahr widerstrebt es Komponisten, sich und ihre Werke als sogleich erfaßbare Objekte anzubieten. Hans Swarowsky hatte dies schon bei Arnold Schönberg konstatiert: »Bei all dem, was Folkloristen, Impressionisten, Neoklassizisten und Neoromantiker gleichzeitig unternommen haben, um den Zeichen der Zeit Genüge zu leisten, bleibt doch Schönbergs Gedanke der einzige aus dem Material der Musik erdachte, aus dem Leben des Tones heraus entwickelte, somit der einzig logische essentielle. Die Menschen freilich

Schluß der VIII. Symphonie

gingen nicht mit und man darf es ihnen nicht verargen. Schönbergs Musik mangelt die Gefälligkeit in weitestem Sinne und es ist nicht jedermanns Sache, für deren Verlust den Tausch mit der Vergeistigung einzugehen.«

Diese Attribute, für Schönberg formuliert, galten nicht nur für die Rezeption der Brucknerschen Werke in seiner Zeit, sondern wie für jene seiner zeitgenössischen Kollegen auch zumindest teilweise in der Gegenwart.

Ohne einer Rezeptionsgeschichte vorzugreifen, die eines Tages doch auch in Sachen Anton Bruckner wird erstellt werden müssen, kann festgehalten werden, daß es nicht wenig war, was der oberösterreichische Komponist der Musikgeschichte zu bieten hatte und, wie man aus den Erfahrungen heute ablesen kann, immer noch bietet. Es ging nicht nur um die Erweiterung der Sonatensatzform in der Symphonie und die Gestaltung des langsamen Tempos in der Musik. Nicht nur um orchestrale Klangfarbenversuche, sondern vor allem um Klangmaterial, Auseinandersetzungen, wie sie immer noch nicht ausdiskutiert zu sein scheinen.

Bruckner versucht in der erstarrten Scherzoform den organisierten Lärm, die Reduktion vormaliger seliger Tanzmelodien auf Minimalfloskeln zugunsten eines straff organisierten Rhythmus, dessen Kraftlinien neue Klangflächen umreißen.

Aus dem Scherzo der IV. Symphonie, erste Fassung von 1874

Der Komponist aus St. Florian versuchte den negativen Klang als Zäsur, als Vorbereitung und symbolischen Nachhall in seine Musik zu integrieren. Er polarisierte Kontraste, bevor noch Orgelspezialisten wie Ligeti oder Messiaen Exzeß und Mystik kombinierten. Die Idee der Architektur war ihm modellhaft vertraut, bevor noch sie mit Hilfe des Modulors in der seriellen Musik definiert wurde. Strukturelles ist bei ihm vorgeformt, bevor die periodische Musik ihre mathematisch exakten, nachweisbaren Beispiele liefert. Die Verräumlichung war bei ihm ein Thema, ehe Ligeti oder Steve Reich deren bizarre Momente einfangen konnten. Und Schichtenstrukturen waren hörbar, bevor noch Karlheinz Stockhausen die statischen Blöcke als Demonstrationsobjekte gegeneinander hetzte.

Die Komponisten der Gegenwart haben sich bereits Stellen des Brucknerschen Œuvres nicht entgehen lassen und wissentlich oder unwissentlich an der Lösung der einmal aufgeworfenen Probleme gearbeitet.

Die Interpreten andererseits haben die Brucknersche Musik von einer gegenwartsnahen Arbeitsform her betrachtet und deren strukturhaftem Anteil hörbare Zustimmung erfahren lassen. Die Hörer, das Publikum, sind wohl die einzige noch mit dem Thema befaßte Gruppe, die erst in der Praxis wird beweisen müssen, wie viel von der Zukunftschau des Komponisten, von den Visionen in eine hundertfünfzig Jahre spätere und völlig veränderte Welt sie verstanden hat.

Dieses Verständnis ist aber nicht nur an den Verkaufsziffern Brucknerscher Werke abzulesen, sondern wohl auch an den Frequenzen von Konzerten mit Neuer Musik, womit deutlich wird, daß für das Verständnis des Komponisten Anton Bruckner noch nicht alles geleistet wurde, was nötig scheint.

*Musik: Collage, Beginn Neunte Symphonie gegen Ligeti »Clocks and Clouds«*

Norbert Nagler

# Bruckners gründerzeitliche Monumentalsymphonie.

## Reflexionen zur Heteronomie kompositorischer Praxis*

### I
### Rekonstruktion eines authentischen Bruckner-Bildes

Die Anfang der fünfziger Jahre vor allem in Österreich[1] wieder verstärkt einsetzende Bruckner-Forschung hat einen Großteil ihres Interesses dem revisionsbedürftigen Bruckner-Bild gewidmet, auf daß ein jeder endlich seiner véritablen Größe[2] ansichtig werden kann. Dabei hat es sich als tunlich erwiesen, das vorliegende wirkungs- und rezeptionsgeschichtliche Material mit der gebührenden Sorgfalt durchzugehen, damit ans Tageslicht kommen konnte, welcher Techniken sich die verschiedenen Autoren bedienten, um den Komponisten entweder als Naturereignis oder als Plagiator zu etikettieren. Bei der Durchsicht der kaum noch überschaubaren Literatur ist einigen Musikologen klargeworden, daß der musikpolitische Parteienstreit, der bis weit in unser Jahrhundert hinein in den Köpfen vieler Musikfreunde weiterspukte, die kontradiktorischen Positionen bis in die feinsten Verästelungen der Argumentation beeinflußt hat. Jedem, der sich die Mühe machen sollte, die Erinnerungsliteratur, die Anekdoten- und Mémoirensammlungen, Kitschbiographien und dokumentarischen Mitschriften von Angehörigen der Bruckner-Entourage zu lesen, ist zu raten, auf der Hut zu sein, weil die positive Gefühlsübertragung der Autoren auf den darzustellenden Gegenstand sich höchst nachteilig für die Persönlichkeitscharakterisierungen ausgewirkt hat. Die Sucht nach superlativischen und hyperbolischen Metaphern, die für den panegyrischen Stil der Bruckner-Hagiographien eigentümlich sind, ist zweifelsfrei als eine unreflektierte Gegenreaktion auf die vielen Malicen von seiten der »Brahminen« und der Repräsentanten der ihnen wohlgesonnenen Kulturberichterstattung (Dömpke, Hanslick, Kalbeck) zu deuten. Aber nicht nur, möchte ich sagen. In der gegenwärtigen kritischen

* Die genauen Werkbezeichnungen werden dem *Werkverzeichnis von Anton Bruckner*, herausgegeben von Renate Grasberger, Tutzing 1977, entnommen.

[1] Vgl. beispielsweise die Publikationsfolge in der *Österreichischen Musikzeitschrift* seit dem Jahre 1946. Warum bis zum heutigen Tag noch keine entsprechend gründliche Brahms-Rezeption in Österreich eingesetzt hat, bedürfte dringend einer Klärung.

[2] Alfred Einstein, *Größe in der Musik*. Mit einem Vorwort von Carl Dahlhaus, München 1980.

Betrachtung der Brucknerschen Rezeptionsgeschichte wird außer acht gelassen, daß die von Irrationalismen, seien es lobrednerische oder bösartig-aggressive Bilder, gespeiste Darstellung sich auch von anderen zeitgeschichtlichen Tendenzen nährt. Damit meine ich die im Zuge der Großen Depression im Jahre 1873, deren Rezessionserscheinungen noch die neunziger Jahre prägten, einsetzende Abwehrbewegung gegen Positivismus und liberal-demokratisches Denken. Überall, wohin wir auch blicken, können wir der Auswirkungen gewahr werden, welche die antiliberale Bewegung des ausgehenden 19. Jahrhunderts – auch auf die Wissenschaftsmonade – nach sich zog. In der Bruckner-Literatur, die hier von Interesse ist, verspüren wir allerenden, welche Folgen der fortschreitende Abbau an freisinnigem Denken gehabt hat. All die demokratischen Tugenden: Verständnis, Mitmenschlichkeit und solidarische Kritik, die für eine tiefschürfende Betrachtung unerläßlich sind, scheinen in die Lethe eingetaucht zu sein. So braucht es uns nicht befremdlich zu stimmen, wenn Kitschbiographen (F. Eckstein, F. Klose, J. Kluger, R. Louis, V. O. Louis) sich durch dummdreiste Überhebungen auf Kosten eines anderen zu profilieren trachten. Worüber wir jedoch entsetzt sind, ist, daß diese verächtlichmachenden Verunglimpfungen jahrzehntelang von vielen Autoren mir nichts, dir nichts nachgeplappert wurden. Dabei wäre es ein Leichtes gewesen, den Bewertungsmaßstab, der diesen Invektiven zugrunde lag, zu finden. Viel Spürsinn hätte es hierzu nicht bedurft.

»Anton Bruckner: Simpleton or mystic?«[3] – das war lange Zeit die Frage, die das Herz und das Gemüt eines jeden Bruckner-Forschers im Innersten bewegte. Ob es allerdings angemessen ist, das Rollenhandeln Bruckners mit der Flexibilität eines großstädtischen, gewandt auftretenden Bildungsbürgers zu vergleichen, kam keinem der Monographen in den Sinn. Man übersah, daß der für den abendländischen Zivilisationsprozeß so signifikante Antagonismus zwischen Stadt und Land die Enkulturation und Individuation eines jeden determiniert. Hierauf werden wir noch im einzelnen zu sprechen kommen, um richtigstellen zu können, was die Verkehrung eines bestimmten Sozialverhaltens zur Rollenhaftigkeit implizierte: nämlich die Entstehung eines Bruckner-Bildes, dessen Klischeebesetztheit von uns die Aufbietung aller intellektuellen und emotionalen Kräfte abverlangt, auf daß sichtbar werde, was die sattsam bekannten Etikettierungen vom antiintellektuellen Kauz und ungebildeten Hinterwäldler bewirkten. Sie verhinderten eine authentische Begegnung mit der Persönlichkeit Bruckners und ihrem Werk.

Da die Mystifikationen nur von wenigen sine ira et studio durchgearbeitet wurden, war zu erwarten, daß das Interesse vieler Forscher weiterhin von irgendwelchen Beiläufigkeiten und Nebensächlichkeiten präokkupiert ist, obgleich diese Trivialitäten der kulturgeschichtlichen Dignität Bruckners hohn sprechen. Erst die sukzessive Herausgabe der kritischen Gesamtausgabe, ediert von L. Nowak – von fast ebenso unermeßlichem Wert ist die Erfas-

[3] Geoffrey Sharp, »Anton Bruckner: Simpleton or Mystic?«, in: *The Music Review 3*, 1942, pp. 46–54.

sung genealogischer, ikonographischer und topographischer Dokumente[4] –, hat die Voraussetzung geschaffen, Bruckners wahrhafter Größe bewußt zu werden. Die vielen Fehler, die selbst E. Kurth[5] in seiner heutigentags ob ihrer wissenschaftlichen Phantasie noch diskutablen Studie gemacht hat, können nun ohne weiteres emendiert werden, weil die Partituren, befreit von allen unzulässigen Zusätzen, in ihrer vom Komponisten autorisierten Originalfassung vorliegen. Aus verständlichen Gründen hat sich die Aufmerksamkeit vieler Wissenschaftler der bis dahin ungeklärten Problematik der verschiedenen symphonischen Konzeptionen zugewandt.[6] Gleichwohl zeigte sich der größte Teil der Forschergemeinschaft desinteressiert, die kompositorische Handschrift des Tonsetzers mit Hilfe musikanalytischer Kategorien zu studieren. Zwar erschienen in den letzten dreißig Jahren immerhin einige Spezialstudien[7], in denen verschiedene Teilbereiche des Brucknerschen Gesamtschaffens untersucht wurden. Der Personalstil des Komponisten indes konnte lange Zeit nicht die Neugierde der Musikologen wecken. Woran mag dies wohl gelegen haben? Obwohl bereits einige Bände der kritischen Gesamtausgabe erschienen waren, schenkten viele Interpreten den schon genannten Phantasiegebilden mehr Vertrauen als den musikalischen Arbeiten. Und selbst wenn der eine oder andere Autor sich herbeiließ, formale Strukturen in sakralen oder symphonischen Opera zu analysieren, so war zu befürchten, daß die anekdotische Vergegenwärtigung den wissenschaftlichen Ansatz überfremdete.

Noch immer liegt keine überzeugende Monographie vor, deren Werturteile sich auch anhand der Partituren überprüfen ließen. Stattdessen ruht die Mehrzahl der Autoren nicht – wie gesagt, auch die bald abgeschlossene Gesamtausgabe hat hieran nichts Entscheidendes ändern können –, eine »schlechte Metaphysik der Musik« (Adorno) zu schreiben, indem sie außermusikalischen Kategorien, die obendrein wegen ihrer rezeptionsgeschichtlichen Tradition sehr fragwürdig sind, größere explanatorische Kraft beimißt als der Musik selbst. Daher wird es wohl niemanden in Erstaunen setzen, daß noch immer nicht der Schritt gewagt werden konnte, Bruckners musikgeschichtlichen Ort im Fluß der Historie genau zu markieren. Es reicht nicht

[4] Othmar Wessely, *Anton Bruckner in Linz. Vier Studien*, Diss., Wien 1947. Walter Schulten, *Anton Bruckners künstlerische Entwicklung in der St.-Florianer-Zeit (1845–1855)*, Diss., Mainz 1956. Ders. *Über die Bedeutung der St.-Florianer-Jahre Anton Bruckners (1845–1855) = Beiträge zur Anton-Bruckner-Forschung der Sektion Aachen der Internationalen Bruckner-Gesellschaft*, Heft 1, hrsg. von Carl Maria Brand, Aachen 1960.

[5] Ernst Kurth, *Bruckner*, 2 Bde., Berlin 1925.

[6] Manfred Wagner, *Der Wandel des Konzepts. Zu den verschiedenen Fassungen Bruckners Dritter, Vierter und Achter Sinfonie*, Wien 1980.

[7] Wienfried Kirsch, *Studien zum Vokalstil der mittleren und späten Schaffensphase Anton Bruckners*, Diss., Frankfurt am Main 1958. H. G. Scholz, *Die Form der reifen Messen A. Bruckners*, Diss., Marburg 1960. Klaus Unger, *Studien zur Harmonik Anton Bruckners. Einwirkung und Umwandlung älterer Klangstrukturen*, Diss., Heidelberg 1969. Theodore Kenneth Mathews, *The Masses of Anton Bruckner: A Comparative Analysis*, Diss., The University of Michigan 1974. David Bushler, *Development in the First Movements of Bruckner's Symphonies*, Ann Arbor, Michigan 1975.

aus, diversen Filiationen in seinem Œuvre nachzuspüren, wenn nicht die Historizität seiner kompositorischen Praxis umfassender denn bisher bestimmt wird. Hierzu wäre unter anderem auch erforderlich, sich Klarheit zu verschaffen, welchen Beitrag er zum Historismus des 19. Jahrhunderts geleistet hat.

Erst in den letzten zehn bis fünfzehn Jahren beginnt sich die Bruckner-Forschung, die bis dahin cum grano salis auf den deutschsprachigen Raum begrenzt geblieben war, neu zu orientieren, indem sie die gravierendsten Mißverständnisse, die größtenteils auf den musikpolitischen Parteienstreit des vorherigen Jahrhunderts zurückzuführen sind, mit großer Sachlichkeit klärt. Bei diesem Neuanfang haben die Forscher ins Kalkül gezogen, welche Folgen Hanslicks hagebüchener Vorwurf des Wagner-Plagiates gehabt hat. Denn um das Vorurteil des Wagner-Epigonentums aus der Welt schaffen zu können, fielen – in erster Linie Auer, Kurth und R. Louis – ins entgegengesetzte Extrem und behaupteten, daß Bruckners musikdramatischer Stil in dessen Symphonien voraussetzungslos sei. Erst nach und nach können wir Einblick gewinnen, weshalb man seine symphonische Hinterlassenschaft als Naturereignis preisen konnte. Die »Brucknerianer« haben nämlich nicht gesäumt, bei ihrem »Heroen« die »›Aufhebung der Musik- und Sinfoniegeschichte ins Absolute‹ (Blume) als gewiß anzunehmen«[8]. Welche Folgeerscheinungen diese indeterministische Sichtweise gehabt hat, von der man jahrzehntelang kein Jota abwich, können wir nun in ihrer vollen Tragweite ermessen. Sie hat – mirabile dictu – bewirkt, daß das Gesamtwerk Bruckners, insonderheit seine Symphonien, jenseits der transzendentalen Koordinaten von Raum und Zeit angesiedelt wurde. Da man ihn, den »großen« Österreicher, allerseits seiner Ungeschichtlichkeit wegen hochschätzte, können wir begreifen, warum man allenthalben ein besonderes Faible für eine biologistisch gefärbte Metaphernsprache gehabt hat. Dabei schossen die Phantasien – wen wundert es? – mächtig ins Kraut. Wie zu erwarten, fiel es kaum einem der Schreiber bei, seine Einbildungskraft vom Notentext beflügeln zu lassen. Hingegen wurde mit großem Einfallsreichtum die Architektonik mit Wachstumsprozessen in der Natur verglichen. Überdies sprachen viele Autoren der romantischen Kategorie des Anfangs (vergleiche beispielsweise die vielen Termini in der Bruckner-Forschung, die mit dem Präfix »Ur-« beginnen) ihr Vertrauen aus, ohne darüber nachzusinnen, inwieweit die identitätsphilosophischen Spekulationen, die mit religionsphilosophischen kokettieren, die kompositorische Faktur stimuliert haben.

Diese mystifikatorische Darstellung, die – gelinde gesagt – bisweilen jeder Beschreibung spottet, hat in den letzten Jahren der nun bald ein Jahrhundert währenden Bruckner-Forschung einige Musikologen stutzig gemacht. Manch einem findigen Autor indessen schwante bereits früher, daß hier et-

[8] Werner F. Korte, *Bruckner und Brahms. Die spätromantische Lösung der autonomen Konzeption*, Tutzing 1963, S. 18.

was im argen liegt.[9] Aber dieses Unbehagen am Ahistorismus hat erst in den letzten zehn bis fünfzehn Jahren einige Wissenschaftler veranlaßt, die Geschichtsgebundenheit von Bruckners Personalstil zu studieren, damit seiner musikgeschichtlichen Großtat, der Monumentalsymphonie, die jüngst als »apogée de la symphonie«[10] bezeichnet worden ist, endlich die ihr zustehende Gerechtigkeit widerfahren kann. Es sei uns verstattet, hier von einem zündenden Gedanken in der gegenwärtigen musikwissenschaftlichen Bruckner-Forschung zu sprechen. Hierbei wollen wir nicht verschweigen, daß M. Wagner[11] füglich den Anspruch für sich geltend machen kann, in einer Reihe von Publikationen, denen der geneigte Leser die innere Beteiligung anspüren kann, wohl als erster die Geschichtlichkeit einiger personalstilistischer Sprachformeln überzeugend dargetan zu haben. Anstatt, wie es lange Zeit gang und gäbe war, äußerliche Kriterien an den Gegenstand heranzutragen, die sich durch keine inhaltsästhetische Untersuchung verifizieren ließen, analysiert M. Wagner das musiksprachliche Vokabular in den Werken, die Bruckner selbst als sein musikalisches Erbe ansah. Hierbei wendet der besagte Autor eine Methode an, die mehr oder minder der musikalischen Semantik verwandt ist. Er sagt, wenn wir den Bedeutungsgehalt einer bestimmten Kompositionsfigur (beispielsweise jenen in den von Bruckner bevorzugten Tonfolgen oder Intervallschritten) verstehen wollen, so ist es geboten, einen Melodienkatalog zu erstellen, um die entsprechenden Passagen miteinander vergleichen zu können. Sodann können wir vermittelst einer immanenzhermeneutischen Betrachtung einige verläßliche Aussagen machen, welchen semantischen Gehalt die multivalenten Tonsymbole (Quint-Oktav-Schritt, expressive Terzdurchschreitung, »non confundar«-Motiv[12]) haben, ohne jedoch zu Projektionen zu neigen. Hierdurch hebt sich dieser Ansatz wohltuend von allen anderen, zumeist geistesgeschichtlich argumentierenden Studien ab. Obgleich fast jedermann von Bruckners deistischem Weltbild spricht, als ob es sich hier um einen locus communis handele, hat

[9] Fritz Oeser, *Die Klangstruktur der Bruckner-Symphonie. Eine Studie zur Frage der Originalfassungen*, Leipzig 1939. Karl Schiske, *Zur Dissonanzverwendung in den Symphonien Anton Bruckners*, Diss., Wien 1940.

[10] Paul-Gilbert Langevin, *Anton Bruckner. Apogée de la Symphonie*, Lausanne 1977.

[11] Manfred Wagner, *Die Melodien Bruckners in systematischer Ordnung. Ein Beitrag zur Melodiegeschichte des 19. Jahrhunderts*, Diss., Wien 1970. Aus seiner dreibändigen Dissertation, deren Volumina eine Kritik der Brucknerschen Rezeptionsgeschichte, einen Melodienkatalog und eine umfängliche Bibliographie enthalten, hat M. Wagner verschiedene Kapitel ausgegliedert und als Publikationen vorgelegt. Vgl. M. Wagner, »Vorwort zu einer Bibliographie; dargestellt an jener über Anton Bruckner«, in: *Mf*, 26. Jg., 1973, Kassel–Basel, S. 225–235. Ders., »Romantik und Personalstil in der Melodie Anton Bruckners«, in: *Festschrift zum 10jährigen Bestand der Hochschule für Musik und darstellende Kunst in Graz*, hrsg. von F. Körner, Wien 1974, S. 268–275. Ders., »Der Quint-Oktavschritt als ›Maiestas‹-Symbol bei Anton Bruckner«, in: *Kirchenmusikalisches Jahrbuch*, hrsg. vom Allgemeinen Cäcilien-Verband für die Länder der Deutschen Sprache in Verbindung mit der Görresgesellschaft, 56. Jg., Köln 1972, S. 97–103. Auch M. Wagners Studie »Zum Tremolo in der Musik Anton Bruckners«, in: *Bruckner-Studien. Festgabe der Österreichischen Akademie der Wissenschaften zum 150. Geburtstag von Anton Bruckner*, hrsg. von Othmar Wessely, Wien 1975, S. 323–346, fußt auf Gedanken seiner Dissertation.

[12] Oskar Lang, »Das ›non confundar‹-Motiv in Bruckners Werk«, in: *Zeitschrift für Musik*, 103. Jg., Regensburg 1936, S. 1180–1183.

sich bislang niemand geneigt gezeigt, das Hieratische an seiner Handschrift aufzuzeigen. Daher sind die theologischen Implikate seines Kompositionsbegriffes im großen und ganzen unerkannt geblieben. Sicherlich wird dies manch einen sonderbar anmuten, zumal es doch ein Leitmotiv der Forschung ist, Bruckner als Mystiker zu apostrophieren. Auf den ersten Blick gesehen scheint es sich hier um ein Paradoxon zu handeln. Freilich, wenn man jedoch Einblick gewinnt, daß die meisten Beiträge der bisherigen Forschergenerationen Thesen entwickeln, ohne sie Punkt für Punkt anhand des Notenmaterials zu überprüfen, können wir diese Eigenartigkeit ohne weiteres verstehen. Sie rührt davon her, daß nur wenige Autoren es für nötig erachteten, ihre religionsphilosophischen Überlegungen mit Hilfe einer inhaltsästhetischen Analyse zu verifizieren. Hiermit haben M. Wagners Beiträge – gottlob! können wir sagen – keine Gemeinsamkeit. Seine religionsphilosophischen Ausdeutungen fußen auf einer gründlichen Analyse bestimmter Kompositionsfiguren.

Wir wollen jedoch schon an dieser Stelle unsere Kritik an der immanenzhermeneutischen Exegese, deren Wert wir nicht bestreiten, vortragen, um bereits hier kenntlich zu machen, welcherart unser Erkenntnisinteresse ist. In den überaus diskutablen Ausführungen bringt M. Wagner die Überlegungen in die Debatte ein, daß die musikalische Entwicklung in Bruckners symphonischem Kosmos dorthin zurücksinke, woher sie ihren Ausgang genommen habe: nämlich in die Tonika, die er vermöge seiner tonsymbolischen Interpretation als Quelle des motivisch-thematischen Evolutionsprozesses deutet. Das Sein als eine Metamorphose des Nichtseins geht den Gang alles Irdischen: es regrediert zum Ausgangspunkt des Entwicklungsprozesses. Es steht außer Zweifel, daß dieser Weg, den jedes Seiende im theatrum mundi irgendwann einmal zu gehen hat, in der bisherigen Geschichte der Spezies Mensch ständig seinen Lauf ändert. Leben und Tod führen seit Beginn der Phylogenie eine Ehe. Die Art und Weise indes, wie sie miteinander dialogisieren, ist keine Konstante. Um der Gefahr der Ontologisierung von Grenzerfahrungen zu invarianten Befindlichkeiten zu entkommen, ist es geboten zu ergründen, worin die historische Besonderheit dieses Grenzerlebnisses zu finden ist. Tun wir dies nicht, so müssen wir uns den berechtigten Vorwurf gefallen lassen, daß wir unsererseits dazu neigen, kompositorische Prozesse zu naturalisieren.

Wie können wir diesem Desideratum der Bruckner-Forschung (der Verkehrung von geschichtlichen Vorgängen zu solchen der Natur) Abhilfe verschaffen? Ich meine, indem wir den realgeschichtlichen Widerspruchsprozeß beim Wort nehmen und uns überlegen, ob derselbe Spuren im Notentext hinterlassen hat. Nach meinem Dafürhalten reicht es nicht aus, musikgeschichtliche Abhängigkeitsverhältnisse minuziös zu analysieren und – bezogen auf unseren Gegenstand – zu fragen, wann, wie und durch wen er das musikalische Erbe (Palestrina, Michael und Joseph Haydn, Mozart, Beethoven, Schubert, Mendelssohn, Liszt, Berlioz, Wagner) empfangen hat; wiewohl ich die Signifikanz und Plausibilität der musikhistorisch argumentierenden

Arbeiten nicht in Abrede stellen möchte.[13] Ihnen ist nämlich zu verdanken, daß viele Fehler, die im wesentlichen im musikpolitischen Parteienstreit des 19. Jahrhunderts begründet sind, berichtigt werden konnten. Beispielsweise ist die Filiation zwischen Wagner und Bruckner viel komplizierter und facettenreicher, als man es lange Zeit darstellte. Es trifft nicht zu, daß Bruckner seinem Vorbild Wagner treulich gefolgt sei und dabei seine eigene kompositorische Identität preisgegeben habe. Auch die von den »Brucknerianern« in die Welt gesetzte These von der Voraussetzungslosigkeit des Brucknerschen Personalstils gibt der Wahrheit nicht die Ehre. Dabei taten die Bearbeiter alles, was in ihren Kräften stand, um die Schroffheiten und Schärfen seiner Orchestrierung, derentwegen der Komponist des öfteren gescholten wurde, dem Wagnerschen Klangideal anzugleichen. Seit dem Erscheinen der Gesamtausgabe können wir sehen, wieweit die Eingriffe von zweiter Hand, in erster Linie von Angehörigen der Bruckner-Entourage, gegangen sind. Sie haben die Klangvorstellung in den Symphonien, die uns durch die präzise Zeichnung der Konturen gefangennimmt, durch die Beimischung anderer Orchesterfarben, durch die Eintrübung und Verdunkelung des Klanges völlig verändert. Das Vorurteil vom Mystiker der Symphonie, von dem auch heutzutage noch oft die Rede ist, ermangelte daher lange Zeit nicht einer gewissen Stichhaltigkeit, weil die Interpreten nicht ahnen konnten, daß die vorliegenden Noten dem Willen des Komponisten nicht vollends entsprachen. Ihre Ausdeutungen taten ihrerseits ein übriges, in der interessierten Öffentlichkeit das Bild entstehen zu lassen, daß Bruckner eine besondere Vorliebe für Klangnebel und für die ins Dämmerlicht getauchten Tongestalten gehabt habe. Die Wahrheit ist jedoch, daß den Bearbeitern Bruckners Ausdrucksprinzip der Transparenz, Deutlichkeit, Durchsichtigkeit und Klarheit als zu wenig abwechslungsreich erschien. Sie griffen deshalb überall dort verändernd ein, wo der Komponist das musikalische Geschehen gewissermaßen dem taghellen Licht aussetzt.

Welch Leids Bruckner auch noch posthum angetan worden ist, können wir erst heute in seiner vollen Tragweite sehen. Die verschiedenen Beiträge zur Fassungsproblematik haben auch in dieser Hinsicht große Aufklärungsarbeit geleistet. Der Komponist hielt keineswegs – was ihm die »Wagnerianer« vorhielten – an seinem Vorbild Wagner getreulich fest. Denn seine Technik der additiven Gestaltung im Mikro- und Makrokosmos, der scharfen Gliederung der Motiv- und Klanggruppen sind integrale Bestandteile einer gänzlich anderen Musiksprache, die wegen ihrer strengen Taktgruppengliederung keine unendlichen Melodiebildungen kennt. Nun dürfen wir uns nicht dazu verleiten lassen, den stilbildenden Einfluß zu unterschätzen, den das damals fort-

[13] Erst in den letzten Jahren wurde der Einfluß von Mendelssohn, Liszt und Berlioz auf den Personalstil Bruckners genauer untersucht. Vgl. Othmar Wessely, »Bruckners Mendelssohn-Kenntnis«, in: *Bruckner-Studien. Festgabe der österreichischen Akademie der Wissenschaften zum 150. Geburtstag von Anton Bruckner*, hrsg. von Othmar Wessely, Wien 1975, S. 81–112. Constantin Floros, *Gustav Mahler*, 2 Bde., Wiesbaden 1977. Ders., *Brahms und Bruckner. Studien zur musikalischen Exegetik*, Wiesbaden 1980.

geschrittenste harmonische Material, die Chromatik und Enharmonik Wagners, bei der Bildung von Bruckners eigenständiger künstlerischer Identität ausgeübt hat. In der Regel wird hierauf bei der Erörterung der sogenannten Stilwende hingewiesen. Andere Einflüsse von Wagner wurden jedoch lange Zeit nicht in Betracht gezogen. Den exegetischen Studien von C. Floros[14] haben wir es zu verdanken, daß die musikdramatischen und programmatischen Stilmerkmale der Symphonien Bruckners ins Blickfeld der Forschung gekommen sind. Daß Bruckner, dem es nicht gegeben war, präzis zu formulieren, sich gelegentlich, teils schriftlich, teils mündlich, zur Programmatik einiger seiner Symphonien geäußert hat, war allgemein bekannt. Nur hat niemand sich bemüht, der Sache auf den Grund zu gehen und zu überlegen, ob diese programmatischen Ausführungen den Kompositionsprozeß inspiriert haben könnten. Ohne Zweifel geht die Gleichgültigkeit gegenüber der genannten Problemstellung auch zu Lasten des musikpolitischen Parteienstreites. Da die Fronten zwischen den »Wagnerianern« und den »Brahminen« dogmatisch erstarrt waren, kam niemand auf den Gedanken, Bruckners Ausführungen zu seinen Symphonien, vor allem zur 4. und 8. Symphonie, als ernst zu nehmende Informationen zu diskutieren. Zudem hat das Klischee vom unreflektierten Kauz eine Fragestellung dieser Art von vornherein abgewürgt. Die Interpreten zeigten nämlich große Einmütigkeit, daß Bruckner ein Repräsentant der absoluten Musik sei. Und keiner wagte es, diese Charakterisierung ernstlich in Zweifel zu ziehen. Falls Bruckners Verhältnis zur Programmusik der Erörterung für würdig erachtet wurde, so fußten die Ausführungen mehr oder minder auf Redlichs These von der Messesymphonie.[15] Die programmatischen Ausführungen, die Bruckner der Nachwelt hinterlassen hat, glaubte man ob ihrer angeblichen Einfältigkeit übergehen zu können. Floros hingegen hat mit großer Überzeugungskraft dargetan, daß die programmatischen Erläuterungen, namentlich zur 4. und 8. Symphonie »sowohl für die rechte Erkenntnis seiner ›Intentionen‹ als auch für ein tieferes Verständnis der Musik unentbehrlich sind.«[16] Überdies kann Floros den bis dahin kaum bemerkten Einfluß von Liszt[17] und Berlioz für die Tonsprache Bruckners bestechend nachweisen. Er kann zeigen, daß die für die Architektur der Symphonien so wichtige Rückblendetechnik (Ab der 2. Symphonie schließen alle Finali mit der Apotheose des Hauptthemas aus dem Kopfsatz. Lediglich in der 5. Symphonie wird im langsamen Satz und im Scherzo die Technik der motivischen Verwandtschaft genutzt, um die beiden Binnensätze auch thematisch miteinander zu verbinden.) die Aufgabe zu erfüllen hat, die Ecksätze thematisch miteinander zu verklammern. Hierbei läßt Bruckner sich keineswegs, wie man zunächst meinen könnte, von Schumanns Erinnerungsmotivtechnik inspirieren, sondern von Liszts Reminiszenzentechnik, die der »Zukunftsmusiker« in allen seinen mit monothematischem Material gebauten symphonischen Dichtungen anwendet.

[14] Constantin Floros, *Brahms und Bruckner. Studien zur musikalischen Exegetik*, Wiesbaden 1980.

Wir wollen an dieser Stelle unserer Ausführungen kurz einhalten, um den forschungsgeschichtlichen Wert der vielleicht fortgeschrittensten Studien der Bruckner-Literatur kurz zu umreißen. Ihre Bedeutsamkeit beruht darin, daß sie die in der Rezeptionsgeschichte von Generation zu Generation weitergereichten Fehlurteile zurechtrücken und einleuchtende musikgeschichtliche Bezüge herstellen, die lange Zeit wegen des Ahistorismus unerkannt geblieben sind. Soweit stimmen wir mit den diskutierten Arbeiten überein. Allein – wir haben bei der Besprechung der Beiträge von M. Wagner unsere Einwände schon etwas vorgetragen –, in einem wichtigen Punkt bedürfen diese Untersuchungen einer Ergänzung. Im großen und ganzen konzentrieren sich die obenerwähnten Autoren darauf, vermöge einer exegetischen Methode unbekannte Bedeutungsschichten oder musikgeschichtliche Bezüge aufzudecken. Dabei überschreiten ihre Studien jedoch nur an wenigen Punkten das Terrain der Musikgeschichte. Vielleicht an der einen oder anderen Stelle klingt beiläufig an, daß Bruckners Musik auch zu Ereignissen der Zeit Stellung bezieht. Wir wollen uns daher der Aufgabe unterfangen, anschaulich zu machen, daß im Œuvre von Bruckner das Zeitgeschehen, gelegentlich sogar ganz prononciert, widerklingt. Die Ursachen der asoziologischen Betrachtung sind vielfältiger und vielschichtiger Natur. Eine haben wir schon genannt: die Arbeiten der obgenannten Autoren bleiben mehr oder minder innerhalb des musikgeschichtlichen Bereichs. Ein anderer Grund für die asoziologische Sicht ist an dieser Stelle noch anzuführen: Wer von Anbeginn eines Diskurses behauptet, daß die Opera, die er zu analysieren gedenkt, Prototypen autonomer Musik seien, gibt ergo zu erkennen, daß er den sozialen Determinanten keine oder bloß eine untergeordnete Bedeutung beimißt.[18] Im Gegensatz zu dieser idealistischen Position wollen wir uns dem soziologischen Problem stellen, ob der gesellschaftliche Widerspruchsprozeß Eingang in Bruckners Musikdenken gefunden hat. Hierbei werden wir eine ganz klare Gegenposition zu Kortes autonomie-ästhetischer Konzeptionsforschung beziehen.[19] In den nachfolgenden Abschnitten dieses Beitrages werden wir einige Thesen zur Debatte stellen, um die Heteronomie kompositorischer Praxis sinnfällig zu machen. Es versteht sich daher von selbst, daß wir uns keiner indeterministischen Position anschließen können. Viele Autoren, die den weitverbreiteten Klischees vom antiintellektuellen Sonderling und vom kompositorischen Génie ihr Vertrauen schenken, meinen, daß es für eine au-

[15] Hans Ferdinand Redlich, »Das programmatische Element bei Bruckner«, in: *Bruckner-Studien. Leopold Nowak zum 60. Geburtstag*, hrsg. von Franz Grasberger, Wien 1964, S. 87–97.

[16] Constantin Floros, *Brahms und Bruckner. Studien zur musikalischen Exegetik*, Wiesbaden 1980, S. 184 f.

[17] Vgl. Anm. 13. Vgl. außerdem Carl Dahlhaus, »Zwischen Romantik und Moderne. Vier Studien zur Musikgeschichte des späteren 19. Jahrhunderts«, in: *Berliner musikwissenschaftliche Arbeiten*, hrsg. von Carl Dahlhaus und Rudolf Stephan, Band 7, München 1974, S. 50. Paul-Gilbert Langevin, »Le siècle de Bruckner«, in: *La Revue Musicale*, double numéro 298–299, Paris 1975, pp. 25–26.

[18] *Autonomie der Kunst. Zur Genese und Kritik einer bürgerlichen Kategorie*, Frankfurt am Main 1972.

[19] Werner F. Korte, *Bruckner und Brahms. Die spätromantische Lösung der autonomen Konzeption*, Tutzing 1963.

thentische Werkbeschreibung unerläßlich sei, von Bruckners Biographie, mithin von seiner schweren Identitätsproblematik, abzusehen. Denn laut K. Grebe »sagt das Leben nichts über das Werk aus, das Werk nichts über das Leben«.[20] Uns wird es nicht schwerfallen, diese These zu widerlegen. Auch wird es uns keine sonderlichen gedanklichen Anstrengungen bereiten, M. Wagners Ausführungen »Zum Formalzwang im Leben Anton Bruckners«[21], dessen Geltung er für die kompositorische Praxis bestreitet, zu entkräften. Nach meinem Dafürhalten sind all diese undialektischen Ansätze, welche die Persönlichkeit Bruckners in zwei voneinander getrennte Bereiche aufspalten, nicht dazu angetan, sein Ich und seinen symphonischen Stil sui generis umfassend zu verstehen. Wir tun besser, wenn wir sein Œuvre als Ausdruck seines Lebens und seiner Zeit interpretieren. Dadurch wird der Singularität seiner Musiksprache, der Sprache seiner Seele, kein Abbruch getan. Im Gegenteil, wir gelangen zu einem tieferen Verständnis derselben. Dabei sind wir uns der Probleme bewußt, die zu meistern sind, wenn wir das Verhältnis von Biographie und kompositorischer Praxis zu klären versuchen. Damit uns jedoch nicht der Fehler unterläuft, Musik im Sinne der romantischen Hermeneutik als Umschrift seelischer Stimmungen zu interpretieren, wollen wir bei der Beantwortung dieser Frage ebenfalls einem soziologischen Erklärungsmodell den Vorzug geben. Wir werden uns daher mit dem Gedanken befassen, daß Bruckners Persönlichkeitsstruktur die Kristallisation eines bestimmten Vergesellschaftungsprozesses ist, bei dem die feudale Interaktion zwischen Herrn und Knecht große Signifikanz hat. Da die Forschung zum österreichischen Vormärz noch keine Spezialstudien zu der hier angeschnittenen Sozialisationsproblematik, die zudem auf die Bereiche der Familie, Kirche, des Stiftes St. Florian, der Präparandie und der Schulgehilfenlaufbahn auszudifferenzieren wäre, vorgelegt hat, können die Ausführungen in den nachfolgenden Abschnitten für sich beanspruchen, ein Desideratum beim Namen zu nennen. Freilich wollen wir uns nicht mit der bloßen Feststellung begnügen, sondern andeuten, wie dieser Mangel behoben werden kann. Gehen wir im Prozeß der Darstellung so, wie wir es dargelegt haben, vor, dann ist gewährleistet, daß wir unsererseits nicht den Fehler begehen, ein Psychogramm zu erstellen, in welchem die gesellschaftlichen Determinanten der Leidensproblematik außer acht gelassen werden. Wenn wir Bruckners anankastisch-melancholisches Syndrom, zu dem einige nekrophile Tendenzen hinzukommen, untersuchen, um einige der subjektiven Faktoren seiner kompositorischen Praxis angeben zu können, so haben wir immerwährend auf die objektiven Konstitutionsbedingungen seiner konkreten Subjektivität zu achten. Daß dieselben keine Konstanten sind, sondern dem realgeschichtlichen Widerspruchsprozeß unterliegen, bedarf keiner weiteren Ausführung. Ebenso selbstevident dürfte es sein, daß die Leidensproblematik keiner invarianten Größe gleicht.

[20] Karl Grebe, *Anton Bruckner,* Reinbek bei Hamburg 1972, S. 7.

[21] Manfred Wagner, »Zum Formalzwang im Leben Anton Bruckners«, in: *ÖMZ*, 29. Jg., 1974, Wien, S. 418–426.

Die sachlichen Vorurteile, welche diese Rekonstruktion beschädigter Subjektivität für das Verständnis der Brucknerschen Tonsprache bietet, lassen sich schwerlich von der Hand weisen. Da eine Entscheidung, was Dichtung oder Wahrheit ist, angesichts des oft widersprüchlichen rezeptionsgeschichtlichen Materials mitunter nur mit Ach und Weh gefällt werden kann, haben wir zu überlegen, was zu tun ist, damit das forschende Subjekt einen sicheren Bewertungsstandpunkt einnehmen kann, ohne befürchten zu müssen, daß seine im besten Treu und Glauben entfaltete Kritik seinerseits von Mystifikationen eingesponnen ist. Unter den obwaltenden Umständen einer von Klischees vollgepfropften Bruckner-Literatur ist es ratsam, sich nicht sogleich dem Wust an fragwürdigen Informationen auszuliefern, sondern eine Untersuchungsmethode zu wählen, die sich der Persönlichkeit Bruckners und ihrem Werk mit größtmöglicher Vorurteilsfreiheit annähern kann. Die von uns vorgeschlagene soziologische Betrachtung scheint hierfür Gewähr zu bieten. Wir werden ausgehend vom Lebensgewinnungsprozeß während des österreichischen Vormärz einige ihm entsprechende Bewußtseinsformen (Abschnitt II dieses Beitrages) ableiten. In den folgenden zwei Abschnitten werden wir auf zwei Ebenen, die in einem dialektischen Verhältnis zueinander stehen, die Heteronomie kompositorischer Praxis diskutieren. Zunächst werden wir den Nachweis führen, daß Bruckners Monumentalsymphonie Signaturen ihrer Zeit trägt (vgl. Abschnitt III). Im abschließenden vierten Kapitel werden wir zeigen, daß seine Persönlichkeitsproblematik sich auch auf seine kompositorische Handschrift abfärbt.

## IIa
## Die feudale Interaktion zwischen Herrn und Knecht

In der Sozialisationsforschung gilt es als Allgemeinplatz, daß die Charakterstruktur eines konkreten Individuums erstarrter sozialer Prozeß ist. Allerdings hat dieses Grundlagenwissen noch nicht in jede wissenschaftliche Disziplin Eingang gefunden. Fest steht, daß in der Keimzelle der Gesellschaft, der Kleinfamilie, durch Disziplinierungsstrategien ein Charaktertypus geprägt wird, welcher der Aufrechterhaltung des Status quo dienlich ist. Auch im österreichischen Vormärz, von dem im folgenden die Rede sein wird, hat die primäre Sozialisation die systemkonforme Funktion zu erfüllen, kraft einer obrigkeitshörigen Erziehung die entsprechenden Persönlichkeitsstrukturen zu formen, welche die Metternich-Diktatur, die österreichische und katholische Restauration abstützen. Dabei bekommt der pater potestis familias, der familiale Repräsentant des Obrigkeitsstaates, die soziale Rolle zugewiesen, seine Kinder in das vom Ständestaat sanktionierte Rollenhandeln gegenüber kirchlichen und weltlichen Autoritäten und Würdenträgern einzuüben. Eigentlich in allen Institutionen, die der Heranwachsende, gleich, welchen Berufsweg er einschlägt, zu durchlaufen hat, wird nach demselben Interaktionsmuster verfahren: durch die Kontinuität der despotisch-feudalen Interaktion (pater potestis familias; patres der Klosterschulen; Landesvater; Gottvater) wird dem Heranwachsenden eine Untertanenmentalität eingeimpft. Sie hat den Zweck, die diktatorischen Verhältnisse auch charakterologisch zu verankern. Die herrschenden Kreise wußten nämlich sehr genau, daß eine Unterdrückung der frühliberalen und deutschnationalen Bewegung, des Freimaurertums, des Reformkatholizismus, liberaler Organe und Zeitschriften, freisinniger Publikationen unzureichend war[22], um den Fortbestand der Repression zu sichern. Hierzu bedurfte es einer Einsozialisierung in autoritätsgebundenes Verhalten, damit die Widerrechtlichkeit der sozialen Knechtschaft nicht in Zweifel gezogen werden konnte.

Anton Bruckner hat nur ein einziges Mal in seinem Leben den Mut aufbringen können, gegen Ausbeutung und Unterdrückung aufzubegehren. In Windhaag, woselbst er sich als »Gehülfe« an der dortigen Trivialschule anderthalb Jahre (von 1841 bis 1843) verdingte, lehnte er sich völlig mit Recht gegen den alltäglichen Terror seines unmittelbaren Vorgesetzten auf. Kurzzeitig durchbrach er die von der Legitimationsideologie der Zeit als gottgewollt apostrophierte hierarchische Gesellschaftsordnung, indem er sich ein Herz nahm, gegen die menschenunwürdigen Arbeitsbedingungen zu rebellieren. Nach seiner Versetzung nach Kronstorf war sein Weltbild, das etwas aus den Fugen geraten war, wieder im Lot, und er sprach seinen Vorgesetzten und Autoritäten die soziale Rolle der Superiorität zu – genauso wie es ihm während seines Aufenthaltes im Stift St. Florian von den Augustiner Chorherren eingebleut worden war.[23]

Auch nach der Übersiedlung in die Weltstadt Wien im Jahre 1868, wo das Leben förmlich vibrierte, hielt er an seinem mittlerweile anachronistisch anmutenden biedermeierlich-devoten Verhalten fest. Ganze Generationen von Schreiberlingen meinten, ihn dessentwegen belächeln zu dürfen. Jedoch bemüßigte sich keiner von ihnen, die sozialen Kausalzusammenhänge für das subalterne und servile Auftreten zu suchen, die in der pyramidalen Schichtung des gesellschaftlichen Ganzen zu finden sind. Die für Bruckners Sozialverhalten so signifikante Tendenz zur Subordination war so tief in seiner Persönlichkeit verankert, daß er an ihr trotz seiner ständigen Persönlichkeitskrisen, die er als Fügung Gottes auffaßte, festhielt, ja festhalten mußte. Die Identifikation mit dem Aggressor ist – psychoanalytisch gesprochen – ein klares Indiz hierfür. Während seiner beruflichen Sozialisation an der Wiener Universität wächst er selbst in die Berufsrolle einer Repression ausübenden Persönlichkeit hinein, indem er allen, die gemäß der hierarchischen Sozialordnung entweder unterhalb von ihm standen oder wegen irgendwelcher ideologischer Kodices ausgegrenzt wurden (auf Bruckners religiös motivierten Antisemitismus werden wir andernorts noch eingehen), mit derselben

[22] Eduard Winter, *Romantismus, Restauration und Frühliberalismus im österreichischen Vormärz*, Wien 1968.

[23] Walter Schulten, *Über die Bedeutung der St.-Florianer-Jahre von Anton Bruckner (1845–1855)*, in: *Beiträge zur Anton-Bruckner-Forschung der Sektion Aachen der Internationalen Bruckner-Gesellschaft*, Heft 1, hrsg. von Carl Maria Brand, Aachen 1960, S. 9f.

Mißachtung (vergleiche Bruckners Misogynie) und Unduldsamkeit gegenübertritt, wie er sie selbst von irgendwelchen Vorgesetzten erfahren hatte oder noch erfuhr.

Wegen einer anderen Facette seiner Persönlichkeit – seinem Desinteresse an der Realpolitik – wurde er allerseits der Einfältigkeit und Naivität geziehen. Auch in diesem Falle hat kein Kritikaster die Analyse des Sozialen anvisiert, obwohl sie am ehesten Zugang zu diesem apolitischen Verhalten verschaffen würde. Richtig ist, daß Bruckner die »große Politik« seiner Zeit mehr oder minder gleichgültig ließ. Selbst die gewaltigen Umwälzungen in der Doppelmonarchie Österreich-Ungarn seit der Märzrevolution im Jahre 1848, an der er teilnahm, indem er sich in die Reihen der Nationalgarde einordnete – vielleicht war dies seine einzige politisch motivierte Tat –, haben ihn nicht im geringsten beeindruckt – zumindest klingt hiervon in seiner Korrespondenz nichts an. Sofern wir den vorliegenden Dokumenten und Biographien trauen dürfen, hat er nicht um das Verständnis politischer Ereignisse seiner Zeit gerungen. Als das wahnwitzige Abenteuer des Erzherzogs Maximilian, der einem Attentat zum Opfer fiel, von der Presse gierig aufgegriffen wurde, hat er sich nicht bemüht, die Hintergründe dieses Anschlages zu verstehen. Vielmehr hat er voller Aufregung an seinen Intimus Rudolf Weinwurm geschrieben, er möge sich doch seiner erbötig zeigen und ihm stante pede mitteilen, »ob der Leichnam Maximilians zu sehen sein wird, also offen im Sarge oder durch Glas, oder ob nur der geschlossene Sarg zu sehen sein wird. Laß es mir dann gütigst telegraphisch anzeigen, damit ich nicht zu spät komme. Ich bitte dringendst um das«.

Wir wollen an dieser Stelle noch nicht ad fontem dieser Präokkupation, der nekrophilen Vorliebe für alle Manifestationen des Todes, gehen. Vielmehr haben wir zu klären, warum Bruckner es mied, inmitten des Zeitgeschehens zu leben. Ja, er säumte nicht, einer Wiener Tageszeitung äußerst unwirsch zu schreiben, weil sie Anstalten gemacht hatte, ihn als Abonnenten zu werben. Er verbat sich, daß man ihn ein weiteres Mal durch eine vergleichbare Aktion behellige. Erstaunlich daran ist, mit welcher Verärgerung er auf diese simple Anfrage reagierte. Er gibt uns hiermit zu erkennen, welche ungestillte Konfliktdynamik unterhalb der porösen Fassade seiner Persönlichkeit brodelte, so daß bloß ein kleiner Anstoß genügte, um ihn in seiner biedermeierlichen Ruhe zu verschrecken. Trotz dieser unglaublichen Dynamik, die sogar dieser ganz alltäglichen Szene innewohnt, unterstellen die Autoren der religionsphilosophischen Interpretationen, daß Bruckner durch die unio mystica die Ruhe in Gott gefunden habe. Nun, wir werden bei der Diskussion der Musik noch hinreichend Gelegenheit haben, unsere Position zur Metaphysizierung der Symphonien zu formulieren. Können wir wirklich behaupten, daß er in Gott ruhe, wenn er all seine psychophysischen Kräfte aufbringen muß, um sein Zwangsverhalten einigermaßen in den Griff zu bekommen? Nach meinem Dafürhalten trifft dies nicht zu. Allein schon deshalb nicht, weil diese Verhaltenheit viele Spannungen birgt, die jederzeit eruptiv an die Oberfläche treten können, wenn der Reizschutz durch irgendein exogenes Ereignis durchbrochen wird. Im folgenden Abschnitt werden wir noch eingehend die Logizität dieser Konfliktdynamik besprechen. Wir können aber bereits hier sagen, daß dieser Abschirmungsversuch die abwehrpsychologische Funktion zu erfüllen hat, das zerbrechliche Ich vor der Wiederkehr des Verdrängten zu schützen. Manche Interpreten sind auf den Gedanken gekommen, daß es sich bei Bruckners politischem Desinteresse um ein Überdauern biedermeierlicher Relikte handele. In der Tat hat seine Verleugnung der Realpolitik, deren Wurzeln in der geschichts- und politikfeindlichen Erziehung während des Vormärz, namentlich an den Trivialschulen und an der Präparandie, liegen, auch etwas Biedermeierliches an sich. Aber nicht ausschließlich. Die wichtigeren ätiologischen Kausalitäten für dieses apolitische Sozialverhalten sind in der abgrundtiefen Ängstlichkeit des Ich zu finden, das in der Furcht lebt, eines überlebensnotwendigen Quantums an seelischen Energien beraubt zu werden, das es jedoch nicht entbehren kann, wenn es sich weiterhin gegen sich selbst stabilisieren will. Wohlweislich hält das Ich sich im Dienste der Selbsterhaltung alles vom Leib, was in irgendeiner Weise bedrohlich sein könnte. Allerdings kann es den Gefahren, die lebensgeschichtlich begründet sind, nicht entfliehen.

## II b
## Die Mortifikation der Gefühle

Diese existenzbedrohenden Gefahren, die Bruckner zeit seines Lebens nicht bannen konnte, haben eine gemeinsame biographische Wurzel. Sie rühren allesamt von der triebfeindlichen patriarchalischen Erziehung her. Führen wir uns vor Augen, daß Anton Bruckner in einem kleinbürgerlichen Milieu in Ansfelden, einem Ort nahe Linz, aufgewachsen ist. Durch die gründlichen genealogischen Studien haben wir nun völlige Gewißheit von seiner Herkunft. Er entstammte nicht, wie es lange Zeit hieß, einer bäuerlichen, sondern einer Lehrerfamilie. Weil die finanziellen Verhältnisse, in denen er aufwuchs, derart jämmerlich waren, mußte jedes Familienmitglied mit allem, was fürs Überleben notwendig ist, äußerst haushälterisch umgehen, ansonsten wäre die Familie ganz unweigerlich noch tiefer unter das damalige soziale Subsistenzminimum abgesunken. Die katastrophale Besoldung, die den oft kränkelnden Vater Bruckner zwang, jahrein, jahraus mit seinen Kräften Schindluder zu treiben, ist für seinen viel zu frühen Tod verantwortlich zu machen. Da die Menschen allzeit Not litten, ist verständlich, weshalb ihnen nicht der Sinn danach stand, ihre psychosexuellen Triebwünsche zu befriedigen. Dazu war der Kampf ums nackte Überleben viel zu hart. Außerdem vertrat der pater potestis familias die von der katholischen Tugendlehre kodifizierte Askese, die er mit der ganzen ihm zur Verfügung stehenden oppressiven Gewalt durchzusetzen wußte. Daher lastet auf der Sexualität Anton Bruckners seit seiner Kindheit der Fluch des Sündigen. Im triebfeindlichen Milieu des Stifts St. Florian wird zudem jeder Stiftszögling zur Aszese, zur Mortifikation der Begierde, angehalten. Kein Wunder, daß Bruckners Sexualverhalten, worüber viele Autoren mit großer Suffisance zu berichten wußten, zutiefst gestört war. Als Ursache hierfür wird meist die unaufgelöste Inzest- und Ödipusproblematik, der Kern jeder Psychoneurose, angeführt. Dieses metapsychologische Erklärungsmodell reicht meines Erachtens nicht aus, um Bruckners melancholisch-anankastische Persönlichkeit, der überdies einige schwere nekrophile Strebungen beigemischt sind, vollauf zu verstehen.

Wir werden daher im folgenden zwei Problemkreise genauer zu klären versuchen: Zum einen wollen wir zeigen, daß sein tiefgestörtes narzißtisches Selbstwertgefühl aus der sozialgeschichtlichen Neuorganisation der Mutter-Kind-Dyade, einer lebensgeschichtlichen Ebene seiner künstlerischen Kreativität, resultiert. Zum anderen werden wir einige der gesellschaftlichen Ursachen für die Mortifikation der Gefühle benennen, um plausibel zu machen, daß sein Syndrom als eine Extremvariante des anal-retentiven Charakters, der bekanntlich der vorherrschende Sozialcharakter im Bürgertum des 19. Jahrhunderts war, interpretiert werden kann.

Versuchen wir, zunächst den ersten Problemkreis ein wenig zu klären. In den neueren familiengeschichtlichen Studien wird kein Zweifel daran gelassen, daß die gesellschaftliche und ökonomische Revolution, die Mitteleuropa – selbstverständlich mit den entsprechenden Phasenverschiebungen von Land zu Land – gegen Ende des 18. und zu Beginn des 19. Jahrhunderts zu durchlaufen beginnt, auch die Familie als mikrosoziologische Organisation erfaßt. Die für die feudale Produktion gültige Identität von Lebens- und Arbeitsprozeß wird im Zuge der industriellen Produktion und der beschleunigten Urbanisierung aufgelöst. Erst jetzt werden die vom Groß- und Bildungsbürgertum entwickelten Wertvorstellungen einer geregelten familialen Lebensform in weiten Teilen der Gesellschaft adaptiert. In den kleinbürgerlichen Familien, wo der Lebens- und der Arbeitsprozeß seit jeher auseinanderfielen, war dieser Umwandlungsprozeß schon längst abgeschlossen. Durch die Dissoziation des gesellschaftlichen Raums in einen öffentlichen und einen privaten Bereich sind die Familienmitglieder aufgefordert, ihre Rollen neu zu definieren. Die Kinder, die jahrhundertelang, sofern sie die ersten Lebensjahre überlebten, wie kleine Erwachsene behandelt wurden, werden von nun an erzogen – im wesentlichen von der Mutter. Sonach ist die Erfahrung der Kindheit in der Zivilisationsgeschichte des Abendlandes ein sehr spätes Produkt, dessen Eigenart von der »Dialektik der Aufklärung« abhängt. Wenn die Mütter im Verlauf der umwälzenden Neugestaltung der Lebenswelt begannen, ihren Kindern Aufmerksamkeit zu schenken und ihre Bedürfnisse zu befriedigen, so ist das ein Vorgang, der die Dialektik des Fortschritts als Regression anschaulich macht. Zwar werden die Beziehungsstrukturen innerhalb der Mutter-Kind-Dyade durch das universale Prinzip der Liebe, der empathischen Einfühlung in die Wünsche und Nöte des Säuglings, geregelt. Allerdings unterliegen die bestimmten Interaktionsformen von Anbeginn dem double-bind von Zuwendung und Verhaltensnormierung, wodurch die heranwachsenden Kinder mehr denn je für psychische Leiden empfänglich gemacht werden. In dieser Beziehungsfalle von Liebe und Bestrafungsangst wachsen Menschen heran, bei denen die Disposition zu neurotischen und/oder psychotischen Erkrankungen mit Kreativität und größerer Leistungsfähigkeit Hand in Hand geht. Diese produktiven Fähigkeiten zehren ontogenetisch von der Kraftnahrung elterlicher Größenvorstellungen.

Den neueren Beiträgen zur Vormärz-Forschung ist die Erkenntnis zu verdanken[24], daß die in die Kinderpsyche implantierten mütterlichen Vollkommenheitsphantasien (wir werden noch sehen, welche Bedeutung die archaische Struktur des Selbst[25] für Bruckners Kreativität und für seinen sozialen Aufstieg gehabt hat) einen titanischen Druck auf das geplagte Ich ausübten, so daß das Ego genötigt war, mit faustischer Unruhe das Unerreichbare der Megalomanie zu erstreben. Hierin liegt – wir wollen es an dieser Stelle schon andeuten – eine Ursache für Bruckners Lebensentwurf, dem man eine bestimmte Zielorientiertheit nicht absprechen kann. Zwar bekam Bruckner von Kindesbeinen an die väterliche Berufsrolle des Lehrers vorgelebt, die er seinerseits einige Jahre zur Zufriedenheit seiner Vorgesetzten ausfüllte. Die Triebkraft jedoch, sich mit dem erreichten sozialen Status nicht zu begnügen, und trotz Verzagtheit und großer Lebensangst Amt und Würden anzustreben, rührt von der Dynamik der Mutter-Kind-Interaktionen her, welche Bruckners narzißtisch anfälliges Ich mit Allmachts- und Größenwahnphantasien aufluden. So ist zu verstehen, weshalb seine biographische Entwicklung auf ein bestimmtes Telos zustrebt, als ob er sich stets sicher gewesen wäre, wohin die Reise seines Lebens gehen würde. Der Logik seiner Narzißmusproblematik entsprechend oszilliert sein Ich-Gefühl zwischen den Polen eines tief gestörten Selbstwertgefühls, welches das Ich zeitlebens in zyklothym verlaufende schwermütige Krisen riß, und überquellenden Größenwahnvorstellungen. Allein die Reihenfolge der Widmungsträger, die vom »Meister aller Meister«, Richard Wagner, über Kaiser Franz Joseph I. bis zum »lieben Gott« reicht, ist ein untrügliches Zeichen für die grandiose Überheblichkeit seines Selbst. Bruckner war – eigentlich seit der Niederschrift seiner großformatigen symphonischen Opera – von seiner musikgeschichtlichen Mission durchaus überzeugt. Seine Velleität, die so manchen zum Witzeln animierte, war demnach auch ein Ausdruck dekompensierter Allmachtsphantasien. Allerdings – und hieraus wollen wir kein Hehl machen – hat er sich bisweilen nicht gescheut, mit seiner Ich-Schwäche zu kokettieren. Bei Bruckners Duckmäusertum, bei seinem für den Nebenmenschen oft peinsamen Antichambrieren, das verständlicherweise bei dem einen oder anderen unkontrollierte Aggressionen hervorrief, spielte mancherorten seine Bauernschläue eine ganz maßgebliche Rolle, so daß es uns nicht zu verwundern braucht, wenn er in seinen mündlichen oder brieflichen Mitteilungen

[24] Manfred Schneider, *Die kranke schöne Seele der Revolution. Heine, Börne, das ›Junge Deutschland‹, Marx und Engels*, Frankfurt am Main 1981.

[25] Heinz Kohut, *Die Heilung des Selbst*. Übersetzt von Elke vom Scheidt, Frankfurt am Main 1979.

gelegentlich einen liebedienerischen Ton anschlägt, um seine Gesprächspartner gewogen zu stimmen. Gewiß, wir dürfen uns bei der Analyse dieses Sprechhandlungsverhaltens nicht dazu versteigen, ihn als gewitzigten, durchtriebenen Tatmenschen zu charakterisieren. Auch dieses Bild wäre ebenso grundverkehrt wie jenes vom tölpelhaften Kauz, der fürwahr in vielen lebensentscheidenden Situationen, bei denen Geistesgegenwart und Entschlossenheit erforderlich gewesen wären, zagte und sich mit manchen irrationalen Bedenken trug. Wahr ist, daß dieser ergebenen, autoritätsfürchtigen Selbstrepräsentanz so mancher Tropfen an Selbstgewißheit und auch Überheblichkeit beigemengt war.

Damit diese gesellschaftlich hergestellte Persönlichkeitsdeformation produktive Potenzen freisetzen konnte, bedurfte es zusätzlicher Energieströme, welche die konfliktuöse intrapsychische Dynamik ungeheuerlich intensivierten. Entgegen dem noch weitverbreiteten Mißverständnis, die Logizität der Individuation monokausal von der ontogenetischen Praehistorie abhängig zu machen, ist die identitätsprägende Kraft der Erwachsenensozialisation herauszustreichen. Und das allein schon deshalb, weil die verschiedenen Phasen der beruflichen Sozialisation nachträglich auf den infantilen Familienroman einzuwirken vermögen. Ohne die realgeschichtlich umwälzenden Ereignisse, die beschleunigt fortschreitende Industrialisierung und Amerikanisierung der Lebenswelt, welche nahezu jede Ebene des gesellschaftlichen Seins grundlegend verändern, können wir Bruckners kompositorische Identitätsentwicklung – vor allem den qualitativen Sprung seiner Opera nach seiner Stilwende – schwerlich erklären, wenn wir nicht, wofür es in der Literatur Beispiele in Hülle und Fülle gibt, bloß auf personalstilistische Kategorien zurückgreifen wollen.

Im wesentlichen ist für seine Identitätsentwicklung, die äußerst krisenhaft verlief, die Gleichzeitigkeit von zwei Stufen der gesellschaftlichen Evolution verantwortlich zu machen. Wir haben bereits dargestellt, daß die kleinbürgerliche Erziehung durch ein Ensemble von feudalen Sozialisationstechniken überlagert ist. Der pater potestis familias figuriert als obrigkeitsstaatlicher Repräsentant in der Familie. Indes, anhand der schweren zwangsneurotischen Symptome, vor allem der Comptomanie, können wir rekonstruieren, daß sich auch im »Bauernland Oberösterreich«[26] bereits bürgerliche Disziplinierungsstrategien durchzusetzen beginnen. Es ist bekannt, daß der anal-retentive Charakter, von dem die Zwangsneurose als eine extreme Variante aufgefaßt werden kann, für das Bürgertum des 19. Jahrhunderts typisch ist. Den Mangel an qualitativen Beziehungen zu seinen Triebobjekten, den der anal-retentive Charakter erleidet, versucht er durch deren zwanghafte Quantifizierung und Formalisierung auszugleichen: Er kann seine Triebwünsche nicht zulassen, sondern ist genötigt, mit ihnen kalkulativ umzugehen.

[26] *Bauernland Oberösterreich. Entwicklungsgeschichte seiner Land- und Forstwirtschaft,* hrsg. von Alfred Hoffmann, Linz 1974.

Der begrenzt zur Verfügung stehende Raum erlaubt es nicht, die Auswirkungen dieser sozialtypischen Interaktion zwischen Ich und Es im einzelnen zu beschreiben. Alles in allem tendiert die körperfeindliche Erziehung dazu, die Gefühle zu mortifizieren. Mitunter gar so weit, daß die Begierde nur noch durch Manifestationen des Todes geweckt werden kann. Bruckners nekrophile Todverfallenheit ist ein schlagendes Beispiel hierfür. Wer seine Briefe und Telegramme liest, kann beobachten, daß er jedesmal so aufgeregt ist, als ob ihm das Herz bis zum Halse schlüge, wenn er von irgendwelchen Bestattungsfeiern oder Exhumierungen berichtet. Überdies ist dokumentarisch belegt, daß er ein auffälliges Interesse an Krankheiten und Absonderlichkeiten in allen möglichen Formen gehabt hat. Seine medizinischen Kenntnisse waren in einigen Bereichen der Heilkunde derart profund, daß er mit Ärzten über pathognomische Phänomene durchaus diskutieren konnte. Daß bei seinen fixen Ideen – zweifelsfrei können wir die nekrophilen Tendenzen Bruckners seinem melancholisch-anankastischen Syndrom zuordnen –, von psychoanalytischer Warte gesehen, die Inzestproblematik ursächlich beteiligt gewesen ist, kann als gesichert gelten.[27] Daneben wäre eine Reihe anderer ätiologischer Faktoren, beispielsweise die traumatisierende Wirkung der katholischen Erziehung, zu diskutieren. Wir werden hierauf – zumindest andeutungsweise – bei der Beantwortung der Frage, ob die Leidensproblematik auch die kompositorische Praxis beeinflußt hat, zu sprechen kommen.

Wie wir bereits angedeutet haben, unterliegt Bruckners Persönlichkeitsproblematik einem Strukturwandel, dessen Ursachen nicht in der Ontogenese des Subjekts begründet sind. Sie sind vielmehr ganz woanders zu finden. Im Zuge der fortschreitenden Industrialisierung werden einige Bereiche der Feudalverhältnisse – auch solche des psychischen Betriebes – hinweggeräumt, so daß das konkrete Subjekt genötigt ist, die Kräfterelationen zwischen den einzelnen seelischen Instanzen neu zu kalibrieren. Bereits durch die Übersiedlung in die mittelgroße Landeshauptstadt Linz, wo er vom November 1855 bis 1868 als Domorganist arbeitet, kann er seinen Lebenshorizont ganz wesentlich erweitern. Er nimmt Kontakte zu Angehörigen des Klerus auf, namentlich zu Franz Josef Rudigier, Bischof der Diözese Linz, der sich für ihn verwendet hat, damit ihm die Exspektanz der Domorganistenstelle erteilt wurde. Welchen Einfluß Rudigier, der Verfechter eines konsequenten Montanismus, auf Bruckners Persönlichkeitsentwicklung genommen hat, ist, soweit ich die Fachliteratur kenne, noch nicht geklärt worden. Schwach dürfte dieser Einfluß nicht gewesen sein, zumal Rudigier, der gegen jede Liberalisierung des kanonischen Rechtes coram publico opponierte, ihm in Krisensituationen mit Rat und Tat zur Seite stand. Auch die persönlichkeitsprägenden Beziehungen zu Angehörigen des mittelständischen Bürgertums, das durch die Zunftreform einen großen Aufschwung genommen hat, dürfen wir keinesfalls unterschätzen.

[27] Erich Fromm, *Anatomie der menschlichen Destruktivität.* Aus dem Amerikanischen von Liselotte und Ernst Mickel, Reinbek bei Hamburg 1977, S. 366ff.

Bereits im Vereinsjahr 1855/1856, mithin kurze Zeit nach seiner Übersiedlung, tritt Bruckner einem Linzer Gesangverein bei, der sich seit 1849 »Liedertafel ›Frohsinn‹« nennt. Die biedermeierlichen Züge, die dem Vereinsleben während der neoabsolutistischen Restaurationsperiode anhaften, sind so stark, daß sie auf seine kompositorische Produktion ganz entscheidend abfärben. Das Kleinbürgertum zeigt nämlich keine Interessen, an der Gestaltung der Geschichte aktiv mitzuwirken. Vielmehr ist es angesichts der trüben Nachmärzstimmung bedacht, sich und den Gleichgesinnten Frohsinn und Heiterkeit zu verschreiben. Darum sind die Werke, die bei der Übersiedlung von St. Florian nach Linz vorliegen, oder die er in den ersten Jahren seines Linzer Aufenthaltes komponierte, vor allem eine bunte, rührende Blütenlese. Die Tänze für zwei oder vier Hände für Klavier, der *Steiermärker* (1850), die *Stille Betrachtung an einem Herbstabend* (1863) oder das Salonstück *Erinnerung* (1860) verkörpern nichts weiter als eine leidlich gesicherte Kleinbürgerlichkeit. Auch die Gelegenheitskompositionen und Auftragswerke für Männerchor, sei es nun das Hoch auf den *Lehrerstand* (1847) oder die musikalische Aufforderung *Laßt Jubeltöne laut erklingen* (1854), muten uns heutzutage biedermeierlich an. Erst die patriotischen Kompositionen *Vaterländisches Weinlied* (1866) und das Lied *O könnt' ich dich beglücken!* (1866), in denen die Idee eines großösterreichischen Reiches musiksprachlich verkündet wird, schlagen einen gänzlich anderen Ton an.[28]

[28] Das Männerchorwesen während des österreichischen Vormärz und der bürgerlich-liberalen Revolution tritt für die demokratisch-großdeutsche Idee einer geeinten deutschen Nation ein (vgl. Bruckners deutschnationale Komposition *Das Lied vom deutschen Vaterland* [1845?]). Nach der Zerschlagung der März-Revolution richtet sich die neoabsolutistische Restriktionspolitik auch gegen jede kulturelle Aktivität, die über den eingegrenzten Bereich des Privaten in jenen der Öffentlichkeit hinausgeht. Erst mit der Gründung der konstitutionellen Monarchie im Jahre 1861 ändert sich schlagartig die Szenerie. Einige Komponisten wagen sich mit ihren meist hymnischen Kompositionen, in denen der neue Geschichtsabschnitt voller Begeisterung begrüßt wird, an die bürgerliche Öffentlichkeit. Die nationalen Töne, die bereits bei den feierlichen Gesängen anläßlich der Gründungsfeiern zur konstitutionellen Monarchie mitschwangen, werden nach den beiden militärischen Niederlagen von 1859 und 1866 verstärkt. Nach dem Krieg zwischen Preußen und Österreich im Jahre 1866 und nach der darauf folgenden Auflösung des Deutschen Bundes entwickelt der deutschsprachige Teil der Bevölkerung im Vielvölkerstaat Österreich-Ungarn ganz allmählich einen österreichischen Patriotismus. Entsprechend der politischen Situation wählt Bruckner bei seinen 1866 geschriebenen Männerchören (vgl. *Der Abendhimmel*, *O könnt' ich dich beglücken!* und *Vaterländisches Weinlied*) patriotische Balladen. Großes Geschick bei der Auswahl der Texte kann man ihm nicht nachsagen. Zeit seines Lebens hat er ein besonderes Faible für die Trivialliteratur der Zeit, im besonderen für August Silberstein, dessen hymnisch-patriotische Texte von vielen zweit- und drittklassigen Compositeurs vertont wurden (vgl. *Biographisches Lexikon des Kaiserthums Oesterreich*, hrsg. von Constant von Wurzbach, Wien 1877, Bd. 33, S. 288 f.). Nur in ganz wenigen Fällen setzt Bruckner Gedichte oder Texte in Musik, deren Qualität sich von der Mediokrität einer seichten, auf bloße Unterhaltung und Konsum zugeschnittenen literarischen Ramschware unterscheidet (vgl. *Du bist wie eine Blume* [1861] nach Heine und *Träumen und Wachen* [1890] nach Grillparzer). Die vielen Gemeinschaftsmusiken und Marschkompositionen aus den siebziger Jahren des 19. Jahrhunderts (vgl. den *Marsch in d-moll* [1862], *Apollo-Marsch* [1862?] und den *Marsch in Es-Dur* [1865] von Bruckner) bekennen sich zur habsburgischen Volksverbundenheit, wiewohl trotz Vaterlandsliebe und Patriotismus noch einige pangermanische Tendenzen spürbar sind. Die anläßlich des 1865 in Linz stattfindenden Sängerfestes eingereichten Kompositionen dokumentieren dies. Weinwurms *Deutsches Heerbannlied. Germania* bekommt von der Jury den ersten Preis zugesprochen. Bruckners *Germanenzug* (1863), den er selbst als seine erste vollgültige Komposition angesehen hat, muß mit dem zweiten Platz fürliebnehmen.

Kompositionswettbewerbe dieser Art sind charakteristisch für die sich konstituierende bürgerliche Kunst, weil sie nicht mehr auf Gedeih und Verderb von der Großherzigkeit aristokratischer Mäzene abhängig ist. Im anhebenden liberalen Kapitalismus in Österreich gehen nach und nach die Verpflichtun-

Können sie uns den qualitativen Sprung zu dem monumentalen Symphoniestil sui generis – zumindest ein wenig – verständlich machen? Um die Wahrheit zu sagen, nicht im entferntesten. Zwischen ihnen und den symphonischen Großbauten liegt eine unermeßlich große Kluft, die nicht einmal durch gewisse Interdependenzen zwischen diesen beiden Gattungen überbrückt werden kann, so daß wir angewiesen sind, die Gründe für die Revolutionierung des Personalstils anderwärts zu suchen. Bislang war es allgemein üblich, als wichtigsten Grund für diese Stilwende das »Wagner-Erlebnis« anzuführen. Wer die entsprechende Literatur durchsieht, wird für diese Position eine erkleckliche Anzahl von Belegen finden. Jedoch nur wenige haben diese These so prononciert vertreten wie U. Duse.[29] Richtig ist, daß die un-

gen des Mäzenatentums auf das kunstbeflissene Bürgertum über. Das Klischee vom mittellosen Bruckner, an dessen Verbreitung im wesentlichen der Tagesjournalismus und die rührseligen Kitschbiographien Interesse zeigten, gehört ins Reich der Mystifikationen. Es dürfte bekannt sein, daß er schon mit Antritt seiner Schulgehilfenstelle sich mit großer Weitsicht um seine Altersversorgung kümmerte. Weniger bekannt dürfte sein, daß der begüterte Fabrikantensohn Friedrich Eckstein ihn des öfteren finanziell unterstützte. Obendrein erhielt Bruckner Zuwendungen von Angehörigen der Aristokratie, die sich für die ihnen dedizierten Werke erkenntlich zeigten. An einer völligen Emanzipation von der aristokratischen Kunstherrschaft war Bruckner demnach nichts gelegen. Hierzu wäre überdies eine Reflexion über die ständisch organisierte Gesellschaft vonnöten gewesen. Daß er aufgrund seiner Erziehung dazu nicht fähig war, ist erwiesen. Außerdem dürfen wir es als gesichert betrachten, daß er, der zeitlebens der Gewalt hierarchischer Sozialstrukturen ausgeliefert war, aufgrund seiner gottergebenen, obrigkeitshörigen Haltung nicht einmal daran dachte, sakrosankte feudale Beziehungen in Frage zu stellen. Seine Orgelimprovisationen über das *Kaiserlied* und allseits bekannte Vaterlandslieder, sein ausgeprägtes Interesse an der Mayerling-Affaire und dem Schicksal des Erzherzogs Maximilian bekunden seine patriotisch-monarchietreue Geisteshaltung. Auch seine Beziehungen zu verschiedenen österreichischen Männergesangvereinen legen Zeugnis von seiner habsburgischen Volksverbundenheit ab, wiewohl er den irrationalen Zielsetzungen der deutschnationalen und alldeutschen Bewegung, die in den Männergesangvereinen ein Sammelbecken fand, völlig fernstand. Sein religiös motivierter Antisemitismus (vgl. hierzu K. Grebe, *Anton Bruckner,* Reinbek bei Hamburg 1972, S. 66) nährte sich nicht von dem Rassenantisemitismus der Zeit, von dem das Bewußtsein vieler Deutschnationaler und Alldeutscher präokkupiert war. Allerdings hat Bruckner an keiner Stelle seiner Korrespondenz seine Distanzierung gegen Auswüchse der antiliberalen Bewegung in irgendeiner Form begründet. Ebenso unreflektiert greift er in einigen Spätwerken Ereignisse der Zeit auf. Wir dürfen es daher als gesichert betrachten, daß er über die politischen und ökonomischen Hintergründe des Dreibundes von 1882, des imperialistischen Bündnisvertrages zwischen dem Deutschen Reich, der Doppelmonarchie Österreich-Ungarn und Italien, an den seine programmusikalischen Ausführungen zum Finale der 8. Symphonie anspielen, nicht nachgedacht hat. Auch die Symbolisierung des »Deutschen Michel« im Scherzo derselben Symphonie und das patriotische Alterswerk *Das deutsche Lied* (1892) zeugen von der Einfältigkeit seines »guten« Deutschösterreichertums. Ob Bruckners Auftragswerk *Helgoland* (1893), bei dem er abermals auf einen hymnischen Text von Silberstein zurückgreift, sich wirklich von der Zeitgeschichte inspirieren ließ, dürfen wir mit Recht anzweifeln. Er, der aus seinem Desinteresse an der Realpolitik kein Hehl gemacht hat, hat die weltbewegenden Ereignisse seit der Großen Depression im Jahre 1873 nicht oder höchstens ganz beiläufig zur Kenntnis genommen. In einem Brief aus dem Jahre 1868 gesteht er ein: »Daraus kannst Du sehen, wie wenig ich Zeitung lese und weiß, was in der Welt vorgeht« (vgl. Anton Bruckner, *Briefe. Neue Folge,* gesammelt und herausgegeben von Max Auer, Regensburg 1924, S. 94). Wir können daher mit einiger Gewißheit sagen, daß er von den Hintergründen des Sansibarvertrages vom 1. 7. 1890, aufgrunddessen dem Deutschen Reich die Insel Helgoland zugesprochen wurde, nichts gewußt hat.

[29] «Nicht Sechter, weder Albrechtsberger noch das Studium der Partituren von Mozart, Schubert und Beethoven«, so führt Duse aus, hätten Bruckner befähigen können, im Medium der Musik zu sich selbst zu finden. Alle Einflüsse zusammen hätten »aus ihm bestenfalls einen Musikhistoriker machen können« (vgl. Ugo Duse, »Bruckner e il suo caso«, in: *Musica e Cultura. Quattro diagnosi,* Padova 1976, pag. 13–41; pag. 19). Das »quid«, wodurch sich der Sprung von der Quantität zur Qualität ereignet, ist Richard Wagner (pag. 19). »Der Voreingenommenheit, der geistigen Trägheit und der Trivialität zum Trotz und auch wegen der Minderwertigkeitskomplexe der zaudernden, wenn nicht sogar gehemmten Anhänger der Bruckner-Entourage muß der prägende Einfluß Wagners auf den Musiker Bruckner offen reklamiert werden. Dies um so mehr, als man Bruckner ohne Unterlaß des Wagner-Epigonentums bezichtigte« (pag. 20). Denselben führt Duse auf den verminderten Septakkord im *Tannhäuser* zurück, weil die extreme tonale Zweideutigkeit dieses Akkordes Bruckner die Doppelgesichtigkeit seines Wesens, seine erotisch-religiöse Ambivalenz, erkennen ließ: »Perché non si dovrebbe invece pensare che

entwegte Beschäftigung Bruckners mit dem damals fortgeschrittensten harmonischen Material, der Enharmonik und Chromatik Wagners, einen gewaltigen katalysatorischen Effekt auf sein Musikdenken gehabt hat. Er, der jahrzehntelang bei verschiedenen, eher traditionsbewußten Lehrern musiktheoretischen Unterricht erhalten hat, muß erkennen, daß die auf Rameaus *Traité de l'harmonie* (1772) fußenden *Grundsätze der musikalischen Composition* (1853–1854) völlig unzureichend sind, um die gänzlich andere Harmonie- und Klangwelt zu erklären. Zweifellos haben die Biographen der Bruckner-Pléiade recht, wenn sie sagen, daß er wie vom Donner gerührt ist, als er feststellen muß, daß die ars nova den Horizont des Sechterschen Systems, das bereits Mitte des 19. Jahrhunderts als reaktionär und konservativ kritisiert wurde, weit überschreitet. Binnen weniger Jahre behebt er eine Reihe von Ausbildungsmängeln, indem er Kompositionsunterricht bei dem fortgeschrittenen Linzer Kapellmeister Otto Kitzler nimmt, der ihm das klassisch-romantische Répertoire, in erster Linie Opera von Beethoven, Mendelssohn, Liszt, Berlioz und Wagner, näherbringt. Durch das Studium dieser Werke öffnet sich Bruckner die Tür zu einer anderen musikalischen Welt. Mit derselben Penibilität und Akkuratesse, wie er Sechters Lehre von den Fundamentaltönen studiert hat, analysiert er die Partitur des *Fliegenden Holländers,* des *Tannhäusers* und jene des *Lohengrins*. Und voller innerer Unruhe wohnt er im Jahre 1865 den denkwürdigen Premièren von *Tristan und Isolde* und dem Oratorium *Die Legende der heiligen Elisabeth* von Liszt bei. Noch im selben Jahr hört er die erstmals in Wien aufgeführte »Légende dramatique« *La damnation de Faust* von Berlioz. Der Verunsicherungseffekt, den diese Werke der damaligen Avantgarde zeitigen, zieht ihn in eine Autoritäts- und Traditionskrise ohnegleichen. Denn die musiktheoretischen Gesetze, die jahrzehntelang für ihn uneingeschränkte Gültigkeit besaßen, werden durch die Zukunftsmusik, deren Chromatik die Funktionsharmonik stellenweise subversiv unterwandert, aus den Angeln gehoben. Wie kann Bruckner es verkraften, während einiger Jahre der für ihn bis dahin verbindlichen musiktheoretischen Kodices beraubt zu sein, wo er doch kraft seiner autoritätsgebundenen Sozialisation so sehr auf Gesetz und Ordnung angewiesen ist? Wenn wir uns vergegenwärtigen, daß seine unglaublich rigide Erziehung sein Verhältnis zur Welt bis in die kleinste Nische determiniert hat, so können wir vielleicht ermessen, was es für ihn bedeutet haben mag, das bisher gültige musiktheoretische Paradigma nach und nach zugunsten eines anderen aufzuge-

Bruckner sia rimasto, con tutta probabilità, impressionato dalla partitura del *Tannhäuser* quando scoprí, sin dalle prime pagine dell'ouverture, come l'accordo di settima diminuita trasferisce la melodia del coro dei pellegrini all'incanto del Venusberg? È una congettura, evidentemente, anche se certi elementi possono essere invocati per suffragarne la legittimità. In base ad essa tutto quel complesso di tendenze, di pulsioni profonde, proprio della sfera dell'eros che in Bruckner aveva imboccato le vie della sublimazione religiosa, si ritrovò in quell'accordo, e in quel suono tanto particolarmente vissuto trovò anche contemporaneamente la chiave per spiegarsi musicalmente. In effetti sino ad allora, ripetiamo, Bruckner non si era espresso musicalmente se non in maniera poco piú che scolastica, mai comunque ad un livello tale che si possa definire artistico. Questo è un fatto indiscutibile. Evidentemente la coincidenza cronologica suffragata da una settima diminuita sembra troppo poco. Molto piú può dar da pensare che l'estrema ambiguità tonale dell'accordo di settima diminuita abbia potuto, in quella particolare situazione, far balenare a Bruckner la reale ambiguità stessa della propria natura« (pag. 24).

ben. Daß ihn das beängstigende Gefühl, in einem Zustand zu leben, wo alle bislang verbindlichen Musikgesetze nicht mehr zu gelten scheinen, fast an die Grenze des Wahnsinns geführt hat, ist dokumentarisch verbürgt. Im Frühjahr 1867 bricht mit vehementer Wucht aus, woran er eigentlich schon immer gelitten hat. Seine zyklothyme Depression, derentwegen er während eines dreimonatigen Kuraufenthaltes hydrotherapeutisch behandelt wird, kann sich paroxysmal steigern, weil er es gewagt hat, der ihm introjizierten autoritären Rigorosität zuwiderzuhandeln und sich mählich von der altväterlichen Strenge seines ultrakonservativen Lehrers Sechter zu lösen. Ihm ist die Entscheidung, sich mit Leib und Seele für die ars nova, namentlich für Wagner, auszusprechen, weiß Gott nicht leichtgefallen. Dergleichen wird aber gerne von Kitschbiographen kolportiert. Wahr ist, daß diese Neudefinition der kompositorischen Praxis, die sich über einen Zeitraum eines Quinquenniums (von 1862 bis 1867) erstreckt, die intrapsychischen Kräfte – und zwar auf jeder Ebene der Topik – in Bewegung bringt. Und dies allein schon dadurch, daß Bruckner sich traut, in die »Brutstätte des Teufels« zu gehen und sich von der Wagnerschen Bühnenerotik stimulieren zu lassen. Jahrelang ist es ihm nur aufgrund großer Entbehrungsleistungen geglückt, die innere Unruhe der Konkupiszenz einzudämmen. Den Verlockungen indes, welche die Klangsinnlichkeit Wagners verhieß, kann sein Ich nicht widerstehen. Es läßt sich von den Klangwellen treiben, ohne zu merken, daß er sein ohnedies überaus fragiles neurotisches Gleichgewicht allgemach ins Desäquilibrieren bringt.

Die Auswirkungen seiner manifesten seelischen Erkrankung, in deren Verlauf er sich sogar mit Suizidgedanken trägt, sind vielfältiger Natur. An die Stelle der bisherigen musiktheoretischen Leitbilder (Joh. Baptist Weiß, Dürrnberger, Sechter) tritt von nun an ein anderes Ichideal: der »unerreichbare, weltberühmte« Richard Wagner. Im Olymp von Bruckners Gewissen thront seitdem der »Meister der Meister« als oberster Gott. Freiheiten, gleichgültig welcher Art, ob dies nun verbotene Einklänge oder die im Sinne des Sechterschen Systems gesetzeswidrigen Oktavparallelen sind, gesteht er sich – dem »Schulmeister« – nicht zu; dem »hochverehrten Meister« Wagner jedoch schon.

Nun, über die Beziehung zwischen den beiden Komponisten ist viel, hauptsächlich Anekdotisches, geschrieben worden. Meistens beschieden sich die Skribifaces damit, ihr mystifikatorisches Garn zu spinnen. In einem Punkt jedoch können wir ihnen – wenn auch nur mit großen Vorbehalten – zustimmen: das beziehungspsychologische Moment ist für Bruckners weitere Persönlichkeitsentwicklung von Belang. Wir haben bereits gezeigt, daß die unilaterale Identifikation den Austausch einiger seiner Überich-Strukturen bewirkt hat. Nur reicht meines Erachtens der beziehungspsychologische Ansatz nicht aus, um triftig klären zu können, weshalb er fortan vorzugsweise monumentale symphonische Gebilde schreibt. Durch diese großformatigen Opera, deren zeitliche Ausdehnungen nahezu alle anderen bisherigen Werke der symphonischen Gattung übertreffen, gibt er zu erkennen, daß er von nun an fürs großstädtische liberale Bildungsbürgertum, sonach für den bürgerlichen Konzertsaal, und für die Mandatare der bürgerlichen Öffentlichkeit, die Kulturkritiker, komponiert. Um die Anerkennung durch diese beiden Zielgruppen kämpft er, soweit seine Ich-Schwäche ihm dies erlaubt. Die lebenslangen Kontakte zu Rudigier und zu Angehörigen der Aristokratie, denen Bruckner – ob hierbei auch der Geschäftssinn eine maßgebliche Rolle gespielt haben mag? – viele seiner Opera dediziert, dokumentieren, daß ihm die Wertschätzung von seiten dieser Kreise sehr viel bedeutet. Sonach ist er kein Komponist des liberalen Bürgertums, wie ihn Brahms verkörpert, auch wenn seine Monumentalsymphonien sich zuvörderst an das großstädtische Konzertpublikum richten. Dazu sind seine monarchietreuen Charakterzüge viel zu ausgeprägt. Anderseits täten wir ihm völlig unrecht, wenn wir ihn als royalistischen oder imperialen Komponisten bezeichneten.

Wodurch können wir den sozialen Ort seiner Symphonien, die gemeinhin als autonome Musik gelten, etwas eingrenzen? Nach meinem Dafürhalten wohl am ehesten dadurch, daß wir den realgeschichtlichen Widerspruchsprozeß ein wenig explorieren. Denn Bruckners Schwenk zur Symphonie bahnt sich just zu der Zeit an, als der Liberalismus in Österreich sich auf seinen Höhepunkt, den gründerzeitlichen Optimismus in den Jahren 1867 bis 1870, zubewegt. Liegt hier eine zufällige Koinzidenz historisch bedeutsamer Ereignisse vor? Meines Erachtens nicht. Durch die fortschreitende industrielle Umwälzung und Urbanisierung der Feudalverhältnisse werden einige obrigkeitsstaatliche Barrieren, die dem deutschliberalen Bürgertum im Wege stehen, beseitigt. Daraufhin sehen sich die Repräsentanten der neoabsolutistischen Restriktionspolitik gezwungen, die Daumenschrauben etwas zu lockern, um einen befriedigenden Ausgleich zu finden, der ihren Interessen und jenen der liberalen Bewegung nicht zuwiderläuft. Deshalb billigen sie der liberalen deutschösterreichischen Bourgeoisie durch die Dezembergesetze von 1867 eine privilegierte gesellschaftliche Position zu.[30] Hinfort wird kraft Verfassung die Macht zwischen Krone und der österreichischen Bourgeoisie geteilt. Der katalysatorische Effekt, den die Verfassungsexperimente während des kurzen liberalen Interims zeitigen, ist gewaltig. In den Gründerjahren werden durch den beschleunigten Ausbau des Transportwesens, der Eisen- und der Schwerindustrie ganze Bereiche der Lebenswelt grundlegend verändert.[31]

Daß diese tiefgreifende Umgestaltung des gesellschaftlichen Seins sich auch im Medium der Musik, in unserem Falle in den Symphonien Bruckners, auswirkt, wollen wir im folgenden ein wenig zeigen. Wir werden mit dem Gedanken umgehen, daß Bruckners Monumentalform – sein Symphoniestil sui generis – unverkennbare Signaturen der Zeit trägt. Das »Wagner-Erlebnis« – wir deuteten es bereits an – reicht nicht aus, um die ungeheure Entbindung und Entfesselung der musikalischen Produktivkräfte stimmig zu erklä-

[30] Albert Fuchs, *Geistige Strömungen in Österreich. 1867–1918,* Wien 1978.

[31] Hans Hautmann / Rudolf Kropf, *Die österreichische Arbeiterbewegung vom Vormärz bis 1945. Sozialökonomische Ursprünge ihrer Ideologie und Politik,* Wien ²1976.

ren. Hierzu bedürfen wir weiterer explanatorischer Größen. Durch die progressive Entfeudalisierung der Verhältnisse bekommt das intrapsychische Konfliktpotential von Bruckner, das wir als Resultat zweier historischer Sozialisationsstufen gedeutet haben, neue Nahrung, so daß das Ich nicht umhinkann, das Verhältnis von internalisierter kleinbürgerlicher und feudaler Gewalt neu zu bestimmen. Andernfalls könnten wir im Zuge der Rekonstruktion nicht plausibel machen, warum Bruckner die der bürgerlichen Öffentlichkeit zugewandte säkulare Form der Symphonie wählt. Bei dieser Wahl spielt jedoch seine monarchietreue Haltung, die er zeit seines Lebens nicht preisgegeben hat, eine ganz maßgebliche Rolle. Die Dedikationen seiner großformatigen Opera geben zu erkennen, daß ihm eine völlige Emanzipation von der aristokratischen und absolutistischen Kunstherrschaft nicht am Herzen liegt. Ganz im Sinne der konstitutionellen Monarchie formuliert seine Musik einen sozialen Kompromiß, indem sie Merkmale zweier Stufen der gesellschaftlichen Organisation, der Monarchie und des Liberalismus, miteinander in Einklang bringt.

## III
## Bruckners gründerzeitliche Monumentalsymphonie

> »Weil die gegenwärtige Weltlage, geistig gesehen, Schwäche ist, flüchte ich zur Stärke und schreibe kraftvolle Musik.«
>
> (Anton Bruckner im Jahre 1874)

Die durch die Gründerzeit erzielte »Umwertung aller Werte« (Nietzsche) hat auch die einzelnen Sparten der Kunst und der Musik nicht unberührt gelassen, selbst wenn der eine oder andere der Kunstschaffenden expressis verbis kundtat, daß ihn die gesellschaftlichen Umwälzungen nicht im geringsten interessierten. Im Medium der bildenden Kunst, der Literatur und der Musik – wir werden sehen, wie geistesverwandt die einzelnen Bereiche sind[32] – findet die fortschreitende Amerikanisierung und Versachlichung der Lebenswelt ihren Niederschlag in der Akzentuierung des Konstruktivismus und des formbezogenen, tektonischen Denkens. Bei Johannes Brahms, Anselm Feuerbach, Hans von Marées, Conrad Ferdinand Meyer, last, not least bei Anton Bruckner hat die gründerzeitliche Hochstimmung der siebziger Jahre eine ganz starke befreiende Wirkung gehabt, die alsbald, mit Beginn der Großen Depression im Jahre 1873 in Ernüchterung und abgrundtiefe Verzweiflung umschlägt. Vielleicht sind die »verdüsternden Stimmungsstörungen« (Kurth) im Spätwerk von Bruckner auch ein Indiz für die gesellschaftliche Rezession, die sich bis in die neunziger Jahre hinzieht. Der Optimismus dieser Zeit stimuliert Bruckner zur Freisetzung eines ihm gemäßen musik-

[32] Richard Hamann / Jost Hermand, *Deutsche Kunst und Kultur von der Gründerzeit bis zum Expressionismus,* Band I, Gründerzeit, Westberlin 1965.

sprachlichen Ausdruckes, so daß wir fortan nichts mehr von der Enge spüren, welche den Gestus seiner konservativen Frühwerke einschnürt. Diesen Opera vor der Stilwende, die für die Musikwissenschaft sicherlich nur von lexikalischem Interesse wären, wenn Bruckners kreative Identitätsentwicklung nicht einen derart gewaltigen Entwicklungsschub erfahren hätte, ist allerwegs anzumerken, welche Auswirkungen der »von oben« diktierte Antisubjektivismus des Barock-Josephinismus gehabt hat. Ohne allzusehr zu überzeichnen, dürfen wir diese einesteils hausbackenen, altfränkischen, andernteils stereotypen Kompositionen – cum grano salis – als getreuliches Abbild ihrer Zeit interpretieren. Sie lassen nämlich neben den genannten Mängeln die Merkmale einer persönlichen Handschrift vermissen.

Wie Phönix aus der Asche so tritt Bruckner nach seiner kompositorischen Umorientierung als völlig Gewandelter in Erscheinung. Mit derselben Entschiedenheit wie viele seiner zeitgenössischen Künstlerkollegen, deren Namen er kaum gekannt haben dürfte, erhebt er den Unbedingtheitsanspruch, einen Symphoniestil sui generis zu schöpfen. Von dieser Idee ist er dermaßen obsediert, daß er eigentlich nur ein einziges Ziel vor Augen hat: seinen Monumentalstil zu vervollkommnen. Alles andere, dazu gehört der gesamte Katalog an bildungsbürgerlichen Interessen, hätte ihn lediglich unnütz abgelenkt. Mit der großartigen Ausschließlichkeit eines einseitig gebildeten Génies, das bei aller Wankelmütigkeit seiner selbst gewiß ist, trachtet er danach, sich alles vom Leib zu halten, um seine narzißtische Konzentration auf sich selbst und seine kompositorische Produktion durch nichts beeinträchtigen zu lassen. Natürlich dürfen wir hierbei nicht übersehen, daß seine vielfältigen beruflichen Verpflichtungen, seitdem er in Wien lebt, einen erheblichen Teil seiner psychophysischen Energien aufgebraucht haben, so daß zu Steckenpferden irgendwelcher Art die hierzu notwendige Muße fehlen muß. In den ihm und seinen Kompositionsplänen verbleibenden Stunden baut er seine symphonische Welt, die jahrzehntelang von geschichtsblinden Interpreten und Forschern als bar jeder Historizität gedeutet wurde, als ob sie gleich einem erratischen Block in die Musikgeschichte hineinragen würde.

Leider gestattet es der verfügbare Raum nicht, darüber nachzusinnen, weshalb die ganz handgreiflichen Affinitäten zwischen dem gründerzeitlichen Architekturstil und den kolossalischen symphonischen Gebäuden noch nicht zum Gegenstand einer Studie erhoben worden sind. Ein Grund für das Desinteresse liegt fraglos darin, daß eine Vielzahl von Interpreten unter Mißachtung elementarer milieutheoretischer oder environtologischer Erkenntnisse der Alltags- und Berufswelt keine prägende Kraft zubilligten. Vielmehr tat man so, als ob Bruckners sich ins Gigantomanische übersteigernder Symphoniestil, der sich – vom kreativitätspsychologischen Standpunkt betrachtet – unstreitig auch von seinen Allmachtsphantasien nährt, keine Gemeinsamkeit mit dem Geist der Zeit habe, wohingegen es eigentlich keiner wetterleuchtenden Ideen bedurft hätte, zumindest einige seiner Einflußsphären einzugrenzen. Die quantitativen und qualitativen Anregungen, die auf Bruckner seit seiner Übersiedlung in die Donau-Metropole einströmen, lassen sich kaum ermessen. Zweifelsfrei hat vieles, was seinerzeit in dieser Weltstadt geschah, ihn kaum oder nur beiläufig berührt. Tatsache aber ist, daß zwischen der gründerzeitlichen Großstadtarchitektur, von der Prachtbauten wie die Oper und das Konservatorium zeugen, und der Monumentalität einiger Bruckner-Symphonien Affiliationen vorliegen. Eigentlich seitdem er sich seiner musikgeschichtlichen Mission bewußt ist, visiert er den großstädtischen Konzertsaal an, denn dort findet sich ein gebildetes und kenntnisreiches Publikum ein, um Musikproduktionen der ars nova ihr Gehör zu schenken. Hinzu kommt, daß die zwischen Extremwerten hin und her pendelnde Dynamik, die ungeheure Klanggewalten zu mobilisieren weiß, sich nur in den größten Konzertsälen der damaligen Zeit vollends entfalten konnte. Für ihre Großräumigkeit ist seine gründerzeitliche Musik komponiert.

In seinen Monumentalsymphonien manifestiert sich ein bis dahin unbekannter Leistungswille, dessen Allmachtsvorstellungen einen fortwährenden Druck auf das geplagte Ich ausüben, so daß es genötigt ist, unentwegt darüber nachzugrübeln, was es tun kann, um seine Kompositionen noch mehr zu vervollkommnen. Neben vielen anderen Beweggründen zehrt die Revisionspraxis – zumindest die erste Phase von 1875 bis 1880 – von diesem Streben nach Vollkommenheit. Hierdurch steht das kreative Ich fortgesetzt unter einem übermächtigen Leistungsdruck, der es ihm versagt, Ruhe zu finden. Es ist gezwungen, jede einzelne Zelle der Komposition in einem work in progress durchzugestalten, damit nichts dem Zufall überlassen bleibt. Welche Welten liegen zwischen diesem Kompositionsverständnis und jenem, das viele Romantiker auf ihre Fahnen schrieben. Bruckner und sein Antipode Brahms beargwöhnen, ob der augenblicksgebundenen Inspiration das Primat für die kompositorische Praxis zugesprochen werden könne. Daher tritt bei ihnen an die Stelle der Einfallsapologetik die Hochschätzung des Konstruktivismus. Mit einem Skrupel ohnegleichen machen sich beide an die kreative Arbeit. Bis Brahms sich entschließt, seine symphonischen Pläne zu verwirklichen, vergehen zwei Jahrzehnte. Bruckner ringt nicht weniger mit sich selbst. Sein Ethos läßt es nicht zu, daß die *Schulsymphonie* (1863) und die *Symphonie in d-moll* (1863, Umarbeitung 1869) als vollgültige Werke geführt werden. Vielmehr schreibt er ganz unmißverständlich »ungiltig« auf das Autograph der *Nullten Symphonie*, weil diese »Schularbeit« noch nicht völlig seinem tektonischen Formdenken entspricht. Zudem kann man der Form- und Themengestaltung entnehmen, welcher Schatten Beethovens symphonische Technik noch auf dieses Übergangswerk wirft (vgl. das Finale derselben Symphonie, insbesondere die Takte 23f., in denen Bruckner die Hauptthemensubstanz aus dem Finale der Sonate op. 27,1 von Beethoven nutzt).

Seit der Vorlage der Symphonien im Rahmen der Gesamtausgabe können wir genauer denn bisher Bruckners strenges formbetontes Musikdenken studieren, das die einzelnen Blöcke und Quader durch die penible Beachtung der quadratischen Strukturen herausmeißelt. Alle diejenigen, die Bruckner zum Wagnerianer par excellence abstempelten, hätte ein Blick in die Partituren – selbst die inauthentischen sind für die Widerlegung dieser völlig falschen Einschätzung noch aufschlußreich genug – eines Besseren belehren können. An keiner Stelle des musikalischen Textes wird Wagners Technik der unendlichen Melodie angewendet, da Bruckner dem Konstruktionsprinzip der metrischen Prädetermination den Vorzug erteilt, wodurch der Klangrausch und die Ekstase tektonisch sublimiert werden. Unterstrichen wird das für die Mikro- und Makrostruktur gültige formbetonte Denken durch das für die gründerzeitliche Literatur und Kunst so signifikante Stilprinzip unvermittelt aufeinandertreffender Stimmungen oder scharfer, jäher Kontrastbildungen. Wie die Protagonisten der bildenden Kunst (A. Feuerbach, Marées) und der Literatur (C. F. Meyer) der Gründerzeit bevorzugt Bruckner das Stilprinzip gegensätzlicher Stimmungen oder Kontrastbildungen. Hierdurch wird die bewegungsdynamische Konzeption seiner Monumentalsymphonien ungeheuer intensiviert, so daß an etlichen Stellen der Partituren sich jählings Risse und Sprünge auftun. Daß man dieselben – abgesehen von einigen lichtvollen Interpretationen – nicht wahrhaben wollte, lag sicherlich daran, daß die religionsphilosophische Ausdeutung zum Dogma erhoben wurde, als ob die kolossalischen musikalischen Gebäude statische Standbilder einer zum Lobe Gottes tönenden Wirklichkeit seien. Die Autoren waren grosso modo fast einhelliger Meinung, daß die Messen und Symphonien von Bruckner als dona Dei geschrieben worden seien. Bei dieser Interpretation konnte man sich auf den Komponisten höchstselbst berufen, weil er einigen seiner Werke das Motto »Ad majorem Dei gloriam« vorangestellt hatte. Daher kam niemand auf den Gedanken, darüber nachzudenken, womit diese angebliche Ruhe in Gott, die Bruckner durch die unio mystica gefunden habe, erkämpft wurde. Allein ein Blick auf die Biographie des Komponisten hätte die Interpreten argwöhnisch stimmen müssen. Denn dieser Frieden, von dem die Musik – nach Aussagen der Forscher – kündet, stimmt in den seltensten Fällen mit der faktischen Gefühlslage, der ständigen inneren Unruhe und der Bangigkeit, überein. Zwar versucht Bruckner die barocke, absolutistische Idee eines aufeinander bezogenen irdischen und himmlischen Kosmos im Medium der Musik zu verwirklichen. In der Tat enthält sein Œuvre eine Objektbeschreibung Gottes, seiner Größe, Gnade und Herrlichkeit. Aber Bruckner kann nicht verhindern, daß sich trotz dieser bewußten Zielsetzung, Musik zum Lobe Gottes zu schreiben, auch eine andere, hiervon völlig verschiedene Intentionalität gewissermaßen hinter seinem Rücken durchsetzt, die uns ein wenig vom Chaos der Zeit ahnen läßt. Die vielen Stellen seiner Partituren, wo die Musik mit explosivem Material aufgeladen ist, so daß die Verstrebungen der Architektur stellenweise reißen, machen deutlich, daß der Bogen, den die Musik schlägt, an vielen Stellen brüchig ist. Die vielen gellenden Kakophonien, grellen Triller, bizarren und dissonanten Sprungfolgen, monumentalen Zerklüftungen, die dämonischen Züge in einigen Scherzi, die Bruitismen im »Scherzo« der 4. Symphonie, die Ziellosigkeit mancher Steigerungswelle, der gelegentlich völlig unvermittelte Wechsel von Exaltation und erhabener Solennität – all dies zusammen veranschaulicht, daß die Musik an vielen neuralgischen Punkten eine gänzlich andere Sprache hat, als ihr von diversen geistesgeschichtlichen Interpretationen zugedacht wird. Fest steht, daß die unio mystica, aus der Bruckner zeit seines Lebens wie aus einem Heil spendenden Brunnen geschöpft haben soll, im Medium der Musik stellenweise tiefgreifend gestört ist. Wir haben sonach das Recht, unsere Zweifel anzumelden, ob seine Handschrift allerwärts hieratisch gebunden ist. Die vielen Aufrauhungen und Verschärfungen des Klanges, die todunglückliche Grundstimmung im Kopfsatz der 8. Symphonie und im »Abschied vom Leben«, der 9. Symphonie, sind untrügliche Zeichen, daß der geschlossene symphonische Kosmos eine Reihe von Fugen hat, in denen sich trotz der voluntaristisch vollzogenen Abkapselung gegen die großstädtische Vibration Erfahrungen mitteilen, die im Widerspruch zur musikalischen Doxologie stehen. Die aus der mystischen Einheit mit Gott bezogenen Energien reichen demnach bei weitem nicht aus, um ein selbstgenügsames monadengleiches Leben in der gefallenen Welt führen zu können.

## IV
## Identitätsproblematik und kompositorische Praxis

Seinen Partikularexamina, aus denen er die Kraft zu beziehen hoffte, sich gegen die Unbill der Zeit wappnen zu können, haftete ihrerseits mancher zwanghafte Zug an. Mit überängstlicher Penibilität zeichnete er täglich, fast ein ganzes Leben lang, seine Gebets- und Tugendübungen auf. Aber Sicherheit vor der Widerkehr des Verdrängten boten auch sie nicht. Die Abwehrhülle, mit der Bruckner sich gegen verdrängte Triebimpulse zu schützen trachtete, war derart dünn, daß mitunter ganz banale Ereignisse genügten, ihn aus seinem neurotischen Gleichgewicht zu bringen. In Phasen, in denen seine ohnedies melancholische Grundstimmung mehr und mehr absank, verstärkten sich seine zwangsneurotischen Symptome dermaßen, daß das entmächtigte Ich genötigt war, alles, was da kreucht und fleugt, zu zählen. Nur unter Aufbietung der noch verbleibenden Gegenbesetzungsenergien konnte das abwehrende Ich verhindern, daß die Obsession das Ich-Bewußtsein vollends tyrannisierte. Im Jahre 1867, also gegen Ende seiner beruflichen Neudefinition, die ihn seither zum eigenständigen schöpferischen Arbeiten befähigte, hat ihn der zyklothyme Verlauf seiner Schwermütigkeit fast an die Grenze des Irrsinns geführt. Alle Personen, die ihn in Versuchung gebracht hätten, an ihnen irgendetwas zu zählen, seien es die Knöpfe oder die Falten eines Frauenrockes, waren für ihn höchst gefährlich, weil sie symbolisierten, wogegen er aufgrund seiner katholischen Erziehung unter Aufbietung all seiner psychophysischen Kräfte ankämpfen mußte: nämlich die objektlibidinösen Triebqualitäten. Ihrer konnte er lediglich durch eine zwanghafte Quantifizierung Herr werden. Er war bestrebt, alles, was ihn vom rechten Weg der Tugend hätte abbringen können, durch die Magie des Zählens zu bannen. Dabei erinnerte er sich an die Gebetspraxis des Rosenkranzes, von der er sich sehnlichst die Stärke erhoffte, derer er dringend bedurfte, um die fließende sinnliche Begierde – zumindest etwas – eindämmen zu können.

Es liegt auf der Hand, daß Bruckners comptomanisches Symptom seine kompositorische Praxis nicht unbeeinflußt gelassen hat. Hierauf haben einige Autoren der Bruckner-Forschung schon hingewiesen. Zu Recht wurde zwischen der »Quadratur der Tonsatzkonstruktion«, die für die kompositorische Mikro- und Makrostruktur uneingeschränkte Gültigkeit hat, und dem Zählzwang ein ätiologischer Zusammenhang hergestellt. Hierfür spricht, daß Bruckner die Perioden peinlich genau abzählte und bisweilen so pedantisch dabei verfuhr – beispielsweise in der 1. Symphonie –, daß er selbst dort, wo die thematisch-motivische Entwicklung eine Asymmetrie oder Irregularität erforderlich gemacht hätte, der schematischen Taktgruppengliederung den Vorzug erteilte. Das Hauptthema aus dem Kopfsatz der 7. Symphonie, dessen melodische Substanz sich fast ohne Einschnitte vegetativ entfaltet, ist die äußerste Grenze der Brucknerschen Melodiebildung. Sie trägt nämlich der quadratischen Phrasenbildung kaum noch Rechnung. In allen übrigen Fällen wird der musikalische Text scharf zäsuriert. Diese Starrheit in der musikalischen Syntax ist ihm von einigen Forschern vorgehalten worden. Sie übersahen jedoch, daß die Prädetermination des metrischen Parameters dem musikalischen Verlauf ein Höchstmaß an Festigkeit verleiht. Daher liegt zwischen der harmonischen Kühnheit und der unflexiblen Handhabung der Metrik keine Disproportionalität vor, obwohl Bruckner in der Tat mit seiner sorgsam behüteten periodischen Regelmäßigkeit nicht auf der Höhe seiner Zeit argumentierte. Denn keiner seiner komponierenden Kollegen hielt sich derart stur an die »Quadratur der Tonsatzkonstruktion« wie er. Er jedoch hatte gute Gründe, dies zu tun. Sein bewegliches harmonisches Denken, das an der damals fortgeschrittensten Materialbehandlung anknüpft, bedurfte eines Ordnungsprinzips, damit seine zukunftsweisenden Innovationen für den Rezipienten verständlich blieben. Dies war ein Grund von vielen – einen ätiologischen für dieses Stilmerkmal von Bruckner haben wir im vorhergehenden Abschnitt schon genannt –, weshalb er so pedantisch auf die Korrektheit der Taktgruppengliederung achtete. Er spürte nämlich, daß die vagierende Harmonik sich anschickte, mit den Gesetzen der Funktionsharmonik zu brechen. Um dies zu vermeiden, legte er ihr das Korsett einer formelhaften Metrik an. Ließ er jedoch die Metrik wie zu Beginn des »Adagios« aus der 9. Symphonie auch frei atmen, so betrat er Neuland. Der Tonfall, den diese wahrhafte Musik der Zukunft anschlägt, gemahnt an den Schönbergschen Expressionismus.[33] Durch die konsequente Beibehaltung der Stimmführung wird die jahrhundertelang allseits verbindliche Funktionsharmonik ganz entscheidend unterminiert. Daß Bruckner sich auch in diesem »Adagio« von

[33] Erst in den letzten Jahren konnte das Mißverständnis von der stilistischen Einheitlichkeit, als ob Bruckner lediglich ein »Urmodell« (Blume) vervollkommnet hätte, richtiggestellt werden. Korte konnte klarmachen, daß sich anhand der thematischen Konzeption ein Stufengang der kompositorischen Entwicklung, bei dem die konstruktive Kraft der Einzeltöne zunimmt, ablesen läßt (vgl. Werner F. Korte, *Bruckner und Brahms. Die spätromantische Lösung der autonomen Konzeption*, Tutzing 1963. Vgl. ebenfalls David Bushler, *Development in the First Movements of Bruckner's Symphonies*, Ann Arbor, Michigan 1975).

seinem Vorbild Richard Wagner, hier vor allem von *Tristan und Isolde* und von *Parsifal,* inspirieren ließ, dürfte außer Zweifel stehen. Aber schon der Beginn des »Adagios« macht uns sinnfällig, daß Bruckner auf der Suche nach neuen Ufern war, die jenseits der Wagnerschen Einflußsphäre lagen. Am Horizont des evolutionierten Brucknerschen Harmoniedenkens sieht man bereits eine andere Welt: die emanzipierte Dissonanz.

Obwohl die Subversion der Harmonik – musikevolutionistisch betrachtet – als Bruckners größtes Verdienst anzusehen ist, beschränken sich die Filiationen zwischen ihm und Schönberg nicht nur auf diesen einen Bereich der musikalischen Sprache.[34] Kortes Konzeptionsforschungen[35] haben uns sensibel gemacht, daß wir ohne Bruckners Mutationstechnik, welche die Durchführung zum Prinzip für die Mikro- und Makrostruktur erhebt, uns schwertäten, Mahlers Technik der Metamorphose und des Durchführungsscherzos[36] und Schönbergs Reihentechnik musikgeschichtlich angemessen zu verstehen. Bloß hat sich keiner der Nachgeborenen so strikt an eine stereotype Taktgruppengliederung gehalten wie Bruckner. Dies tat er wohl auch mit der Absicht, die permanente Mutation des thematischen Materials durch die Konstanz der quadratischen Phrasenbildung abzustützen und zu stabilisieren.

Abstriche von seinen zukunftsweisenden Kompositionstechniken macht er in den Zweitfassungen seiner Symphonien. Dort rundet er die Ecken und Kanten etwas ab, indem er einige Generalpausen streicht und die zwischen Extremwerten oszillierende Dynamik abschwächt, um sie den Hörgewohnheiten etwas besser anzupassen. Völlig zu Recht sieht man gegenwärtig die Erstfassungen seiner Symphonien als seine authentische musikalische Hinterlassenschaft an. Gleichwohl sind die verschiedenen Stufen der Revisionspraxis für das Verständnis von Bruckners Persönlichkeitsstruktur von eminenter Bedeutung, weil sie uns helfen, andere Facetten seiner Leidensproblematik etwas besser zu verstehen.

Da seine Ich-Identität auf keinem sicheren narzißtischen Postament ruhte, mußten ihn die Ablehnungen oder Mißachtungen seiner Symphonien jedes Mal zutiefst kränken. In der Regel begann er unverzüglich nach einer abschlägigen Behandlung eines seiner großformatigen Opera mit der Überarbeitung der Partitur. Noch einmal überprüfte er ganz gewissenhaft alle Perioden, indem er die Takte zählte. Damit ihm auch kein Fehler unterlief, nu-

[34] In der Forschungsgeschichte hat meines Wissens D. Newlin als erste einen Bezug zwischen Bruckner, Mahler und Schönberg hergestellt. Allerdings enthält ihr Buch keine genaueren Ausführungen zu den genannten Filiationen (vgl. Dika Newlin, *Bruckner · Mahler · Schönberg,* Wien 1954). M. Wagner ist es zu verdanken, den Rezipienten auf einige bis dato unbekannte Einflüsse der Musik Bruckners auf die Avantgarde aufmerksam gemacht zu haben (vgl. das Manuskript der Sendung »Studio Avantgarde«: *Musik von gestern – Provokation für heute. Zum Einfluß Anton Bruckners auf die musikalische Gegenwart,* Sendung des Österreichischen Rundfunks vom 4. 9. 1977 (in diesem Heft, S. 71 ff.); vgl. ebenfalls Ove Nordwall, *György Ligeti. Eine Monographie,* Mainz 1971, S. 126, 141. Ligeti deutet in einigen Interviews an, daß seine Allusionstechnik auch thematisches Material von Bruckner verwertet.).

[35] Werner F. Korte, *Bruckner und Brahms. Die spätromantische Lösung der autonomen Konzeption,* Tutzing 1963.

[36] Theodor W. Adorno, *Mahler. Eine musikalische Physiognomik,* Frankfurt am Main 1963.

merierte er die Reihenfolge der Takte durch. War dies getan, sah er die Komposition nach verbotenen Einklängen und Oktavparallelen durch, wobei er sich immerfort an die musiktheoretischen Gesetze von Sechter hielt. Auch bei der anschließenden Überprüfung der Generalbaßschritte, deren Stufenfolge er ganz genau beachtete, führte er Sechters Lehre von den Fundamentaltönen buchstabengetreu aus. Entsprechend der Logik seiner Identitätsproblematik nahm Bruckner an, daß ihm dermalen von allen Seiten Anerkennung zuteil würde, weil er dem Autoritätsprinzip in jeder Hinsicht Folge leistete. Heutigentags können wir nur noch erahnen, welch schwerer Über-ich-Druck auf ihm lastete. Derselbe steigerte sich in Krisensituationen fast ins Unermeßliche. Anstatt über die Ursachen, die zur Zurückweisung oder Ablehnung eines seiner Werke führten, gründlich nachzudenken, suchte er spornstreichs die Ursachen des Nicht-Angenommen-Seins bei sich selbst. Denn er war derjenige – so meinte er –, der den Forderungen des Autoritätsprinzips nicht vollauf entsprochen hätte. Und durch die Revisionspraxis, die zumeist daraufhin einsetzte, hoffte er, den verinnerlichten Imperativen nun ganz und gar Genüge zu tun. Daß er sich durch die selbstzensurierende Überarbeitung Gewalt angetan hat, ist offenkundig. Allein, diese Gewalt unterschied sich lediglich in der Intensität von jener, der er wegen der introjizierten normativen Vorstellungen unaufhörlich ausgesetzt war. Obendrein übten seine in der Mutter-Kind-Dyade erworbenen Allmachtsphantasien einen mindestens ebenso großen Druck auf sein gepeinigtes Ich aus. Nicht nur das schablonenhafte Amtsdeutsch, dessen Bruckner sich zeitlebens befleißigte, ist ein Beleg für das zwangsneurotische Abwehrarrangement, für das die Perfektionierung der Denotation eigentümlich ist.[37] Auch in der Musik, woselbst – wie es immer wieder heißt – das Génie im Kauz das Wort ergreift, verblaßt bisweilen der gestische Anteil: Der Musik ermangelt es wegen gewisser Formelhaftigkeiten an Wärme, Lebendigkeit, Spontaneität und Humor. Wohlgemerkt, die Zeichenhaftigkeit des Ausdruckes geht nicht allein zu Lasten des prädeterminierten metrischen Parameters. Hierfür können wir noch andere Faktoren geltend machen. Auch das steife und gezwungene Gebaren, das uns einige Alterswerke, der »deutsche Gesang« *Das deutsche Lied* (1892) und der »symphonische Chor« *Helgoland* (1893), zu erkennen geben, verdeutlicht, daß der Resonanzverlust im Subjekt, dem – interaktionstheoretisch gesprochen – immer eine Störung der Objektrepräsentanz entspricht, sich nachteilig auf die musikalische Handschrift auswirkt. Was wir an diesen Werken, die Bruckner zu Papier brachte, als er an seiner 9. Symphonie arbeitete, vermissen, ist Wärme und Lebendigkeit. Dem kreativen Subjekt fällt es unsäglich schwer, frohgemut und entspannt zu sein. Kein Wunder, denn es hat aufgrund seines tiefgestörten Selbstwertgefühls eine fortwährende Titanomachie zu führen, so daß selbst kürzere Stücke dazu tendieren, sich ins Riesenhafte zu übersteigern. Meines Erachtens bedarf es keiner weiteren Ausführung, daß diese Gigantomanie der Monumentalität vieler Bruckner-

[37] Alfred Lorenzer, *Sprachzerstörung und Rekonstruktion. Vorarbeiten zu einer Metatheorie der Psychoanalyse*, Frankfurt am Main 1971.

Symphonien entspricht. Die Interdependenzen zwischen den beiden Gattungen, die zwei verschiedenen Sektoren der bürgerlichen Öffentlichkeit zuzuordnen sind, reichen bis ins thematische Material. In seinem letzten vollendeten Opus, *Helgoland,* arbeitet er mit Motivfragmenten aus seiner 7. Symphonie. Da uns der begrenzt zur Verfügung stehende Raum es nicht gestattet, können wir dem Gedanken nicht nachgehen, ob manche Trivialität der späten patriotischen Kompositionen sich auch auf Bruckners Symphoniestil sui generis abfärbt.[38] An dieser Stelle gilt zuvörderst unser Interesse der Frage, welche Auswirkungen die zwangsneurotische Mortifikation der Gefühle auf die Musiksprache hat. Einige von ihnen, der Schematismus der Taktgruppengliederung, die Steifigkeit und Gezwungenheit des Tonfalles, haben wir bereits angeführt. Ihnen ist anzulasten, daß Bruckners Monumentalsymphonie nicht immer zu Herzen geht. Die Gefühle, von denen sie durchdrungen ist, wirken mitunter distanziert, als ob es rationalisierte oder intellektualisierte Emotionen seien. Da Bruckner aufgrund seines seelischen Leidens seinen Affekten, seinem sinnlichen Verlangen, seiner Zärtlichkeit und seinem Wunsch nach Geborgenheit große Zurückhaltung auferlegen mußte, mutet uns seine Musiksprache, die Sprache seiner Seele, stellenweise etwas fremd an. Wohl deshalb, weil sie teilhat an der anankastischen Selbstentfremdung, die stets mit einem Objektverlust einhergeht. Da es Bruckner zeit seines Lebens versagt blieb, sich fallen zu lassen oder locker zu sein, konnte er vieles, was ihn zuinnerst bewegte, sich nicht erlauben, geschweige denn musiksprachlich zum Ausdruck bringen. Die Unerbittlichkeit seines Überich erlegte ihm die schwere Bürde auf, seine Triebwünsche abzutöten. Mitunter gar soweit, daß von ihnen nur noch eine Allegorie des Todes zu spüren war.

Soweit ich die Fachliteratur zu dem hier behandelten Gegenstand kenne, haben lediglich zwei Autoren, A. Machabey[39] und U. Duse[40], mit großer Sensibilität erspürt, daß Bruckners Nekrophilie dessen kompositorische Praxis prägt. Die Umformung der Nekrophilie »geschieht« – nach Aussagen von Duse – stets »dann, wenn das Gestalt annimmt, was Machabey ›einen der eigenartigsten Aspekte des rhythmischen Primats in einigen Symphonien Bruckners‹ nennt, und was als Entfleischungsprozeß der Themen definiert wird, die ›am Ende auf ihr rhythmisches Skelett reduziert werden, und die in dieser Form in der Finalcoda der Partituren triumphieren, die sie bis dahin nährten‹.«[41] Alles, was noch Leben verheißt, beginnt dabei abzusterben: Zurück bleibt ein Knochengerüst, das von der lebenslangen Abtötung der Begierde zeugt. Kaum ein anderer Komponist des 19. Jahrhunderts hat so eindringlich die Todverfallenheit des Lebens exponiert, wie dies Bruckner getan hat. Viele Jahrzehnte seines beschädigten Lebens hat er alle Kräfte seines ge-

[38] Hans Eppstein, »Bruckner und das Triviale«, in: *ÖMZ* 30. Jg., 1975, Wien, S. 632–640.

[39] A. Machabey, *La vie et l'œuvre d'Anton Bruckner,* Paris 1945, p. 203.

[40] Ugo Duse, »Bruckner e il suo caso«, in: *Musica e Cultura. Quattro diagnosi,* Padova 1967, pag. 13–41.

[41] U. Duse, pag. 26.

peinigten Ich aufgeboten, um sich des Todes bereits während des Lebens vermöge seiner nekrophilen Tendenzen zu bemächtigen. Doch all dies war vergebens. Bereits seine programmatischen Notizen zu einer Passage aus dem »Finale« der 3. Symphonie, wo eine Polka und ein Choral gleichzeitig zu hören sind, illustrieren uns, daß die Todverfallenheit alles Seienden ihn im Innersten beschäftigte. Auch das »carpe diem!« konnte ihm die Angst vor dem Tode, von dem schon seine frühen *Totenlieder* (1852) künden, nicht nehmen. Mit zunehmendem Alter vergrößert sich der Schatten, den die Schicksalsergebenheit auf Bruckners Werk wirft. Seine letzten drei Symphonien setzen sich mehr denn je mit dem auseinander, was jedem einzelnen irgendwann einmal beschieden ist: nämlich mit dem »Abschied vom Leben«. Dort, wo Bruckner seine schwermütige Grundstimmung authentisch ausspricht, ohne sich von ihr kraft Verstand zu distanzieren, kann er uns ganz und gar gefangennehmen (vgl. die »Todesverkündung« im Kopfsatz der 8. Symphonie). Die Musik indes wird durch den Blick des Melancholikers allegorisch, weil er das Leben aus ihr abfließen läßt, bis der élan vital vollends erstirbt.

Manfred Wagner

# Die Nekrologe von 1896: rezeptionstiftend? – oder Wie Klischees von Anton Bruckner entstanden

Die variative Breite in der Einschätzung der ästhetischen Leistung Anton Bruckners, die – so möchte man meinen – bis zum heutigen Tage kein Ende fand, wenn es auch vielfältige Ansätze gibt, die musikgeschichtliche Position des oberösterreichischen Komponisten im Sinne verschiedener musikästhetischer Anschauungen festzumachen, ist anhand der Würdigungen zum Tode Anton Bruckners in der österreichischen Presse abzulesen. Zwar fällt auf, daß nur in einigen Extremformulierungen die alten, musikästhetisch fixierten Ebenen, wie sie im Streit mit den Wagnerianern eskaliert waren, in dieser Klarheit aufrecht bleiben, gewöhnlich sie aber von allgemeiner gehaltenen Stellungnahmen abgelöst werden. Diese betreffen die äußere Erscheinung, von der Schilderung der physischen Gestalt bis zu ihrer Kongruenz mit dem vermuteten Charakter, die vermittelten Aussprüche Anton Bruckners, die im wesentlichen im Anekdotischen sich verlieren, den Versuch der Einschätzung seiner Position im Wiener Musikleben, die von der ungerechten Beurteilung einer feindlichen Umwelt geprägt ist und die Mär von der Armut förderte, das verbal immer waghalsige Unternehmen, Bruckners Musik in einer durchwegs blumigen Sprache zu beschreiben, und in der Verbindung mit seiner Persönlichkeit die Einführung eines religionsmythischen Aspekts, getragen von Jenseitsmetaphern und einer Heroisierungsvariante, die nicht selten in militärischen Fachausdrücken verborgen wird, letztlich: die politische Vereinnahmung von Figur und Werk Anton Bruckners durch die immer stärker aufkommenden deutschnationalen Kräfte, die ausgehend von den Landschaftselementen über den Heimatbezug zu den Superlativen führte, die die Sprache der Deutschnationalen bestimmte.

Verblüffenderweise konnten sich jene Medien von diesen Zuordnungen am ehesten freihalten, die in Form eines biographischen Abrisses Leben und Bedeutung des am 11. Oktober 1896 verstorbenen Komponisten schildern.

Der von heute aus gesehen sachlichste Bericht erschien in der Provinzpresse, der *Linzer Tages-Post*, vom 13. Oktober 1896. Obwohl man gerade von dieser eine emphatische Inbesitznahme des Sohnes Oberösterreichs erwarten sollte, argumentiert sie mit der Aufzählung von Lebensereignissen, als sollte klargemacht werden, daß die bloße Biographie für sich selber spräche.

Dr. Anton Bruckner †

Aus *Wien* meldet uns heute der Draht, daß dort gestern nachmittags halb 4 Uhr der große Tondichter Anton *Bruckner* verschieden ist. Diese Trauerbotschaft wird besonders in unserem Kronlande schmerzliche Bewegung hervorrufen, da das Land mit Bruckner einen seiner größten und hervorragendsten Söhne verliert. Das anheimelnde Dörfchen *Ansfelden* unweit der Landeshauptstadt ist die Geburtsstätte des verblichenen Meisters. Entsprossen aus der Ehe des biederen Dorfschulmeisters Anton Bruckner mit Theresia, geb. Helm aus Neuzeug bei Steyr, verrieth der kleine Anton, welcher der Erstgeborene war, schon in zarter Jugend außergewöhnliche musikalische Veranlagung. Den ersten Unterricht erhielt er von seinem Vater, welcher 1836 starb. Der verwaiste zwölfjährige Anton konnte vom Glücke reden, im Stifte St. Florian als Sängerknabe Aufnahme gefunden zu haben, denn hier ward ihm reichlich Gelegenheit geboten, einen gediegenen Grund für seine weitere musikalische Ausbildung zu legen. Den Unterricht im Clavier und in der Violine erhielt er von Gruber, einem Schüler des berühmten Quartettisten Schuppanzigh, im Generalbaß wurde er vom Schullehrer Bogner unterwiesen. Schon als Sängerknabe versuchte er sich im Componieren, auch meisterte er schon damals die Orgel in einer für sein Alter ganz ungewöhnlichen Weise. Im Jahre 1840 trat er, 16 Jahre alt, in den 10 Monate dauernden Präparandencurs in Linz ein, den er mit gutem Erfolge absolvierte, worauf er 1841 in Windhag a. d. Maltsch, Bezirk Freistadt, Anstellung fand. Hier lernte er die ganze Tonleiter von Freuden und Leiden des in einer Person vereinigten Lehrers, Musikers und Meßners der vormärzlichen Zeit kennen. Sein Gehalt betrug 2 fl. monatlich, womit er selbstverständlich nicht das Auslangen finden konnte, daher er sich gezwungen sah, bei Bauernhochzeiten, Kirchweihfesten etc. mit der Fiedel aufzuspielen. Aber die Musik war ihm nicht bloß die Brotgeberin, sie war es auch, die ihm ideale Flügel wachsen ließ und die ihn über die Armseligkeiten eines kümmerlichen Lebens hinweghob. 1843 wurde Bruckner nach *Kronstorf* a. d. Enns versetzt, wo er rastlos an seiner musikalischen Vervollkommnung arbeitete.

Im Jahre 1845 legte er die Concursprüfung mit sehr gutem Erfolge ab, und so wurde er als Lehrer und später als supplierender Stiftsorganist in *St. Florian* angestellt. In seiner Eigenschaft als Lehrer bezog er jährlich 36 Gulden Besoldung; der zweite von ihm versehene Posten trug ihm von 1851 an jährlich 80 fl. nebst freier Station ein. Hier endlich begann eine verhältnismäßig bessere Zeit für ihn, eine Zeit, die für seine musikalische Entwicklung wohl am bedeutungsvollsten war. Während des Florianer Aufenthaltes entstanden Lieder, Motetten, Psalmen etc., auch schrieb er ein Requiem in D-moll (es trägt das Datum 14. März 1849 und wurde außer in St. Florian und Kremsmünster noch nirgends aufgeführt), dem Andenken an einen verstorbenen Gönner, der ihm ein Clavier vererbte, gewidmet. Bei seinem Einkommen konnte sich Bruckner den Luxus einer Reise nach Wien erlauben, um sich dem als Musik-Theoretiker einen Weltruf genießenden Hoforganisten Simon Sechter und den Kapellmeistern Aßmahr und Preyer vorzustellen. In Gegenwart dieser drei Herren legte er eine Probe seines Könnens im Orgelspiele ab. Das Examen fiel glänzend aus. In St. Florian vervollständigte Bruckner auch seine sonstige Bildung. Eine besondere Vorliebe äußerte Bruckner für Physik und Latein. Zu dieser Zeit erwarb er die Befähigung als Lehrer an unselbständigen Unterrealschulen.

Ein Tag, reich an Ehren für Bruckner, ist der 25. Jänner 1856. An diesem Tage fand im Alten Dome zu Linz das Probespiel zur Besetzung der viel umworbenen Domorganistenstelle statt. Bruckner ging aus dem Concurrenzkampfe als Sieger hervor. Sein Spiel überragte thurmhoch das seiner Mitbewerber, so daß die Wahl einstimmig auf ihn fiel. Im gleichen Jahre begab sich Bruckner zu Sechter nach Wien, legte ihm eine größere eigene Composition vor, deren gediegene Arbeit dem berühmten Altmeister des Contrapunktes dermaßen gefiel, daß er Bruckner als Schüler annahm. Vom Bischofe Rudigier unterstützt, konnte Bruckner seine musiktheoretischen Studien mit deutscher Gründlichkeit betreiben. Als Bruckner diesen strengen Cursus durchgemacht hatte, legte er die Reifeprüfung im Kontrapunkte mit ausgezeichnetem Erfolge ab. Trotz seiner umfassenden musikalischen Kenntnisse trieb Bruckner von 1861 bis 1863 noch Orchesterstudien beim Theater-Kapellmeister Ritzler in Linz. Seine in die Jahre 1862 und 1868 fallende Wirksamkeit als Chormeister der Liedertafel »Frohsinn« in Linz steht bei der älteren Generation noch im besten Angedenken. In den Jahren 1861 bis 1868 sang der »Frohsinn« anläßlich der Grundsteinlegung des Mariä-Empfängnis-Domes eine Festcantate Bruckners. Auch bei der kirchlichen Feier der Grundsteinlegung des Allgemeinen Krankenhauses wurde am 15. September 1863 eine Composition Bruckners aufgeführt.

Seine erste wahrhaft große That als selbstschöpferischer Tonkünstler vollbrachte Bruckner im Jahre 1864, in welchem Jahre er die herrliche Messe in D schuf. Mit dieser Messe hat sich Bruckner in die vorderste Reihe der hervorragendsten kirchlichen Tonsetzer gestellt. Das Jahr 1865 brachte seine erste Symphonie in C-moll. Leider gestatteten es die musikalischen Verhältnisse in den Jahren 1864 bis 1866 Bruckner noch nicht, die an die Leistungsfähigkeit des Orchesters enorme Anforderungen stellende C-moll-Symphonie den Linzern zu Gehör bringen zu können. Hier sei auch erwähnt, daß Bruckner mit seinem »Germanenzug«, einem prächtigen Männerchor mit Orchesterbegleitung, beim ersten Sängerbundesfeste, das am 4. bis 6. Juni 1865 stattfand, einen durchschlagenden Erfolg als Componist erzielte. Im Jahre 1867 machte der Hofkapellmeister Herbeck in der Augustinerkirche die Wiener mit der Bruckner'schen Messe in D bekannt. Ueber Herbecks Verwendung erfolgte die Berufung Bruckners auf die Lehrkanzel Sechters.

Im Jahre 1868 vollendete er die dritte und großartigste Messe in F-moll; im gleichen Jahre schrieb er auch zur Einweihung der Votivkapelle des Maria Empfängnis-Domes die zweite große Messe in E-moll. Im Jahre 1869 betheiligte er sich an dem Wettspiele der Organisten in Nancy, wo er die Mitbewerber schlug.

Noch größer war die Begeisterung, mit der Bruckner in London ausgezeichnet wurde. Das Comité der internationalen Ausstellung lud im Jahre 1871 die berühmtesten Meister des Orgelspiels ein, um die Riesenorgel daselbst zu prüfen und einen Wettstreit der Künstler aller Nationen zu veranstalten. Oesterreich entsandte Bruckner, welcher auch dort als Sieger hervorging.

Im Jahre 1872 wurde die dritte Messe (F-moll) in der Augustinerkirche aufgeführt, scheiterte aber an der Lässigkeit und dem Widerwillen der Musiker, die sie als zu schwierig erklärten. Erst eine Aufführung im Musikvereinssaale im Jahre 1893 brachte einen glänzenden Erfolg.

Als Bruckner im Jahre 1872 seine zweite Symphonie den Philharmonikern überreichte, meinte Dessoff, sie sei unaufführbar. 1873 wurde sie von dem Componisten selbst zur Schlußfeier der Weltausstellung aufgeführt und fand begeisterte Aufnahme.

1891 wurde seine dritte Symphonie aufgeführt und als herrliche Composition gepriesen. Seine fünfte Symphonie erlebte am 9. April 1894 in Graz ihre Erstlingsaufführung und erntete Bewunderung und Begeisterung für den Autor.

Auch an äußeren Ehren fehlte es nun nicht. Die Wiener Universität ernannte Bruckner 1891 zum Ehrendoctor der Philosophie. Die Studentenschaft feierte diese Ehrung durch einen großen Commers im Sophiensaale und die Philharmoniker am Sonntage darauf, am 13. December 1891, durch Aufführung [sic!]

Am 4. September 1894 feierte Bruckner seinen 70. Geburtstag, der ihm große Ehrungen brachte. Im Jahre 1895 wurde am Geburtshause Bruckners in Ansfelden eine Gedenktafel enthüllt, welche die Liedertafel »Frohsinn« dem großen Tondichter widmete.

Ueber die *letzten Stunden Bruckners* erhalten wir aus *Wien* folgende Drahtmeldung: Anton *Bruckner* litt seit langem an einem Herzleiden. Bekanntlich hatte er es der Frau Erzherzogin *Marie Valerie* zu verdanken, daß er im *Belvedere* eine Wohnung erhielt. Der Tod Bruckners trat gestern nachmittags um 1/24 Uhr ein. In den letzten Stunden hatte sich zu seinem Herzleiden noch die Wassersucht gesellt. Die Krankheit Bruckners hatte einen sehr wechselvollen Verlauf genommen. Oft mußte Bruckner wochenlang das Bett hüten und mehrmals hatten die Aerzte schon die Hoffnung aufgegeben. Bald besserte sich sein Zustand wieder, so daß er das Bett und sein Zimmer verlassen und sich ins Freie begeben konnte. In der letzten Zeit fühlte sich Bruckner bedeutend besser. Gestern mittags unternahm er in Begleitung seiner Wirtschafterin einen längeren Spaziergang im Parke und kehrte dann wieder in seine Wohnung zurück. Dort empfing er den Besuch seines Arztes und hierauf den seines langjährigen Freundes und Schülers Anton *Meißner*. Im Gespräche mit diesem vergiengen die ersten Stunden des Nachmittags. Gegen 1/24 Uhr verlangte Bruckner eine Tasse Thee. Die Haushälterin gieng, diesen zu bereiten, und Meißner blieb bei Bruckner zurück, der aufrecht im Lehnstuhle saß. Als die Wirtschafterin den Thee brachte, nahm Meißner die Tasse und überreichte dieselbe dem vor ihm Sitzenden, der schon die Hände zum Empfange vorgestreckt hatte. Plötzlich ließ Bruckner die Hände sinken, lehnte den Kopf an die Rückwand des Sessels und hauchte nach wenigen Secunden seinen Geist aus. So ohne jeden Todeskampf starb Bruckner, daß die beiden Anwesenden zuerst meinten, der alte Herr sei nur von einer plötzlichen Schwäche befallen und vom Schlafe übermannt worden. Bruckner war bis zu seiner Todesstunde geistig frisch und regsam. Bis in die letzte Zeit arbeitete er in jenen Stunden, da ihm sein Leiden weniger Beschwerden verursachte, an der Vollendung des vierten Satzes der neunten Symphonie, der bereits weit gediehen war. Der Verstorbene hinterließ ein Testament, in welchem er über seinen künstlerischen Nachlaß verfügt. In demselben äußerte er auch den Wunsch, in *St. Florian* begraben zu werden. Bruckner hat zwei Geschwister, einen Bruder, welcher in *St. Florian* ansäßig ist, und eine Schwester, die in *Vöcklabruck* wohnt. Das Leichenbegängnis findet Mittwoch um 1/2 4 Uhr nachmittags statt. Die Einsegnung erfolgt in der Karlskirche, worauf die Leiche nach *St. Florian* überführt wird.[1]

Die Wiener Blätter zogen hingegen alle, gleichgültig, ob Bruckner wohlgesonnen oder ihm kritisch gegenüberstehend, das »Provinzielle« seiner Person oder seines Charakters in das Zentrum ihrer Betrachtungen. Von der Wiege bis zum Grabe mußten die Klischees stimmen:

»...in der Hütte eines Dorfschullehrers stand seine Wiege... vor lauter Schüchternheit konnte er kaum einen geregelten Satz stammeln... bäurisch-demüthiges Gehaben... ärmliche Simplicität... hilflose Greisenerscheinung...«[2]

»...feister Prälatenkörper ... großer, runder Kopf ... schwarze, weite Kleider, die Ärmel glitten bis auf die Fingerspitzen ... Antlitz [...] Imperatorenprofil und Bauernschädel ...«[3]

»... bescheidener Musiker, welcher in Wien ein weltvergessenes, träumerisches Dasein führte ... Profil [...] an Kaiser Claudius erinnerte ... rührende Hilflosigkeit ...«[4]

Bruckner sei demnach »aus den tiefsten Schichten des Volkes hervorgegangen ... naiv wie ein Kind ... zeitlebens Heiratsgedanken ... etwas von einem Hagestolz in ihm, das ihn hinderte, einen festen Hausstand zu gründen ...«[5]

Er sei ausgezeichnet gewesen mit einem »heroenhaften Kraftgefühl ... einem gottergebenen Sinn«[6], »dem Cäsarenkopf ... einem sonnigen Kindergemüt«.[7]

Andere Blätter interpretierten gemäß ihrer Weltanschauung. »... sein Wissen von der Welt stammte von der Kirche. Daher seine große Weltfremdheit, die kindliche Ungeschicklichkeit seiner Anpassungsversuche, das Befremdende seines Gehabens, die strenge Localisierung seines Denkens auf Glauben und Musik ...«[8]

Das *Wiener Fremden-Blatt*, das extensiv in sechs Berichten die Geschehnisse um den 11. Oktober widerzuspiegeln suchte, hatte schon der ersten Meldung am 12. Oktober jene Mischungsstrategie der Berichterstattung angepeilt, die am 29. Oktober noch einmal in einem groß angelegten Feuilletonartikel unter dem Titel »Erinnerungen an Anton Bruckner« von Hedwig

[1] *Tagespost*, 13. Oktober 1896.
[2] *Wiener Allgemeine Zeitung*, 13. 10. 1896.
[3] *Wiener Allgemeine Zeitung*, 13. 10. 1896.
[4] *Neue Freie Presse*, 12. 10. 1896.
[5] *Fremden-Blatt*, 16. 10. 1896.
[6] *Deutsches Volksblatt*, 12. 10. 1896.
[7] *Ostdeutsche Rundschau*, 13. 10. 1896.
[8] *Neues Wiener Tagblatt*, 12. 10. 1896.

Abel gekonnt vorgelegt wurde. Das Prinzip des Könnens bestand darin, nahezu übergangslos zu einer von der Brucknergemeinde bereits vorher genügend verbreiteten Geschichtchen-Manie Fakten und Fabeln, Realität und Erinnerungen, Wahres und Erdichtetes ineinander zu verweben, was schließlich dazu führte, daß durch diese Filtrierung der Geschehnisse ausschließlich eine positive Einschätzung aller Eigenschaften des Komponisten sowohl menschlicher als auch musikalischer Provenienz simuliert wurde. Persönlicher Charakter und die Schilderung des Äußeren, Arbeitstechnik und Aufnahme bei den Mitmenschen zerflossen zum Hymnus an den Professor in der Mischung eines »modernen Sebastian Bach mit der kindlichen Glaubensseligkeit des Girolamo Frescobaldi«.

Sie haben seinen Leib begraben, nicht in dem stolzen Dom zu Linz, wo ihm Bischof Rudigier seine Grabstätte verheißen, sondern in der bescheideneren Stiftskirche des Heimatsortes St. Florian. Geleitet von sechzig Geistlichen, ist er in die Gruft, dicht unter der großen Orgel, gesenkt worden, um nicht weit gehen zu müssen, wenn es ihn gelüstet, Nachts aufzustehen und eine sechsstimmige Fuge aus den todten Fingern und Beinen zu schütteln, wie er es im Leben so gern gethan. Denn der größte Organist seiner Zeit ist mit ihm verstorben. Er war ein moderner Sebastian Bach, aber unangefochten von dessen protestantischer Zweifelsucht, vielmehr erfüllt von der kindlichen Glaubensseligkeit eines Girolamo Frescobaldi. Das Häuschen zu St. Florian, in welchem er viele Jahre als Schulgehilfe hingedämmert, wird bald ein Täfelchen mit einer Inschrift tragen; das wird der Adelsbrief des Gebäudes sein. Der ihn dem Hause eingebracht, hat freilich seine beste Zeit in ihm verloren. Als Bruckner sein Leben begann, waren schon dreißig Jahre desselben verflossen; als Siebziger war er erst vierzigjährig mit dem Aussehen eines Achtzigers. Seine Gestalt mit den stampfenden Elefantenbeinen, vor Allem sein Kopf, werden den Wienern noch lange gegenwärtig sein. Solche Köpfe sind in Oberösterreich und auch in Wien selten. Jeder Zug monumental, scharf gekantet und umrissen, bestimmt, in hartem Material weiterzuleben. Namentlich der sorgfältig enthaarte, ganz rund gebosselte Schädel, durch dessen harte Rinde die Vernunft nur schwer Eingang fand, ist einem ausschließlich plastischen Bedürfniß der Natur entsprungen. Man erinnert sich in Wien noch einer Bronzebüste Bruckner's, die vor einigen Jahren in der Kunstausstellung viel Aufsehen machte. Das blanke Eirund des Schädels, die scharfe Geiernase, das vorspringende Kinn, der tief eingebettete zahnlose Mund, die kreuz und quer über das ganze Gesicht laufenden Furchen zogen die Menge an. »Ein römischer Tyrann«, sagten die Männer. »Ein Großinquisitor«, lispelten die Frauen. Ach nein, meine Herren und Damen! Kein Tyrann, kein Großinquisitor, blos ein oberösterreichischer Bauer, Professor Dr. Anton Bruckner. Seine schädlichste Eigenschaft war ein bischen Genie und sein Tyrannenkopf, der Sie so sehr erschreckte, ein Gefäß der Gutmüthigkeit selbst. Und nun Ihr Phrenologen und Physiognomiker, erklärt doch diesen Widerspruch zwischen Sein und Scheinen! Nach Eurer Theorie muß ein solcher Schädel Könige entthronen, Grenzen verschieben und Völker entzweien. Eine solche Nase unterschreibt Todesurtheile, läßt köpfen und hängen, ist unersättlich im Genießen und Vernichten. Dieses Kinn hat einen Willen von Eisen, besiegt sich und Andere und faßt Vorsätze, die Niemand erschüttert. Und in Wirklichkeit nichts von alldem. Bruckner war ein Kind, lange bevor er in seine zweite Kindheit trat, und zugleich ein Bauer: argwöhnisch und naiv, hartköpfig und weichherzig, gutmüthig und grob wie ein Bauer. Aus seiner engen Lebenssphäre ist er geistig nie herausgetreten, ausschweifend an ihm war nur seine musikalische Phantasie, ein wunderliches Zwittergeschöpf Beethoven- und Wagner'schen Geblüts. Kindlich und kindisch zugleich, freute er sich herzlich seiner Orden und seines Professor- und Doktortitels, obgleich er nie wirklich Professor und Doktor war. Alles Ordnungsmäßige, durch Statuten Bedingte und Besiegelte ging ihm mühselig von der Hand. Er war ein Kurpfuscher des Kontrapunktes, wenn er ihn als Lehrer, also bewußt, üben sollte, er war sein Meister, wenn er ihm unbewußt, in freier Improvisation, an der Orgel aus den Fingern quoll. Eine sechsstimmige Fuge mit zwei Subjekten und Kontrasubjekten und sinnreichen Episoden aus dem Stegreif hinzulegen, war ihm ein Kinderspiel. An der Uebungsorgel des kleinen Musikvereinssaales erfreute er sich und seine Schüler mit solchen Spässen, bis das Instrument unter seinen wühlenden Fingern und stampfenden Beinen ächzte und stöhnte. Dann sprang er wohl im Drange des Erfindens auf und zog voll Kampfeslust an der Spitze seiner Jünger in den großen Saal, zu der großen Orgel, um ihnen auf dieser etwas vorzudonnern. Dort saß auch zu Zeiten der treffliche Josef *Labor,* ein sanfter Manualist, der sich der feineren Künste der Mixturen und Register befliß. Diesen verachtete Bruckner vielleicht in der Tiefe seines Herzens, denn nach seiner Ansicht mußte ein Gebäude auf dem Unterbau, folglich das Orgespiel auf dem Pedalspiel ruhen. Er war ein gewaltiger Pedalist, wie Bach und Buxtehude, und zugleich der Letzte jener mannhaften Organisten, die sich, stark im Glauben, mit Händen und Füßen in den Himmel hineinmusizierten. Bruckner's unwiderstehliche Beredsamkeit auf der Orgel hat seine Orgelschüler in scheuer Demuth vor ihm erhalten. Von diesen ist er verehrt, ja gefürchtet, von den Anderen blos geliebt und ausgelacht worden. Als es eines Tages im Konservatorium hieß, daß der bisherige Orgelprofessor Bruckner nun auch Harmonielehre und Kontrapunkt unterrichten würde, ging eine laute Fröhlichkeit durch das Haus. Und als Bruckner in seinen weitesten Beinkleidern, mit seinem buntesten Halstuch und seiner größten Schnupftabakdose in den zweiten Stock hinaufgestampft kam, hatte er keinen geringen Zulauf. Einer der Schüler wollte ihm gratulieren, da sagter er blos: »Du V... chk... l!« Das klang wie der tiefste Ton auf der Orgel der Rührung. Ehe er sich ins Schulzimmer begab, ging er zur Wasserleitung, drehte den Hahn ganz auf und wusch sich lange und eindringlich das bartlose Gesicht und den kahlen Schädel. Triefend schritt er dann in das Lehrzimmer, es der im Konservatorium immer vorhandenen Zugluft überlassend, ihm Gesicht und Kopf zu trocknen.

Im Laufe der Zeit hat er seine Schüler freilich wenig gelehrt, und von der steifen Weisheit Simon Sechter's, die er in Massen zu sich genommen, haben sie fast nichts erfahren. Dafür hat er ihnen viel erzählt und sie weidlich geschimpft. Im Grunde ahmte er nur nach, was *Hellmesberger* ein Stockwerk tiefer that. Hellmesberger schimpfte und erzählte, und Bruckner erzählte und schimpfte. Aber Hellmesberger biß auch, und das that Bruckner nie. Er hätte es auch mit einem ganz neuen Gebiß nicht gethan. Er schimpfte aus Freude am Schimpfen, und zwar im treuherzigen oberösterreichischen Dialekt, nicht in bissigem Wienerisch. Seine Schüler hätten es als Kränkung empfunden, von ihm nicht »titulirt« zu werden. Das Schimpfwort war eben sein Schwert, die Anekdote sein Schlachtroß. Der alte Johann Josef *Fux* mag den Staub, der ehemals sein Körper gewesen, im Grabe umgedreht haben, wenn er zusah, wie der Professor des Kontrapunkts von der Erklärung eines Intervalls flugs zum Bischof Rudigier, von diesem zu englischen Orgeln, und dann (vermuthlich mittelst Rundreisebillets) zum König Ludwig von Baiern reiste. König Ludwig, Bischof Rudigier und die Reise nach England bildeten die drei Angelpunkte von Bruckner's Beredsamkeit; in diese drei Namen war all sein Erlebtes eingeschlossen, das ihm, dem Bauer, bis zur letzten Stunde groß und wunderbar dünkte. Dieses Wunderbare Jedem, der in gewissermaßen hörigem Verhältnis zu ihm stand, wieder und immer wieder mitzutheilen, selbst wenn der Kontrapunkt darüber in Stücke ging, war ihm Bedürfniß. Den Wunsch, mit Hochgestellten, Vielvermögenden auf einer Stufe zu stehen, hat er gleichwohl nie gehegt. Er war ein loyales Gemüth mit dem angeborenen echt österreichischen Bedürfniß, den höheren Rang zu ehren, unten zu stehen, um besser nach oben blicken zu können. Sein später Ruhm betraf ihn eher peinlich als freudig. Die ihn erhöhten, erhöhte er durch demüthige Dankbarkeit. Vor seinen unmittelbaren Vorgesetzten, den Konservatoriumsgöttern, erniedrigte er sich freiwillig bis zur tiefsten Devotion. Niemals wusch er sich aufgeregter Kopf und Antlitz, als wenn einer seiner Orgelschüler sich bei einer öffentlichen Gelegenheit auszeichnen sollte. Nicht die Menge, sondern den Direktor und den Direktionsrath fürchtete er. Wachsam stand er an der Seite des Spielenden, zog ihm eigenhändig die Register, bediente ihn, wie ein Ministrant den messelesenden Priester, und beugte wohl gar, wenn das volle Werk brauste, das Knie, wie vor dem Allerheiligsten. Dann kam der Augenblick, da ihn der Direktor zu sich hinabwinkte. Von der Höhe des amphitheatralisch aufgebauten Podiums sprang Bruckner mit gleichen Elephantenfüßen von Stufe zu Stufe in die Tiefe. Die Pluderhosen blähten sich im Sprung, die Halstuchzipfel flatterten erregt; es war ein köstlicher Anblick, kein Zwerchfell blieb ungerührt. Unten angelangt, empfing er mit tiefem Kratzfuß den leichten zierlichen Händedruck Hellmesberger's. Die Sonne der Gnade leuchtete über ihm, er war glücklich.

Eines Tages nahm er seinen Abschied. Vermuthlich keinen ganz freiwilligen. Man flüsterte, daß der Direktionsrath keinen Professor der Anekdote besolden wollte, sintemalen dieses Fach sich im Lehrplan nicht vorfand. An dem Tage, als Bruckner das Konservatorium verließ, starb er zum erstenmale. Das Geleite, das ihm seine Schüler gaben, war ein Trauergeleite. Er wollte nicht weinen, aber er schnupfte bitterlich. Es hatte ihn doch schwer getroffen: Herz und Tasche zugleich. Einige Jahre noch versah er sein Scheinamt an der Universität, wo er zahlreiche männliche und weibliche Hörer besaß, die nichts bei ihm lernten. Sein amtlicher

Titel lautete »Lektor«, aber auch da war er blos Narrator, Erzähler. Ueber den Anfang der Anfangsgründe kann man niemals hinaus, einen bezifferten Baß auszuarbeiten, ist wohl keiner der Hörer im Stande gewesen. Ab und zu nagelte Bruckner schwere Pfundnoten an die Tafel, die er mit seinem liebsten Kosenamen »V..chk..l« belegte. Für die Damen zeichnete er zuweilen auch nette kleine Viertelnoten, mit weißen statt schwarzen Füllköpfchen, Alles natürlich nur als Randglossen zu seinen Erzählungen über den König Ludwig, den Bischof Rudigier und die Reise nach England.

Noch vor seinem siebzigsten Geburtstag verließ er die Universität. Eine Jahresrente, ein Ehrensold und eine Wohnung im kaiserlichen Belvedere erlaubten es ihm, müßig zu sitzen. Nur ab und zu ging er in die brausende Oeffentlichkeit hinaus, wenn eine seiner Symphonien oder Messen aufgeführt und geehrt wurde, wie ein geborner Beethoven. Lange hielt er sich auf den massiven Beinen, endlich wankte er. Das Leben hatte ihn doch zu barsch angelassen, es blieb ihm keine Kraft übrig, seinen spätgeborenen Ruhm zu genießen. Im Ganzen hat er einen trüben Lebensabend verbracht. Lorbeer ist ein bitteres Kraut, zumal wenn er zu spät kommt. Vielleicht fühlte Bruckner auch, daß seine plötzliche Volksthümlichkeit zu gleichen Theilen der Schaulust des Wiener Publikums und seinem noch immer so lebendigen Bedürfniß nach der »Hetz« entsprang. Ein Bruckner im Frack, von gutbürgerlichem Herkommen hätte vielleicht ein schwaches Echo erweckt, der alte Bauer im Flausrock und in Pluderhosen, den ein König und ein Bischof begünstigt, der englische Orgeln in Grund und Boden gespielt und in einem kaiserlichen Lustschlosse wohnte, der war eine »Hetz'«. Der Hetz' halber wurde er herausgerufen, mit Lorbeerkränzen überschüttet begehrte man ihn fünfzehn, zwanzigmal zu sehen. »Er ist reizend,« sagten die Damen, »so uralt«.

Als die Beine nicht mehr die Pedale zu treten vermochten, begann auch der granitharte Römerschädel zu verfallen. Mehr und mehr entwich das Leben aus ihm. Eine Legende erzählt, daß Bruckner bis zu seinem Tode an der Vollendung einer neunten Symphonie arbeitete. Er mag die Absicht gehabt haben. Es ist wohl ein königliches Los, nach einer neunten Symphonie zu sterben, wie Beethoven. Bruckner ist an ihr gestorben. Wie er sie, ohne Schlußsatz, hinterlassen, mag sie schon lange in seinem Pult gelegen haben. In dem halb kindischen Wahn seiner letzten Zeit, im Zwielicht des getrübten Bewußtseins ist ihm die Musik als der böse Feind erschienen, von dem er zeitlebens besessen gewesen. Er fürchtete jeden Notenkopf, jeden vernehmbaren und vernommenen Ton. Zuletzt aber dachte er an nichts mehr. Von seinem Fenster im Belvedere sah er gedankenlos auf den Kinderspielplatz hinaus, nichts störte seinen schweigenden Abschied von der Welt. Nur zuweilen suchte ihn Einer auf zwischen seinen welkenden Lorbeerkränzen. Einmal kam auch ein Professor des Klavierspiels am Konservatorium mit dem Stammbuch einer gefeierten Pariser Pianistin. Der Sterbende begriff nicht, was man von ihm wollte. »Fräulein K. bittet um eine Widmung, verehrter Meister,« erklärte der Professor. Der Kranke begann vor Angst zu zittern. »Nur ka Musik!« jammerte er, »nur ka Musik!« Endlich gelang es dem Besucher, ihn zu beruhigen. Nach einer Weile wagte er es sogar, einige Worte vorzusprechen, die Bruckner mühselig schrieb. Nun noch die Unterschrift. Abermaliges Jammern »Nur ka Musik!« und Bitten, der Professor möge den Namen schreiben. Schließlich schrieb er ihn bebend doch selbst nieder. Beim Abschied küßte er dem Professor weinend die Hand. Damals gab man ihm nur noch zwei Monate. Er hat noch ein halbes Jahr gelebt...

*Hedwig Abel.*[9]

Vor allem die Kleidung hatte es den Großstadtjournalisten angetan:

»... der alte Bauer im Hausrock und in Pluderhosen ... mit dem Römerschädel«[10], dessen Kleidung immer »von unmodernster Façon und durchaus schlecht sitzend« war, sein »Selbstbescheiden vor anderen«[11] und »seine ›Taubeneinfalt‹ wahrhaft evangelisch ...«[12]

[9] *Fremden-Blatt,* 29. Oktober 1896.

[10] *Fremden-Blatt,* 29. 10. 1896.

[11] *Wiener Allgemeine Zeitung,* 14. 10. 1896.

[12] *Wiener Sonn- und Montagszeitung,* 19. 10. 1896.

»... Einfalt und Größe und mystische Devotion...«[13], dieser »oberösterreichische Rusticus«[14], »... gläubig, fromm und kaisertreu, wahr und offen ohne jedes Falsch, mit der Geisteskraft eines Riesen und dem Gemüthe eines Kindes...«[15] erlangte die Spezialität des Exotischen:

»... eine dämonische Erscheinung war Anton Bruckner [...] Der Zusammenhang zwischen der verblüffenden Größe vieler seiner musikalischen Gedanken und der unglaublichen Simplicität der Begriffswelt, in der er lebte, schien ganz unauffindbar [...] Schon seine äußere Erscheinung bot nicht weniger Räthsel als seine Musik.

Im Ausdruck seines Kopfes stritten sich die beiden großen Epochen Roms, die kaiserliche und die päpstliche, um die Vorherrschaft... typisch für einen mächtigen Imperator... Züge eines celebrierenden Cardinals... Noch einen Blick auf ihn – und der hervortretende oberösterreichische Bauer löscht Kaiser und Papst von seinem Antlitz... Daher seine grandiose Weltfremdheit, die göttliche Ungeschicklichkeit seiner Anpassungsversuche, das Befremdende seines Gehabens... Hier habt ihr einen oberösterreichischen Rusticus. Er trägt bodenscheue Hosen. Seinen Rock liefert ihm vielleicht noch heute der Dorfschneider von Ansfelden.«[16]

Es ist verständlich, daß zu dieser Methode der Beschreibung von Figur und Charakter Anton Bruckners jene Aussprüche liebevoll zitiert werden, die Bruckner zugeschrieben wurden, und die heute als Anekdoten noch durch die gesamte Biographik geistern. Die *Wiener Allgemeine Zeitung* überschrieb ihren Beitrag vom 14. Oktober bereits mit dem später noch so oft anzutreffenden »Bruckneriana«, nebenbei bemerkt eine p.r.-Geschichte für den Komponisten Karl Goldmark, auf die denn auch später eingegangen wurde, sich tarnend aber mit Erzählungen, die glauben machen sollten, daß der Verfasser alles aus Bruckners eigenem Munde vernommen hätte. Eben dies nimmt für sich Theodor Vogl im *Illustrierten Wiener Extrablatt*, das von Edgar Spiegel herausgegeben wurde, in Anspruch. Am 13. Oktober hatte diese Boulevardzeitung mit dem Bild des Tondichters Anton Bruckner aufgemacht und berichtete täglich während der nächsten Tage unter der Rubrik »Was gibt's denn Neues« die einzelnen Vorgänge bis hin zur Leichenfahrt. Am 15. Oktober, als sich anscheinend nichts Wesentliches in Sachen des toten Bruckner ereignete, erzählt Theodor Vogl unter dem Motto »Ein Ausflug mit Bruckner« eine Geschichte, die er mit ihm erlebt haben will. Aber schon am 12. Oktober, einen Tag nach Bruckners Tod, hatte er sich zum Kronzeugen der persönlichen Bekanntschaft mit dem Komponisten gemacht. Sein Argument der Glaubwürdigkeit:

> Im »Custodenstöckl« des Belvedereparkes liegt ein Todter, Anton *Bruckner* hat er geheißen und ein Fürst im Reiche der Tonkunst ist er gewesen. Schon seit zwei Jahren glomm sein Lebenslämpchen spärlich, gestern ist es verlöscht. Nicht im furchtbaren Ringen mit dem Tode

[13] *Wiener Salonblatt*, 18. 10. 1896.
[14] *Neues Wiener Tagblatt*, 12. 10. 1896.
[15] *Linzer Volksblatt*, 14. 10. 1896.
[16] *Die Presse*, 13. 10. 1896.

ist der Meister gesunken, er ist hinübergeschlummert in jenes Land, durch dessen Gefilde die ewigen Harmonien rauschen.

Dreiundsiebzig Jahre hat Bruckner gelebt, und wenn auch nicht sämmtliche Darbietungen seines Genius in der Erinnerung der Nachwelt bleiben werden, so wird doch Vieles, was er geschaffen, für alle Zeiten einen Ehrenplatz finden in der Geschichte der Musik.

Bruckner gehörte zu den originellsten Straßenfiguren Wiens. Wenn er in den hochgeschürzten schwarzen Hosen, welche die matten Röhrenstiefel sehen ließen, daherschritt, den Leib mit dem Schmerbauche von einem langen schwarzen Rock umflattert, in der Hand den Calabreser schwingend, um den massigen, wie eine Billardkugel schimmernden Schädel von der frischen Luft umfächeln zu lassen – dann blieben die Leute stehen und blickten dem immer eiligen alten Herrn nach, der gut gelaunt die ihm gewidmeten Grüße erwiderte. Er liebte es, mit persönlichen Bekannten an einer stillen Straßenecke ein Gespräch über Kunstfragen anzuknüpfen, und immer hörte man den Pulschlag eines guten Herzens in den Urtheilen. Er war von großer Milde und Duldsamkeit, er, der oft Gegeißelte, kannte die Sucht nach Vergeltung nicht. Während ein Theil des Publicums den Meister übermäßig pries und fast Abgötterei mit ihm trieb, wurde er von anderer Seite auf das Heftigste angegriffen und seine Bedeutung arg herabgesetzt. Bruckner war eine geniale Natur, dem leider oft die Selbstkritik und die Kraft fehlte, die Eingebungen seiner überschwänglichen Phantasie zu controliren. Richard Wagner hatte es ihm angethan und dem Banne dieses Giganten vermochte er sich nicht immer zu entziehen. Wenn er aber frei die Schwingen entfaltete, wenn er sich löste vom Vorbildlichen, Bizarrerien abwies und dem reinen Schönen nachstrebte in gewaltigem Fluge seiner Erfindungsgabe, dann gelang ihm Großartiges und er bereicherte die Musikliteratur mit unvergänglichen Werken. Zu diesen rechnen wir sein *Streichquintett* und seine *siebente Symphonie.* Diese imposante Dichtung enthält einen *Trauermarsch.* Die Philharmoniker haben auf ihrem kürzlich veröffentlichten Programme für diese Saison die Composition angesetzt und Bruckner freute sich dessen herzlich ... er dachte wol nicht, daß dieser Trauermarsch einige Tage später über seiner Bahre erklingen werde.

Der Schreiber dieser Zeilen genoß die Ehre der persönlichen Bekanntschaft mit dem Meister. Wiederholt erzählte *Bruckner* von seiner traurigen Jugendzeit in *Ansfelden,* wo sein Vater Schullehrer war. Dann kam er nach dem altberühmten Stifte St. Florian als Sängerknabe und erhielt später als 20jähriger Mann eine Stelle als Lehrergehilfe ebenfalls in einem Dorfe Oberösterreichs. *Drei Gulden monatlich war das Salair.* Doch Bruckner verbauerte nicht und verkümmerte nicht. Aus der Schule flüchtete er zu seinen Musikinstrumenten und aus dem Studium der alten Componisten sog er Lebenskraft, aus der Zwiesprache mit den Heroen der Musik schöpfte er mächtige Anregungen. So lernte er das Singen und Sagen, wurde ein tüchtiger Orgel-, Clavier- und Violinspieler, und als er mit Simon *Sechter* in Berührung kam, unterwies ihn dieser in der Compositionslehre.

Die Dorfschule war längst verlassen, durch die Welt wanderte der Musiker, die Brust geschwellt von Entwürfen. Bruckner producirte sehr rasch und war nicht immer wählerisch, weßhalb seine Hervorbringungen nur getheiltem Interesse begegneten. Da wurde Herbeck auf ihn aufmerksam und – es ist dies nicht allgemein bekannt – *Herbeck* war es, der die erste Symphonie Bruckner's aus dem Manuscripte dirigirte, dem musikalischen Wien zuerst die Bekanntschaft mit diesem Werke vermittelte. Nach Herbeck wurde der baierische Hofkapellmeister *Lewi* auf Bruckner aufmerksam. Es war nach einer Aufführung von Wagner's *»Die Meistersinger von Nürnberg«.* Die Vorstellung im Münchener Hoftheater hatte bis halb 12 Uhr Nachts gedauert und das Publicum verließ das Haus. Lewi versuchte das Orchester, zurückzubleiben, und stellte Bruckner vor.

»Meine Herren« – sagte Lewi – »in diesem Hause haben wir schon oft vor dem Könige allein Meisterwerke gespielt. Gestatten Sie mir, Ihnen einen Fürsten im Reiche seiner Kunst vorzustellen, und ich bitte Sie, eine seiner Schöpfungen zu spielen.«

Das Orchester erklärte sich sofort hierzu bereit *und aus der mitternächtlichen Production* drang die Botschaft der machtvollen Dichtung in alle Welt hinaus.

Richard *Wagner* hielt große Stücke auf Bruckner und nahm die Widmung seiner dritten Symphonie an, während die vierte Symphonie, *(»Die Romantische«)*, dem *König Ludwig II. von Baiern* zugeeignet ist.

Nach einigen Concertreisen durch die ersten Städte des Continents erhielt Bruckner eine Berufung als *Organist an die Wiener Hofkapalle.* Herbeck verschaffte ihm diesen Posten und setzte dann durch, daß Bruckner auch eine Professur für Harmonielehre und Contrapunkt erhielt. Nun war der Meister an Wien gefesselt, seine Anstellungen gewährten ihm guten Lebensunterhalt und wenn bei Sanct Stephan sein unvergleichliches Orgelspiel erscholl, dann drängte sich das Publicum zu den Productionen, die köstliches Vergnügen, seltenen Genuß garantirten. *Bei allen Hochzeiten im Hause Habsburg spielte Bruckner die Orgel* – zuletzt in der Kirche zu Ischl bei der Vermählung der Frau Erzherzogin Marie Valerie.

Und immer reichere Blüten trieb seine wunderbare Begabung, es entstanden zwei Messen und acht Symphonien, um deren Popularisirung Hof-Musikalienverleger *Gutmann* sich große Verdienste erworben hat. Die *neunte Symphonie* zu vollenden war Bruckner nicht mehr beschieden, es sind *blos drei Sätze* vorhanden – der letzte, vierte Satz sollte nach den Worten des Componisten *»dem lieben Gott gewidmet«* sein.

Im Jahre 1891 erfolgte die Ernennung Bruckner's zum *Ehrendoctor der Wiener Universität* und der damalige Rector Hofrath *Exner* sprach folgende Worte bei Ueberreichung des Diploms: *»Ich, der Rector magnificus der Wiener Universität, beuge mich vor dem ehemaligen Unterlehrer von Windhag.«*

Se. Majestät der *Kaiser* zeichnete den Tondichter durch Verleihung des Franz Joseph-Ordens aus und im vorigen Jahre überließ der Monarch dem Musiker das Custodenstöckl im Belvedere zum Aufenthalte.

Dort ist Anton Bruckner gestern um halb 4 Uhr Nachmittags gestorben.[17]

Aber auch das *Deutsche Volksblatt*, das *Fremdenblatt*, die *Wiener Allgemeine Zeitung und die Wiener Montagspost* verschonen ihre Leser schon knapp nach Bruckners Tod nicht mit jener Anekdotalität, deren Wahrheitsgehalt kaum der Überprüfung standhält.

Die äußere Erscheinung Anton Bruckners wird in den Schilderungen seiner weiten, unmodernen Kleidung[18] belächelt, aber nicht böswillig verspottet, sondern von der Warte der Herablassung großstädtischer Überwindung von provinziellen Gewohnheiten behandelt. Die Beschreibung von Bruckners Kopf bewegt sich in der Dualität von Assoziationen zwischen Rom (Cäsar[19], Imperator[20], Prälat[21], Kardinal, Papst[22]) einerseits und dem »Bauernschädel«[23] andererseits. Dieses Moment des »Bauerntums«[24], der bäuerlichen Herkunft ist eine Konstante in den Nekrologen. Aus dieser zugeschriebenen Schichtenzugehörigkeit resultieren bei den meisten Verfassern auch bestimmte Charaktereigenschaften, die in einigen Fällen extrem vorurteilsbehaftete Charakterzuschreibungen und ebenso vermutete Verhaltensweisen eines Bauern in der Großstadt reproduzieren.[25] Die Kehrseite dazu ist die Betonung auf reiner Bescheidenheit[26], Frömmigkeit[27], Kindlichkeit[28].

[17] *Ill. Wiener Extrablatt*, 12. 10. 1896.

[18] *Wiener Allgemeine Zeitung*, 13. 10. 1896, *Ostdeutsche Rundschau*, 13. 10. 1896, *Illustrirtes Wiener Extrablatt*, 12. 10. 1896, *Fremden-Blatt*, 29. 10. 1896, *Wiener Allg. Zeitung*, 14. 10. 1896, *Presse*, 13. 10. 1896.

[19] *Neue Freie Presse*, 12. 10. 1896, *Ostdeutsche Rundschau*, 13. 10. 1896, *Fremden-Blatt*, 29. 10. 1896.

[20] *Illustrirtes Wiener Extrablatt*, 13. 10. 1896, *Wiener Allg. Zeitung*, 13. 10. 1896, *Presse*, 13. 10. 1896.

[21] *Wiener Allg. Zeitung*, 13. 10. 1896.

[22] *Presse*, 13. 10. 1896.

[23] *Wiener Allg. Zeitung*, 13. 10. 1896.

[24] *Fremden-Blatt*, 29. 10. 1896, *Wiener Salonblatt*, 18. 10. 1896, *Neues Wiener Tagblatt*, 12. 10. 1896, *Presse*, 13. 10. 1896, *Fremden-Blatt*, 16. 10. 1896.

[25] *Wiener Allg. Zeitung*, 13. 10. 1896, *Neue Freie Presse*, 13. 10. 1896, *Fremden-Blatt*, 29. 10. 1896.

[26] *Wiener Allg. Zeitung*, 14. 10. 1896.

[27] *Linzer Volksblatt*, 14. 10. 1896.

[28] *Neues Wiener Journal*, 14. 10. 1896, *Ill. Wiener Extrablatt*, 15. 10. 1896, *Fremden-Blatt*, 16. 10. 1896, *Ostdeutsche Rundschau*, 13. 10. 1896, *Neues Wiener Tagblatt*, 12. 10. 1896, *Fremden-Blatt*, 29. 10. 1896, *Linzer Volksblatt*, 14. 10. 1896.

Anekdoten, bzw. die wörtliche Wiedergabe von Bruckner zugeschriebenen Aussprüchen, womöglich im Dialekt, werden als Teil dieser Beschreibungen mit aufgenommen. Damit wird der Eindruck, daß das Erzählen von Anekdoten oft unwichtigen Inhalts zur Legitimation des Verfassers dient und den Grad seiner Intimität zu Bruckner herstellen soll, hervorgehoben.

## Zu Bruckners Position im Wiener Musikleben

Die betreffenden Passagen in den Zeitungsartikeln erzählen meist vom späten Erfolg Bruckners und sehen den Grund – verkürzt formuliert – in einer feindlich gesonnenen Umwelt. Zwar wird die Gegenpartei selten personifiziert, sieht man einmal von den Wiener Philharmonikern und ihren Programmen und Eduard Hanslick ab. Die Polarisierung Bruckner–Brahms wird durch den Ausspruch Herbecks (»... wenn Brahms im Stande wäre, eine solche Symphonie zu schreiben, dann würde der Saal demolirt vor Applaus«[29]...) belegt.

Nekrologe von Bruckner-Anhängern belegen die Gegenpartei durchwegs mit negativen Attributen: »Neid und Mißgunst«[30], »neiderfüllte Kritik«[31], »böswillige Anfeindung«[32], »bissige Gegnerschaft«[33], »stumpfsinnige Kritik«[34] wird den Feinden zugeschrieben und ihnen eine zielbewußte Kampagne gegen Bruckner unterstellt. Nekrologe, die der Gegenpartei zuzurechnen sind, beziehen die Legitimation für ihre Kritik aus dem Bestreben nach Ausgewogenheit gegenüber den Zitaten von Bruckners Anhängern, die mit Lob und Jubel nicht geizen. Sie formulieren aggressiv höchstens eine Überschätzung seitens der Bruckner-Anhänger, denen sie »leidenschaftlichen Cult«[35], »Abgötterei«[36] etc. vorwerfen.

Die *Neue Freie Presse*, das Podium Eduard Hanslicks, reagiert am 12. Oktober 1896 mit einem sehr fairen Artikel. Wenn auch Richard Heuberger am nächsten Tag in seinem Nachruf in der *Neuen Freien Presse* und im *Wiener Tagblatt* noch einmal versuchen sollte, die Verschiedenartigkeit der Positionen in der Beurteilung Bruckners für sich gültig auszuformulieren, ist festzuhalten, daß die journalistische Pflicht der Berichterstattung vermutlich durch die dahinterstehende ordnende Hand Hanslicks in keiner Weise jenem Klischee der bösartigen Feindschaft geopfert wurde, die diesem in der Bruckner-Literatur so oft gescholtenen Blatt zugeschrieben wurde.

[29] *Fremden-Blatt*, 12. 10. 1896.
[30] *Arbeiter-Zeitung*, 13. 10. 1896.
[31] *Deutsches Volksblatt*, 12. 10. 1896.
[32] *Ostdeutsche Rundschau*, 13. 10. 1896.
[33] *Deutsche Zeitung*, 12. 10. 1896.
[34] *Deutsche Zeitung*, 12. 10. 1896.
[35] *Neue Freie Presse*, 12. 10. 1896.
[36] *Illustrirtes Wiener Extrablatt*.

Eine der originellsten und eigenartigsten Erscheinungen im Musikleben Wiens, Professor Dr. Anton *Bruckner,* ist gestern Nachmittags im 72. Lebensjahre einem langen Leiden erlegen. Anton Bruckner mußte jahrzehntelang um seine künstlerische Existenz kämpfen, es gelang ihm nicht, als Componist sich durchzusetzen und nicht einmal auf dem ihm eigensten Gebiete, der Kirchenmusik, sich Geltung zu verschaffen. Dafür war er als Greis in seinen letzten zehn Jahren der Gegenstand eines ebenso leidenschaftlichen als übertriebenen Cultus. Die Wagner'sche Schule, welche nach dem Tode des Meisters ein neues sichtbares Haupt brauchte, zog den bescheidenen Musiker, welcher in Wien ein weltvergessenes, träumerisches Dasein führte und ohne Ruhmbegier seiner Kunst lebte, aus seinem Dunkel hervor. Bruckner wurde auf den Schild gehoben, seine Symphonien und Kirchen-Compositionen wurden wiederholt unter dem jubelnden Beifalle der Wagner-Gemeinde aufgeführt, sie nahmen ihren Rundzug durch Deutschland, und so ergoß sich über die letzten Lebensjahre des bescheidenen und liebenswürdigen Musikers ein glänzendes Abendroth.

In Wien zählte Anton Bruckner viele Freunde, und auch solche Männer, welche seinen Compositionen nicht unbedingt zustimmten, zollten seinem selbstlosen künstlerischen Streben vollen Beifall und wußten den genialen Orgelspieler, den vortrefflichen Lehrer der Compositionslehre, den ehrenhaften, von freundlicher Milde erfüllten Menschen hoch zu schätzen. Bruckner war übrigens auch eine in weiten Kreisen bekannte Stadtfigur. Auf einer hohen, etwas zur Fülle neigenden Gestalt saß ein äußerst charakteristischer Kopf, der namentlich im Profil lebhaft an die Büsten des Kaisers Claudius erinnerte; das Gesicht war stets glattrasirt, und sein Kopf hatte fast keinen Haarwuchs. Sein Wesen zeigte eine rührende Hilflosigkeit, welche wol dem Umstande zuzuschreiben ist, daß er den größten Theil seines Lebens in stiller Verborgenheit verbracht hatte. Insbesondere machte es im Concertsaal einen wehmüthig heiteren Eindruck, wenn das große Kind Bruckner einem Hervorrufe Folge leistete und den rauschenden Beifall durch eine sehr charakteristische Geste, in welcher ebensoviel Rathlosigkeit als Güte lag, auf das Orchester abzulenken suchte.

Der Lebenslauf Anton Bruckner's ist bald erzählt. Bruckner wurde zu Ansfelden in Oberösterreich am 4. September 1824 geboren. Schon in frühester Kindheit wurde er als Sängerknabe in das Stift St. Florian aufgenommen, wo er auch das Clavier-, Violin- und Orgelspiel erlernte. Später widmete er sich unter Anleitung Simon Sechter's der Compositionslehre, und er galt als eine Autorität auf dem Gebiete des Contrapunktes. Die Orgel beherrschte Anton Bruckner mit der größten Vollendung und der genialsten Technik, und Viele haben ihn den größten Orgelspieler genannt, den die Welt seit Johann Sebastian Bach gesehen hat. Bruckner war seit dem Jahre 1861 Hoforganist an der Wiener Hofkapelle, ferner Professor am Conservatorium und Lector an der Wiener Universität, wo seine öffentlichen und unentgeltlichen Vorlesungen über Harmonielehre und Contrapunkt eine zahlreiche Zuhörerschaft versammelten. Im Jahre 1891 wurde Bruckner zum Ehrendoctor der Philosophie an der Wiener Universität promovirt; vom Kaiser wurde er mit dem Ritterkreuz des Franz-Josephs-Ordens ausgezeichnet. Bald darauf zog sich Bruckner aus Kränklichkeit von seinem Lehramte zurück. Seinen bescheidenen Lebensunterhalt fristete er durch einen Ehrensold, den ihm der oberösterreichische Landtag ausgesetzt hatte, und durch Unterstützung des Kaisers, der ihm unter Anderem eine Wohnung im Belvedere zuwies. Bruckner war bis zu seinem Lebensende in voller geistiger Frische und unausgesetzt als Componist thätig.

Erst spät, nachdem sein Ruhm als Orgelspieler schon ganz Deutschland erfüllte, war Bruckner als Componist hervorgetreten. Seine ersten Werke erzielten jedoch keinen Erfolg, und für seine Symphonien wußte er durch Jahrzehnte nicht einmal einen Verleger zu finden. In der Mitte der Achtziger-Jahre wurde er auch als Musiker mehr anerkannt. Bruckner schrieb neun große Orchester-Symphonien, drei große Messen, ein Streichquintett, ein Tedeum für Orchester und Chor und zahlreiche kleinere Compositionen. Ein abschließendes Urtheil über Bruckner als Componisten läßt sich im gegenwärtigen Augenblicke nicht leicht fällen. Seinen Orchester-Compositionen und insbesondere seinen Symphonien, in welchen die Technik des Wagner'schen Orchesters acceptirt erscheint, wohnt sicherlich ein genialer, ins Gigantische gehender Zug inne, und an Reichthum der Erfindung und technischer Kunst der Verarbeitung fehlt es Bruckner keineswegs. Leider erscheint damit nicht immer das edle künstlerische Ebenmaß und die Klarheit der Durchführung gepaart; speciell seinen Symphonien wird ein Hang zum Maßlosen und Verworrenen vorgeworfen, welcher eine Uebersicht sehr erschwert und einen vollkommenen künstlerischen Genuß nur selten aufkommen läßt. Vielleicht werden seine Kirchen-Compositionen auf die Nachwelt einen längeren und nachhaltigeren Eindruck üben. Es ist übrigens bezeichnend, daß Bruckner die überschwänglichen Lobeshymnen seiner Verehrer, welche ihn als einen zweiten Beethoven priesen, keineswegs ohne Widerspruch annahm und dieselben, obwol er von seiner Kunst hoch dachte, stets bescheiden abwehrte. Im persönlichen Umgange war Anton Bruckner von herzgewinnender Liebenswürdigkeit; sein einfaches, schlichtes Wesen, sein unerschöpflicher, aus einem reinen Innern fließender Humor, seine hohe Begeisterung für die Musik, welcher er sein ganzes Leben mit opfermuthiger Hingabe gewidmet hatte, machten auf Jeden, der mit ihm in Berührung trat, den größten Eindruck. Dem Einflusse der Persönlichkeit Bruckner's ist nicht zum mindesten die fanatische Verehrung zuzuschreiben, die seine Anhänger seinen Compositionen entgegenbrachten. Anton Bruckner hatte Gegner seiner musikalischen Richtung, aber keine Feinde. Sein Tod wird eine schmerzliche, nicht leicht auszufüllende Lücke in der Wiener Musikwelt zurücklassen, welche ihn zu ihren charakteristischesten Vertretern zählte.

Bruckner war schon seit mehreren Jahren herzleidend, doch trat das Uebel erst in den letzten Monaten bedrohlich auf, und die Kräfte des Meisters schwanden von Tag zu Tag. Vor mehreren Wochen wurde Bruckner von einer Lungenentzündung befallen, doch überwand er dieselbe Dank der Pflege seines Arztes und Freundes Hofrath *Schrötter.* Sein Leben war aber nur mehr ein Hindämmern. Von seinem Schüler und langjährigen Freunde, Herrn Anton *Meißner,* und von seiner Wirthschafterin Kathi betreut, verbrachte er seine letzten Tage. Er konnte nicht mehr gehen und wurde in einem Rollwagen im Belvedere-Garten herumgefahren, wo ihm, wie oben erwähnt, im vorigen Jahre im Auftrage des *Kaisers* eine Wohnung angewiesen worden war.

Gestern Morgens stand Bruckner auf, fühlte sich ziemlich wohl und äußerte sogar einige Wünsche bezüglich des Mittagsessens. Mittags mußte er sich jedoch wieder zu Bette legen, und sein Zustand verschlimmerte sich zusehends. Herr Meißner, der bei ihm weilte, sah, daß es zu Ende gehe, und ließ gegen 3 Uhr den Caplan vom Belvedere, P. Heribert Witsch, holen. Ehe jedoch dieser kam, verschied Bruckner. Er starb schmerzlos bei ziemlich getrübtem Bewußtsein. Herr Meißner drückte ihm die Augen zu und betete mit dem kurz darauf erschienenen P. Witsch das De profundis.

Von dem Ableben des Meisters wurden der im Stifte St. Florian bei Linz lebende Bruder Ignaz sowie die in Vöcklabruck lebende Schwester Rosalia *Huber* und einige Wiener Freunde des Verblichenen verständigt. Die Bestimmungen bezüglich des Leichenbegängnisses werden erst im Laufe des heutigen Tages getroffen werden; es steht nur so viel fest, daß Bruckner in der Gruft des Chorherrenstiftes in St. Florian beerdigt wird.

Dr. Bruckner hat im November 1893 sein Testament gemacht und in demselben seinen Bruder sowie seine Schwester zu Erben seines kleinen Vermögens – dasselbe soll sich auf 10,000 fl. belaufen – eingesetzt. Seiner Wirthschafterin vermachte er 700 fl. Die Original-Manuscripte seiner Compositionen testirte er der *Hofbibliothek;* der Firma Eberle & Comp., welche seine Werke verlegte, sprach er das Recht zu, diese Manuskripte leihweise zu entlehnen. Im Nachlasse befinden sich auch Skizzen zum vierten Satze seiner neunten Symphonie, von welcher bekanntlich nur drei Sätze fertiggestellt sind. Seine Orgel hat Dr. Bruckner schon vor einiger Zeit Herrn Hofrath Dr. v. *Schrötter* zum Geschenk gemacht. Zum Testaments-Executor hat Bruckner den Hof- und Gerichtsadvocaten Gemeinderath Dr. Theodor *Reisch* bestimmt.

Das letzte Werk, an welchem Bruckner bis zum Tode arbeitete, die *neunte Symphonie,* ist, wie schon erwähnt, bis zum letzten Satz gediehen. Der Verblichene hat bestimmt, daß für den Fall, als der letzte Satz unvollendet bleiben sollte, sein Tedeum den Schluß des großen Werkes bilden möge.[37]

Hauptansatzpunkt von Bruckners Position im Wiener Musikleben war das Schlagwort von der ungerechten Beurteilung durch eine feindliche Umwelt. »... Die Geschichte der Tonkunst enthält [...] Belege [...] daß die Mitwelt... gegenüber wahrhaft künstlerischer Größe mit Blindheit geschlagen war«[38], »die hartnäckigen Gegner, die dem Meister das Leben verbitterten«[39]

[37] *Neue Freie Presse,* 12. 10. 1896.

[38] *Wiener Allgemeine Zeitung,* 13. 10. 1896.

[39] *Deutsche Zeitung,* 13. 10. 1896.

waren die eigentlichen Feinde der »so spät erfolgten, von Neid und Mißgunst noch immer bekämpften Anerkennung«[40].

Bruckner brachte man »eine neiderfüllte Kritik, bedauerliche Gleichgültigkeit«[41] entgegen, er fand »in Wien, wo Hanslick und sein Anhang jede geistige Regung niederhielten, verschlossene Thüren, taube Ohren und böswillige Anfeindung«[42].

Der Zeit stand Bruckner »als strenggläubiger Katholik entgegen, und das mag ihm so viele Feinde erworben haben, die ihm die Anerkennung versagten und sein Leben zu einem Dornenweg verwandelten«[43], während ein »Teil des Publikums ihn übermäßig pries und fast Abgötterei mit ihm trieb, wurde er von anderer Seite auf das Heftigste angegriffen«[44]. »Die Bitternisse des Lebens, welche wohl kein zeitgenössischer Tondichter so ausgiebig verkosten mußte wie der Dahingeschiedene, haben die Furchen der Askese früh in sein rundes, volles Antlitz eingekerbt, er mußte Täuschung über Täuschung über sich [...] ergehen lassen. ... Die Erfolglosigkeit seiner Bemühungen ist geradezu sprichwörtlich geworden. Als ihm endlich der Sieg winkte, wurde er ganz wider Willen in den Mittelpunkt des Parteigetriebes gestellt...... von der einen Seite über Gebühr geschätzt, von der anderen unterschätzt, mußte er mit seinem Namen herhalten.«[45]

Die feindliche Umwelt, oder was Bruckners Anhänger dafür hielten, soll bereits in seiner Lehrerlaufbahn eingesetzt haben (es wird auffallend oft die strafweise Versetzung erwähnt) und geht bis zu Vermutungen über einen nicht freiwilligen Abschied vom Konservatorium: »[...] Vermutlich keinen ganz freiwilligen. Man flüsterte, daß der Direktionsrath keinen Professor der Anekdote besolden wollte, sintemalen dieses Fach sich im Lehrplan nicht vorfand.«[46]

Die Geschichte von den vielen, ja übermächtigen Feinden hob die Aufopferung seiner Freunde oder Verleger hervor:

»Nur wenige Freunde sammelten sich um ihn.«[47] »Es fand sich lange kein Verleger, [...] bis 1892 die [...] Firma Joseph Eberl und Comp. [...] die Drucklegung... in die Hand nahm.«[48] »In Wien hatte Bruckner zahlreiche Verehrer, ... namentlich unter den jüngeren Künstlern, aber ebensoviele Feinde, die es zu verhindern wußten, daß seine Werke... in entsprechender Weise verbreitet wurden, trotzdem Hans Richter das Seinige that für ihre Propagierung.«[49]

[40] *Arbeiter-Zeitung*, 13. 10. 1896.
[41] *Deutsches Volksblatt*, 12. 10. 1896.
[42] *Ostdeutsche Rundschau*, 13. 10. 1896.
[43] *Reichspost*, 14. 10. 1896.
[44] *Illustrirtes Wiener Extrablatt.*
[45] *Neues Wiener Tagblatt*, 12. 10. 1896.
[46] *Fremden-Blatt*, 29. 10. 1896.
[47] *Wiener Salonblatt*, 18. 10. 1896.
[48] *Illustr. Wiener Extrablatt*, 13. 10. 1896.
[49] *Deutsche Zeitung*, 12. 10. 1896.

»Neben dem gewaltigen Brahms, dem großen Klassiker der Gegenwart, erscheint Bruckner als eine Wiener Lokalgröße, der nur selten über die Gemarkung der Stadt hinaus ein voller Erfolg beschieden war.«[50]

Mitleid über den »Armen, Angefeindeten« ist denn auch der Tenor der Würdigungen:

»Man konnte den armen Künstler mit allen Mitteln lange Zeit niederhalten, man konnte unseren aufrichtigen Freund unwürdig behandeln, aber man konnte den endlichen Durchbruch des Genies nicht hindern.«[51]

»... im großen Publikum fand Bruckner nur langsam Anerkennung. Jeder Schritt zu allgemeinerer Würdigung versuchten die gegnerischen ›Merker‹ immer wieder zu vereiteln... Den Ruhm Bruckners – natürlich immer nur in den Grenzen vorurtheilsfreier Kreise – befestigte das F-Dur-Quintett... So verließ er denn die Erde, die für ihn erst in den allerletzten Lebensjahren sorgenfreie Tage hatte...«[52]

Dieses Mitleid bezog sich auch auf jenes geringe Einkommen, das Anton Bruckner von seiner Partei zugeschrieben wurde und das ihn an die Grenze zur finanziellen Armut schob. Er sei »eigentlich arm gestorben«[53] und erst im »hohen Alter... gefeiert... Doktorhut... gestaltete sich sein früher gar zu schmalhänsisches Leben behaglicher...«[54]

»Bruckner hat zu Erben seines geringen Nachlasses die zwei Kinder seines Bruders eingesetzt«[55]. Der Abschied von Konservatorium hatte »ihn doch schwer getroffen, Herz und Tasche zugleich... Eine Jahresrente, ein Ehrensold und eine Wohnung im kaiserlichen Belvedere erlaubten es ihm, müßig zu sitzen.«[56]

»... Während gerade die am meisten angefochtenen Compositionen die lärmendsten Triumphe feierten, lebte der Autor in höchst bescheidenen Vermögensverhältnissen dahin...«[57]

»... Damals setzte der Kaiser einen Gnadengehalt aus.«[58]

»Erst in den letzten Jahren hatte der arme alte Mann wenigstens ein behagliches Heim.«[59]

K. Anders hatte den Tod Bruckners in der *Wiener Allgemeinen Zeitung* vom 13. Oktober 1896 kommentiert. Weil, wie er expressis verbis ausführte, Bruckners Biographie nur geringes Material für eine wechselvolle Schilderung hergebe, versuchte der Autor eine musikgeschichtliche Einschätzung, die Stellung des Komponisten in seiner Zeit und gegenüber der Vergangen-

[50] *Pester Lloyd*, 13. 10. 1896.
[51] *Deutsche Zeitung*, 15. 10. 1896.
[52] *Linzer Volksblatt*, 14. 10. 1896.
[53] *Wiener Bilder*, 18. 10. 1896.
[54] *Neue Freie Presse*, 13. 10. 1896.
[55] *Illustr. Wiener Extrablatt*, 12. 10. 1896.
[56] *Fremden-Blatt*, 29. 10. 1896.
[57] *Wiener Sonn- und Montagszeitung*, 19. 10. 1896.
[58] *Wiener Allg. Zeitung*, 13. 10. 1896.
[59] *Fremden-Blatt*, 12. 10. 1896.

**heit darzulegen, ohne sich allzu sehr in den noch immer wogenden Parteienkampf zwischen Wagnerianern und Brahminen einzumischen. Trotz Ausgewogenheit: Mitleid auf allen Linien.**

In der Stille des vornehmen Asyls, das kaiserliche Huld ihm gewährt, ist Anton Bruckner derselben Krankheit erlegen, welche auch den mächtigsten Stamm in den Gefilden der Kunst, Ludwig van Beethoven, gefällt hat. Seit Monaten kämpfte seine knorrige unverdorbene Natur den aussichtslosen Kampf mit dem tückischen Uebel und längst hatte sich die Schaar seiner Freunde und Jünger mit dem schmerzlichen Gedanken des Scheidens vertraut machen müssen. Nun ist er endlich eingegangen in die Burg der himmlischen Gnade, welche er in seinen kirchlichen Tonwerken stets so ungestüm belagert, so glaubenstrotzig bestürmt hat. Den Titanen gleich, welche Berge übereinander wälzten, um an den Olymp zu gelangen, hat er den stolzen Bau seiner Fugen zu eindringlicher Macht emporgethürmt, hat er mit Klängen von unerhörter Kraft und Fülle mahnend an die Pforten der Ewigkeit gepocht, bis daß ihm aufgethan wurde.

Der Biograph vermag in *Bruckner's* so wenig bewegtem Lebenslaufe nur geringes Material für wechselvolle Schilderungen aufzustöbern. Das war kein interessantes Künstlerleben im landläufigen Sinne, es floß dahin wie ein seichtes Bächlein der Ebene auf traulichem Wiesengrunde, ohne Stromschnellen und Katarakte, fast ohne jedwedes Gefälle. In der Hütte eines Dorfschullehrers stand seine Wiege. – Sängerknabe – Landschulgehilfe – Organist: Das waren die Stationen seines Lebens bis zur Erreichung des reifen Mannesalter. Der Musikgeschichte gehört nur der Greis Anton Bruckner an. Somit erscheint er als das stricte Widerspiel Rossini's, der mit 37 Jahren seine künstlerische Thätigkeit abgeschlossen hat, um dann weitere 38 Jahre von den Früchten seines Talentes seinen culinarischen Passionen zu leben.

Anton Bruckner war ein Fünfziger geworden und der Genius, der in ihm lebte, hatte sich der Welt noch nicht offenbart. Ein alter Mann ist er gestorben, überdauert von einem noch sehr jungen Ruhme. Die Kunstgeschichte bietet kein ähnliches Beispiel. Man schlage doch nur die musikalischen Conversations-Lexika aus den Siebziger-Jahren nach. Der Name Anton Bruckner existirt für sie noch gar nicht. Unsere Zeitgenossen, Max *Bruch* und Ignaz *Brüll*, sind da in entsprechenden Artikeln gewürdigt, vergebens sucht man zwischen ihnen nach – Anton Bruckner. Als Schöpfer von sechs großen Orchester-Symphonien und bedeutsamen Kirchen-Compositionen noch nicht unter den berufsmäßigen Tonsetzern registrirt und lexikographirt zu sein, das konnte auch nur der heiligen Einfalt eines Anton Bruckner widerfahren.

Und die Anführung dieser nackten Thatsache kennzeichnet den Mann treffender, als die weitschweifendste Charakteristik. Die Einfachheit und Schlichtheit seines Gemüthes verstand sich nie auf Fühlungsuchen mit der Außenwelt. Er war ein Greis geworden und ein Kind geblieben, naiv in seinem Empfinden, arglos und geradeaus in seinem Denken, frommgläubig in seinem Herzen, ungeschminkt in seinem Wesen – und unverdorben in seinen Wünschen. Ein langes Menschenalter ist er durch die Welt gewandert, ohne mit ihren Formen vertraut zu werden. Aber in seinem Innern hatte er sich eine andere Welt zurecht gelegt, welche in seinen Symphonien in so eigenthümlicher Weise Form und Klang gewonnen hat. Wenn man die künstlerische Individualität Bruckner's seiner menschlichen gegenüberhält, so gelangt man zu unerhörten Contrasten. Der schlichte, bescheidene Mann war als Musiker der kühnste Neuerer, der vor keinem Wagnis zurückscheute und stets auf neue musikalische Kampfmittel sann. Er, der im Leben vor lauter Schüchternheit kaum einen geregelten Satz zu stammeln wußte, überrascht als Symphoniker durch wunderbare Ausdrucksfähigkeit, durch die blühendste thematische Eloquenz. Sein bäurisch-demüthiges Gehaben, seine ärmliche Simplicität wandelten sich in seinem Kunstwirken zu kühnem Trotz und blendendem Prunk. Stolzer schritt kein Cäsar zum Siege als Bruckner, wenn er die Sturmcolonnen seiner Themen gegeneinander rasseln ließ, und verschwenderisch wie ein Krösus streute er die blendendste Pracht seiner orchestralen Farben darein. Man muß an einen Gott glauben, der diesem Manne im Busen wohnte, um eine Erklärung solcher Widersprüche zu finden.

Selten findet die Gegenwart – oder richtiger gesagt: die Zeitgenossen – einen gerechten Maßstab für die Beurtheilung eines großen Künstlers, zumal wenn dieser die bequemen, eingefahrenen Geleise verließ und auf eigenem Pfade der Höhe des Parnasses zustrebt. Die Geschichte der Tonkunst enthält fast auf jeder Seite Belege für die traurige Thatsache, daß die *Mitwelt* zu allen Zeiten gegenüber wahrhafter künstlerischer Größe mit Blindheit geschlagen war, dagegen stets sich beeiferte, Scheingrößen und Charlatans, welche klüglich dem jeweiligen Tagesgeschmack und der gedankenlosen Genußsucht der Menge sich anzubequemen verstanden, auf den Schild zu erheben und zu vergöttern.

Franz Liszt, der Schöpfer so manches köstlichen geflügelten Wortes, charakterisirte diese Erscheinung durch den Ausspruch: »Mundus vult Schundus«. Das Latein des geistvollen Abbés bedarf wohl keiner Verdeutschung, nur glauben wir, daß unter »Mundus« die Mitwelt zu verstehen ist. Der Nachwelt fielen ja stets die Schuppen von den Augen; vor ihren unbefangenen Blicken schrumpfen die aufgebauschten Größen von anno dazumal in ihr ursprüngliches Nichts zusammen, während wahres, vollwichtiges Künstlerthum in leuchtender Pracht zu den Sternen emporsteigt. Mit dem Unverstande der Mitwelt und mit neidigem Kritikerdünkel hatte ja selbst *Beethoven*, wie vor ihm *Gluck* und *Mozart* und nach ihnen Richard Wagner, einen harten Strauß auszufechten, und oft genug wurden sie Alle durch Tagesgötzen in den Schatten gestellt. Die musenfeindliche Schicksalsgöttin scheint es so verhängt zu haben, daß die größten Künstler erst sterben müssen, um unsterblich zu werden.

Anton Bruckner theilte in umfassendstem Maße dieses Schicksal seiner großen Vorgänger und Vorbilder. Der Nachwelt bleibt es vorbehalten, seine wirkliche Bedeutung festzustellen. Im heftigen Widerstreit der Parteien ist sein Bild verzerrt worden und eine unbefangene kritische Würdigung ist Zeitgenossen vorläufig nicht zuzutrauen, doch so viel ist schon heute sicher, daß jene Kunstrichter bitteres Unrecht übten, welche seit langen Jahren eifrig beflissen waren, Bruckner's künstlerische Bedeutung zu negiren, wo nicht gar zu ignoriren, und mit ihrem großen Einflusse sich der breiteren Anerkennung seines eigenartigen Schaffens entgegenstemmten. Nicht minder einleuchtend ist es, daß jenes gedankenlose, urtheilsfaule Modepublicum, welches im Concertsaale vor Bruckner's Symphonien stets ostentativ die Flucht zu ergreifen beliebte oder nur deshalb zurückblieb, um sich an den ungelenken Verbeugungen und Dankesbezeugungen des von seinen Verehrern hervorgejubelten Greisen-Componisten zu erlustigen, dereinst in der Kunstgeschichte eine ebenso jämmerliche Rolle spielen wird, wie die Wiener Musikliebhaber vor just 100 Jahren, welche für des Spaniers Martin »una cansa rara« schwärmten, dagegen Don Juan und Figaro ganz unverdaulich fanden. Möglicherweise wird die unbefangen richtende Nachwelt auch das Maß, welches übereifrige Bruckner-Schwärmer an die Werke ihres Meisters anlegten, zu reguliren wissen. Es wäre ja eine ganz natürliche Sache, wenn das Uebermaß einer brutalen Unterschätzung bei der Gegenseite ein Uebermaß ekstatischer Ueberschätzung hervorgerufen hätte und doch: – um wie viel begreiflicher und menschlicher müßte ein solcher über das Ziel schießender Enthusiasmus erscheinen, als das Verfahren der Widerparte! Käme dabei auch die kritische Gerechtigkeit zu kurz, so tritt dabei doch wenigstens die menschliche Gerechtigkeit in ihre Rechte.

Mancher mochte sich wohl angesichts dieser hilflosen Greisenerscheinung denken, daß der dankschuldigen Mitwelt kaum mehr viel Zeit übrig bleibe, um dem Künstler das an Ehrungen einzubringen, was ihm durch ein langes Menschenalter unbillig versagt worden.

Und nun ist er wirklich todt. Das letzte Hinderniß, das seinem Ruhm, seiner Anerkennung im Wege stand, hat er überwunden: *Das Leben.* Ein großes Leichengepränge wird der Bevölkerung zum Bewußtsein bringen, daß ein Fürst im Reich des Genies dahingegangen. Ob dabei wohl auch eine Ahnung seiner Größe in den Tiefen der Volksseele aufdämmern mag? Vielleicht wenigstens im selben Sinne, wie damals, als man Beethoven zu Grabe trug und eine Höckerin die Nachbarinnen mit den Worten aufmerksam machte: »Schaut's, da kommt die Leich' von einem General von die Musikanten.«[60]

Die Konstanten in den Versuchen, Bruckners Musik in Worten zu beschreiben bzw. Erklungenes verbal zu schildern, verhalten sich konform mit der verschiedenen Einschätzung von Bruckners Person und Werk. Gemeinsam ist diesen Versuchen eine durchwegs blumige Sprache[61], die bis zu Platitüden abgleitet, gleichgültig, ob sie positiv oder negativ für Bruckner votiert. Hauptargument der Gegner ist der Hinweis auf die mangelnde musikalische Logik, auf das Fehlen der Selbstkontrolle.[62]

60 *Wiener Allg. Zeitung,* 13. 10. 1896.

61 *Wiener Bilder,* 18. 10. 1896, *Ostdeutsche Rundschau,* 13. 10. 1896, *Vaterland.* 14. 10. 1896.

62 *Wiener Bilder,* 18. 10. 1896, *Neue Freie Presse,* 12. und 13. 10. 1896, *Fremden-Blatt,* 16. 10. 1896, *Illustr. Wiener Extrablatt,* 12. 10. 1896, *Wiener Sonn- und Montagszeitung,* 19. 10. 1896, *Illustr. Wiener Extrablatt,* 13. 10. 1896, *Pester Lloyd,* 13. 10. 1896.

Neben religiösen Anspielungen, die Bruckners Werk wie Leben gleich der Unsterblichkeit ausliefern wollen, neben Heroisierungen fallen die Hinweise auf Dämonisches, verstanden als Unerklärliches, besonders auf.

Auf Grund der Parteiensituation und der bekannten persönlichen Affinität Bruckners zu Richard Wagner taucht mehrmals der Vergleich mit dessen Opernschaffen auf; ein Sonderfall ist die Übernahme von Sprachmotiven Wagners, wie sie im *Deutschen Volksblatt* Eingang fand.[63] Warf der Verfasser des Nekrologs in den *Wiener Bildern* Bruckner den »Mangel an strenger Logik und Ebenmaß«[64] vor, so hatte dies das *Fremden-Blatt* schon abgeschwächt: »...aber es fehlt wohl manchmal [...] der nothwendige Gedankengang, die gewaltige Logik Beethoven's«[65]. Bruckner hätte »die Form [...] überwunden und die Musik frei nach dem Gedanken und Empfindungsinhalte hinströmen lassen...«[66]. »Bruckner war eine geniale Natur, dem leider oft die Selbstkritik und die Kraft fehlte, die Eingebungen seiner überschwänglichen Phantasie zu controliren«[67]. »...er wäre auch gewiß ein echter Symphoniker von schwerstem Caliber und als solcher auch außerhalb seines Parteiverbandes anerkannt worden, hätte nicht ein bedauerlicher Mangel an Logik und künstlerischer Selbstbeschränkung ihn daran zeitlebens verhindert.«[68] Der *Pester Lloyd* vom 13. 10. 1896 wird ausführlicher: »Bruckner zeigt sich auch in seiner Symphonie als ein starkes, aber wenig diszipliniertes Talent. Jedes seiner Werke enthält interessante, ja geniale Züge, Stellen von ganz eigenartiger Schönheit, Wendungen von frappanter Originalität und hohem Reiz. Ihm fehlt nur das weise Maß, die gedrungene Kraft, die Alles klar und in richtigen Proportionen aufbaut. An Ausdehnung überbieten die Symphonien alles bisher Dagewesene [...] Schon ihre ungewöhnliche Länge stellt die Ausdauer und Empfänglichkeit eines normalen Konzertpublikums auf eine harte Probe, nicht minder der sprunghafte Wechsel der Motive, die vielen, trockenen, mit gelehrter Contrapunktik überladenen Strekken, die sich zwischen den einzelnen hochfliegenden Gedanken und Stimmungsbildern dehnen.«[69]

Gustav Schoenaich sah diesen Sachverhalt in der *Presse* vom 13. 10. ganz anders: »Bis Bruckner haben wir keinen Musiker erlebt, der vom Dämonischen seiner Kunst so beherrscht, so unterjocht worden wäre. Der geheimnisvollen Macht der Töne und ihren Kombinationen sich zu unterwerfen, mit ihnen sich Eins zu fühlen und durch sie zu verkündigen, was er zu sagen hat, was ihm offenbar geworden, ist seine Schwelgerei, sein nimmer zu stillendes [...] Bedürfnis.«[70]

[63] *Deutsches Volksblatt,* 12. 10. 1896.

[64] *Wiener Bilder,* 18. 10. 1896.

[65] *Fremden-Blatt,* 16. 10. 1896.

[66] *Ostdeutsche Rundschau,* 13. 10. 1896.

[67] *Illustr. Wiener Extrablatt,* 12. 10. 1896.

[68] *Wiener Sonn- und Montagszeitung,* 19. 10. 1896.

[69] *Pester Lloyd,* 13. 10. 1896.

[70] *Presse,* 13. 10. 1896.

Dämonie, Verzicht der Rationalität (sprich: Logik), Schwelgerei und Emotionen trugen zweifellos dazu bei, daß zu einem auffälligen Aspekt der Sprache der Nekrologe die häufige Verwendung von Begriffen aus der Religion Eingang fanden. Das in der Morgenausgabe der *Deutschen Zeitung* vom 10. Oktober 1897 (dem Jahrestag des Todes Anton Bruckners) erschienene Gedicht focussiert diesen Aspekt:

Auf den Tod Anton Bruckners.
Zur ersten Wiederkehr seines Todestages.

Es rauschte das Meer
In donnerndem Sturmesweh'n;
Flammend erglomm,
Vom scheidenden Sonnenball
Glutübergossen,
Des Himmels Runde,
Und schwarzer Wolkenflor
Riß entzwei
Und legte die goldenen
Pfade zum Himmel frei:
Denn eines *Großen*
Seele nahte sich.

Der sich von schwindelnden Höh'n
Donner und Blitze lieh,
Um sie in Töne gelöst
Auszuströmen ins Menschenherz –
Dem auf dorniger Bahn
Nimmer der Stürme Wuth
Auszulöschen vermocht
Göttlichen Funken tief in der Brust –
Freut euch, ihr Himmel! *Er*
Nahet sich euren Gefilden,
Er, dessen Seele so oft
Euren Pforten entgegen
Auf der Tonfluth
Breiten, wachsenden Wogen sich hob!

Ja, er kämpfte mit uns,
Kämpfte und rang wie der Letzte,
Aermste, den die Natur
Nicht in die Wiege gelegt
Eines *Königs* Würde im Reiche der Geister.
Aber was ihm das Herz
Leidvoll quälend bewegte –
Nicht an Vergänglichem
Fand er sein Maß.
Denn seine Seele
War ein Spiegel des Ewigen,
Und der Erde uraltes Leid
Und der Nornen beständig Walten
Und die jauchzende Lust,
Wenn der Gedrückte
Der Fessel vergißt –

Nichts von Allem
War ihm verborgen.
Reichlich gab es
Aus dem unendlichen
Quell der Musik,
Der Begnadete, schöpfend
Allen, die dürsten nach Himmelstrost,

Mehr aber noch:
Er baute dem armen,
Gebrochenen Pilger
Aus Riesensäulen,
Gigantischen Bogen,
Schimmernder Bilder voll,
Weihrauchdurchströmt,
Orgeldurchbraust,
Hehre, herrliche Gottespaläste;
Auszuruh'n
Vom Kummer der Tage,
Auszuweinen
Gepreßte Herzen,
Aufzujubeln
Dem Höchsten entgegen,
Lieh er uns Töne,
Flog er voran
Und lehrte uns jauchzen:
Te Deum laudamus!

Ja, sein Leben
War ein Lobgesang
Ihm, dem gewaltigen
Herrn der Herzen,
Den er verehrte,
Dessen Ahnung
Tief ihn beseelte.
Nicht beweine
Bruckners Heimgang
Trauernd die Welt:
Er lebt fort
In unserer Mitte,
Denn seines Innersten
Heilige Stimme –
Ewig wird sie erklingen!

*Wolfgang Madjero* [71]

[71] *Deutsche Zeitung (Morgenausgabe)*, 10. 10. 1897.

Auch wenn man Begriffe und Bilder, die bereits eine längere Tradition der Säkularisierung aufweisen, abzieht, bleibt eine Anhäufung von Ausdrücken, Bildern, Situationen und Eigenschaften Anton Bruckner betreffend, die eindeutig religiöser oder biblischer Provenienz sind. Wird in den harmloseren Fällen nur von »gottbegnadet«[72] oder der »Manifestation von Gott oder Göttlichem in Bruckner«[73] gesprochen, so wird in einigen Artikeln durch Anführung von Geschehen und Personen aus dem Leben und sozialen Umfeld Jesu Christi – auf Bruckner umgelegt – dem Komponisten eine messianische Dimension zuerkannt. Wir lesen von der »Schaar seiner Jünger«[74], von »verkünden«[75], von »tönenden Offenbarungen« und vom »Pharisäertum der Kritik«[76], vom »Dornenweg«[77], vom »Gegeißelten«[78], ja ein Kritiker bemüht sich sogar um den Topos der »Zeit in der Wüste«[79].

Selbst die *Neue Freie Presse* spricht von Bruckners »Glaube an seine Sendung«[80], das *Neue Wiener Journal* sammelt seine gesamten Bibelkenntnisse zusammen: »Kunst, deren geheiligter Apostel er war... ...tönende Offenbarungen... Die Verfolgung [...] war geeignet, die gläubigen Elemente fester zusammenzuschließen. ...Pharisäertum der Kritik... musikalische Ketzereien... »Arme im Geiste« im biblischen Sinn... man muß an Göttliches glauben, das sich [...] manifestierte.«[81]

Religiöse Metaphern neigen per se dazu, mit dem Jenseits zu spekulieren. In Sachen Bruckner, noch dazu ausgehend von den Nekrologen, wird dies nicht vermieden. Er sei »hinübergegangen in das Reich der unendlichen Harmonien»[82], »eingegangen in die Burg der himmlischen Gnade, welche er in seinen kirchlichen Tonwerken stets so ungestüm belagert«, mit »Klängen« hätte er »mahnend an die Pforten der Ewigkeit gepocht«[83], er sei »hineingegangen ins Reich der Sphärenharmonie, ins Haus der Weltenordnung«[84], »hinübergeschlummert in jenes Land, durch dessen Gefilde die ewigen Harmonien rauschen«[85].

Auch die *Ostdeutsche Rundschau* kündete von biblischen Metaphern: »...und was hat er uns [...] zu verkünden gewußt... im Gefilde seiner göttlichen Scherzi... Glaubensstärke und Gottvertrauen – wie ein geheiligter

[72] *Deutsches Volksblatt*, 12.10.1896.
[73] *Wiener Allg. Zeitung*, 13.10.1896, *Wiener Journal*, 12.10.1896, *Deutsche Zeitung*, 10.10.1897.
[74] *Wiener Allg. Zeitung*, 12.10.1896.
[75] *Ostdeutsche Rundschau*, 13.10.1896.
[76] *Neues Wiener Journal*, 12.10.1896.
[77] *Reichspost*, 14.10.1896.
[78] *Illustrirtes Wiener Extrablatt*, 12.10.1896.
[79] *Presse*, 13.10.1896.
[80] *Neue Freie Presse*, 13.10.1896.
[81] *Neues Wiener Journal*, 12.10.1896.
[82] *Wiener Bilder*, 18.10.1896.
[83] *Wiener Allg. Zeitung*, 13.10.1896.
[84] *Wiener Sonn- und Montagszeitung*.
[85] *Illustr. Wiener Extrablatt*, 12.10.1896.

Fels ragt er in unser ungläubiges, mattherziges Jahrhundertende herein!... Hohenpriester der Musik...«[86]

Die *Wiener Zeitung* sieht Bruckner in der »Höhe jener Auserwählten«[87], »...er, der oft Gegeißelte, kannte die Sucht nach Vergeltung nicht«[88], und auch im Scherz kam das Wiener *Fremden-Blatt* nicht von der Bibelsprache los. Unter dem Aspekt der »Auferstehung« ist am 19. Oktober nachzulesen: »... Unter der großen Orgel... um nicht weit gehen zu müssen, wenn es ihn gelüstet [...] eine sechsstimmige Fuge aus dem todten Fingern und Beinen zu schütteln...«[89] Bruckner, der Kirchenstifter, oder zumindest einer Gemeinde, wie ihn die *Presse* vom 13. Oktober 1896 sieht: »... lange predigt er in der Wüste, dann lauscht ihm eine Schar, ein bischen scheu, aber mit wachsendem Glauben, dann ertönt an einer und der anderen Stelle seiner Rede endlich im brausenden Chor das ›Hört, Hört!‹ und eine große, immer wachsende Gemeinde ist es inne geworden: Er hat etwas zu sagen, ... das uns erleuchtet!«[90]

Die *Deutsche Zeitung* projiziert die Gegenwart bis in die Ewigkeit: »Denn seines Innersten/Heilige Stimme/Ewig wird sie erklingen!«[91]

Die Ambivalenz der Heroisierung einerseits durch das Leidensmotiv biblischer Prägung, andererseits durch die Metapher des Kampfes zwingt Bruckner früher oder später in die Nähe der immer stärker aufkommenden nationalen bzw. deutschnationalen Tendenzen. Bruckners Weg zu Ansehen und Berühmtheit, laut Nekrologen behindert durch Gegner und Feinde, wird häufig als »Kampf« dargestellt, aus dem er letztlich als »Triumphator«, als »Sieger« hervorgeht.

Seine Anhänger werden explizit als »gewaltige Armee« bezeichnet, seine Gegner wenden »erbärmlichste Waffen« an oder wollen ihn »zu Boden drükken.«

Aber auch in die Beschreibung der Musik sickern Motive aus Krieg und Kampf ein: Bruckner sinnt auf »neue musikalische Kampfmittel«, läßt die »Sturmcolonnen«[92] seiner Themen gegeneinanderrasseln und beutet alle »Mittel des Kunstarsenals«[93] aus. In einem Vergleich wird er zum »Feldherrn«, die Musiker zu »Soldaten« und seine Partituren zu schwierigen »Schlachtplänen«[94].

Die *Wiener Zeitung* zog einen »Volksausspruch« zu Beethovens Begräbnis heran: »...einen General von die Musikanten«, um für Bruckner eine passende Apposition zu finden. »Auf den Schild gehoben« würden »Charlata-

86 *Ostdeutsche Rundschau*, 13.10.1896.
87 *Wiener Zeitung*, 14.10.1896.
88 *Ill. Wiener Extrablatt*, 12.10.1896.
89 *Fremden-Blatt*, 29.10.1896.
90 *Presse*, 13.10.1896.
91 *Deutsche Zeitung*, 10.10.1897.
92 *Wiener Allg. Zeitung*, 13.10.1896.
93 *Neues Wiener Journal*, 12.10.1896.
94 *Presse*, 13.10.1896.

ne«[95], hingegen Bruckner[96], der »Richard Wagner der Symphonie (sollte...) zu Boden gedrückt werden«; im »Kampf« würde »... mit erbärmlichsten Waffen gekämpft... seine Anhänger bilden eine gewaltige Armee, aus dem Kampf« sei Bruckner als »Triumphator hervorgegangen« und hätte die »Mittel des Kunstarsenals« erweitert[97], schreibt das *Neue Wiener Journal* vom 12.10.1896. Die *Ostdeutsche Rundschau* zitiert nur die »Siegesfeier deutscher Kunst«[98].

Die »Presse« liefert zusammenhängende Bilder: »Die große Masse der practischen Musiker steht zu einer schaffenden Kraft immer im Verhältnis des Heeres zum Feldherrn. Sie kann einen Schlachtplan umso weniger controliren, je genialer er ist. Der Soldat flucht, weil ihm anstrengende Märsche oder das Halten gefahrvoller Positionen zugemuthet werden, erst am Abend bemerkt er, daß das Heer einen herrlichen Sieg erfochten.«[99]

Daß im Zuge dieser Heroisierungsmetaphorik Adelsprädikate für Bruckner vergeben wurden, verblüfft nicht. Das *Wiener Extrablatt* spricht vom »Fürst im Reich der Tonkunst« und zitiert Hermann Levi, der Bruckner einen »Fürsten im Reiche seiner Kunst« nannte[100], die *Wiener Allgemeine Zeitung* nennt ihn »als Musiker den kühnsten Neuerer«[101], das *Neue Wiener Journal* »als Musiker den kühnsten Revolutionär«[102].

Die Heroisierung übernimmt Superlative, die die Extremstellung Bruckners innerhalb jedweder Dimension seiner Zeit verdeutlichen sollen.

Die *Arbeiter-Zeitung* nennt seine Werke »gigantisch, ins Riesenhafte erweiterte Sonatenform, kolossale Ausdehnung, grandiose Tonwerke«[103], die *Wiener Allgemeine Zeitung* spricht von der »blendenden Pracht seiner orchestralen Farben, ... den Titanen gleich hat er den stolzen Bau seiner Fugen zu eindringlichster Macht emporgetürmt«[104], Bruckner sei ein ins »Gigantische gehender Zug inne«[105], die *Deutsche Zeitung* spricht von der »kolossalen Symphonie und Tausenden und Abertausenden der Verehrer«[106], das *Deutsche Volksblatt* davon, daß »eines Titanen Größe nimmer an bürgerlicher Elle zu messen« sei und greift an Wagners Stabreim-Assoziationen zurück:

»wie Fasolt und Fafner fügte
er Fels auf Fels...;«

[95] *Wiener Allg. Zeitung,* 13.10.1896.
[96] *Neue Freie Presse,* 12.10.1896.
[97] *Neues Wiener Journal,* 12.10.1896.
[98] *Ostdeutsche Rundschau,* 13.10.1896.
[99] *Presse,* 13.10.1896.
[100] *Wiener Extrablatt,* 13.10.1896.
[101] *Wiener Allgemeine Zeitung,* 13.10.1896.
[102] *Neues Wiener Journal,* 12.10.1896.
[103] *Arbeiter-Zeitung,* 13.10.1896.
[104] *Wiener Allgemeine Zeitung,* 13.10.1896.
[105] *Neue Freie Presse,* 12.10.1896.
[106] *Deutsche Zeitung,* 13.10.1896.

er hätte »bitterste Not zu höchstem Rang«, zu »Gipfeln der Kunst« geführt, »dem Genius innewohnende sieghafte Kraft, des Glaubens heilige Wehe«[107] personifiziert.

Die *Ostdeutsche Rundschau* bescheinigt ihm »titanenhaften Trotz« und »gigantische Größe«[108], die *Reichspost* nennt »titanenhafte Werke«, sie lobt den »weitausladenden majestätischen Zug seiner Tonsätze« und daß »Bruckners Werke unvergänglich in ihrer Größe und Erhabenheit seien«[109], das *Wiener Extrablatt* bescheinigt, daß »in gewaltigem Fluge seiner Erfindungsgabe Großartiges gelang« und er aus dem »Studium alter Componisten Lebenskraft sog«[110], die *Wiener Montagspost* erklärt ihn zum »größten Komponisten der Neuzeit.«[111]

Superlative, Religionsmystik, Militarisierungsmetaphorik sind Konstitutiva einer Sprache, die aus deutschnationaler und faschistischer Geisteshaltung längst vertraut ist. Bei Bruckners Nachrufen führte der Umweg noch über die Idylle der Landschaft, den Ruf der Heimat, eine Blut- und Boden-Mystik, die sich auch in liberaleren Blättern niederschlug: »(sein Leben) floß dahin wie ein seichtes Bächlein der Ebene auf traulichem Wiesengrunde«[112], Bruckners »überheiße Phantasie (suchte) nach einem wirklichen Nährboden... und brachte gleichsam ein Stück Natur zum Klingen«[113]. »[...] daß demselben allgemeinen Mutterboden die mannigfaltigsten [...] Kunstweisen entsprießen durften«[114], seine Begabung sei »ein mächtiger Kronenbaum«[115], und »vor wenigen Tagen kollerten die Erdschollen von St. Florian«[116].

Sein »Geburtsort ist in der Nähe der Mutter«[117]: Wen wundert es, wenn das *Wiener Extrablatt* dann von ihm als »Übermensch«[118] sprach, von einer Behandlung der Person, die »Deutschland zur Schande«[119] geriet, wenn »im Namen der gesamten deutschen Studentenschaft des Reiches und des mit uns fühlenden deutschen Volkes dem todten Meister zu danken« ist[120], wenn sein »Vaterland Deutsch-Österreich« genannt wurde[121], die »deutsche Kunst an seinem Genius verloren« war, und der »Akademische Gesangsverein (zur) Siegesfeier deutsche Kunst« geladen war[122], wenn »UNSER ALTMEISTER

[107] *Deutsches Volksblatt,* 19. 10. 1896.
[108] *Ostdeutsche Rundschau,* 13. 10. 1896.
[109] *Reichspost,* 14. 10. 1896.
[110] *Wiener Extrablatt,* 12. 10. 1896.
[111] *Wiener Montagspost,* 26. 10. 1896.
[112] *Wiener Allgem. Zeitung,* 13. 10. 1896.
[113] *Neue Freie Presse,* 13. 10. 1896.
[114] *Vaterland,* 14. 10. 1896.
[115] *Deutsches Volksblatt,* 12. 10. 1896.
[116] *Wiener Sonn- und Montagszeitung,* 19. 10. 1896.
[117] *Presse,* 13. 10. 1896.
[118] *Illustr. Wiener Extrablatt.*
[119] *Deutsche Zeitung,* 12. 10. 1896.
[120] *Deutsche Zeitung,* 15. 10. 1896.
[121] *Deutsches Volksblatt,* 12. 10. 1896.
[122] *Ostdeutsche Rundschau,* 13. 10. 1896.

als Heros voraus(ging)«[123], schließlich Bruckner auf »jenem Standpunkt (stand), welchen Richard Wagner in seiner Broschüre ›Das Judentum in der Musik‹ niedergelegt hatte«[124], »ein echter Barde zum Ruhme deutscher Kunst... und zur Ehre seines Vaterlandes und seines Volkes« genannt wurde[125] und sein Tod so aufgefaßt werden mußte, als »hätte ein jäher Blitzstrahl eine stützende Säule in der Ruhmeshalle der deutschen Musik zerschmettert«[126].

Es ist typisch für die Zeit und für die Zukunft der Rezeptionsgeschichte Anton Bruckners, daß am 12. Oktober 1896 einer der längsten Artikel in der Abendausgabe des *Deutschen Volksblattes* zu finden ist. Hier wird von der Feder des an Wagner geschulten Parteigängers Camillo Horn mit einem Vokabular, das strikt in die Zukunft der nationalsozialistischen Ära weist, Heroengeschichte großen Stils abgehandelt, wie sie vor allem in der weiterführenden Brucknerliteratur bis hin zum Ende des Zweiten Weltkrieges beherrschend wurde:

Anton Bruckner †

»Stumm schläft der Sänger, dessen Ohr
Gelauschet hat an and're Welten Thor.
Ein naher Waldstrom brauste sein Gesang
Und säuselt auch, wie ferner Quellen Klang.«

Dieses bekannte schöne Lied, seit Jahren meiner Erinnerung völlig entschwunden, tauchte plötzlich vor mir auf, als die tieferschütternde Kunde von dem Hinscheiden Bruckner's erscholl. Es erschien mir fast unglaublich, daß des Meisters zähe Natur, die im Kampfe mit dem allbezwingenden Tod öfter als einmal gesiegt hatte, diesem endlich doch unterlegen sei; nun müssen wir uns aber in den herben Verlust fügen, den die deutsche Tonkunst und mit ihr alle Freunde und Schüler des Verblichenen erlitten haben. Tief trauert sein Vaterland, Deutsch-Österreich, dem Bruckner unwandelbare Treue geschworen, und das er nun doch verlassen mußte, um emporzusteigen »zu and're Welten Thor«. Den Saiten seiner Harfe, die er, ein echter Barde, zum Ruhme deutscher Kunst meisterhaft schlug, entspringt nicht mehr, einem Waldstrom gleich, die schier unerschöpfliche Fülle seiner gewaltigen Harmonien, entquellen nicht mehr die traulichen Klänge inniger, keuscher Empfindung! Das heroenhafte Kraftgefühl und der gottergebene Sinn, diese beiden Pole der Bruckner'schen Gemüthswelt gelangen zu keiner neuen künstlerischen Gestaltung mehr, denn stumm ist der Sänger, stumm für ewig! – –

Umso lauter, umso beredter aber werden seine Werke die Größe ihres Schöpfers verkünden, die eine neiderfüllte Kritik vergeblich versucht hat, theils ganz zu unterdrücken, theils möglichst herabzumindern. Und da es einmal so üblich, großen Männern erst nach ihrem Tode die entsprechende Anerkennung zu zollen, steht auch zu erwarten, daß die bedauerliche Gleichgiltigkeit, die ein Theil des musikliebenden Publikums den Riesenwerken Bruckner's gegenüber bisher an den Tag gelegt hat, liebevoller Theilnahme und wachsendem Verständnis weichen werden, um zu sühnen, was an dem größten deutsch-österreichischen Tondichter der Gegenwart verbrochen wurde. Man dürfte nun ablassen von den beliebten kleinlichen Nergeleien, mit denen die Gegner Bruckner's diesem etwas anzuhaben beabsichtigten; der einzelne Musikfreund wird sich unbeeinflußt der Wirkung Bruckner'scher Tondichtungen hingeben, die herkömmliche bürgerliche Elle aus der Hand legen und eines Titanen Größe nimmer an solcher messen.

Bruckner liebte es nicht, seine Werke aus bunten Steinchen zusammenzusetzen; wie Fajolt und Fasner fügte er Fels auf Fels und baute sich auf solche Art musikalische Götterburgen.

[123] *Reichspost*, 14. 10. 1896.

[124] *Kikeriki*, 22. 10. 1896.

[125] *Deutsches Volksblatt*, 12. 10. 1896.

[126] *Ostdeutsche Rundschau*, 13. 10. 1896.

Die Kühnheit, die Fülle seiner überaus plastischen Gedanken allein schon läßt ersehen, daß seine Begabung »kein Pflänzchen, von Alltagsluft hervorgetrieben«, vielmehr »ein mächtiger Kronenbaum« war, »d'rin tausend Knospen leuchtend glänzten«; ein einzelnes Hauptthema Bruckner's schon verräth den gottbegnadeten Symphoniker, als welchen wir diesen Meister allen Nachfolgern Beethoven's ohne Ausnahme voranstellen müssen. Sein Geistesflug erstrebte nicht nur das höchste Gebiet der absoluten Instrumentalmusik, er erreichte es auch, und so gab Bruckner, ein zweiter Grabbe, der Welt eine Reihe großer Werke, denen selbst ein ehrlicher *Feind* seine Achtung nicht versagen kann. Er erweiterte die *Symphonie,* deren Form er zugleich freier gestaltete und mit neuem, hochbedeutenden Inhalt erfüllte, wobei ihm seine unvergleichliche Beherrschung des Contrapunktes und seine glänzende, nie blos äußerliche Instrumentation getreulich unterstützten.

Da ihm jedoch die Symphonie zur künstlerischen Bethätigung seiner strengen, wahrhaften Religiosität, deren Spur bis in die früheste Jugend zurückführt, nicht genügen konnte, wandte sich Bruckner mit Eifer auch der Composition *kirchlicher* Werke zu. Diese, von echter Glaubenskraft durchdrungen, ragen einerseits wie Denkmäler aus früheren Tagen in unsere moderne Zeit hinein, während sie anderseits dieser letzteren durch ihre nahezu dramatische Schlagkraft – man denke beispielsweise an das »Resurrexit« in der F-moll-Messe – und durch Verwendung neuer Ausdrucksmittel fast vorauseilten.

Nicht genug damit, daß Bruckner auch auf kirchlichem Felde zahlreiche, gleichsam für die Ewigkeit bestimmte Werke schuf, deren Ausgestaltung allein die Thätigkeit eines Menschenlebens ausfüllen könnte, hinterließ der Nimmermüde auch den Freunden der *Kammermusik* ein prächtiges Streichquintett in F-dur und den *Männergesangvereinen* ebenso eigenartige, wie werthvolle *Chöre.*

Nebst der Composition, die Bruckner über Alles ging und der er jeden freien Augenblick weihte, befliß er sich in früheren und frühesten Jahren eifrigst des Orgelspieles, in welcher Kunst er eine derartige Meisterschaft erreichte, daß man ihn den berühmtesten Organisten aller Zeiten an die Seite setzen durfte. Insbesondere in der freien Phantasie auf der Orgel soll Bruckner Außerordentliches geleistet haben, und Jene, denen es vergönnt war, seinen Improvisationen zu lauschen, welche selbst die schwierigsten Formen, wie Canon und Fuge, umfaßten, schildern die empfangenen Eindrücke als unvergleichlich. Auch dem Verfasser dieser Zeilen wird es unvergeßlich bleiben, wie er einmal einer Orgelproduction Bruckner's beiwohnte. Leider dauerte der Genuß viel zu kurz. Eben als das classisch vollendete Spiel in prächtigsten Fluß gerathen war und Bruckner in bewunderungswürdiger Mannigfaltigkeit Haydn's Volkshymne mit einem Contrapunkt nach dem anderen schön und schöner schmückte, ließ ihn der Balkentreter schnöde in Stich. Nach geringer, höchst unliebsamer Pause schloß Bruckner mit wenigen Accorden, in denen das zornerfüllte Gemüth sich förmlich Luft zu machen schien.

Als Organist hat Bruckner auch erziehlich trefflich gewirkt und manchen vorzüglichen Schüler herangebildet, desgleichen in den theoretischen Fächern, die Bruckner, aus alter Schule hervorgegangen, mit denkbar größter Gründlichkeit lehrte. Ich nenne hier nur: August Göllerich-Nürnberg, Klose-Karlsruhe, August Stradal, Professor Bockner (Bruckner's Nachfolger am Conservatorium), und Dittrich (Begründer des ersten Conservatoriums in Japan)-Wien. Doch galt Bruckner der Unterricht nicht eben als Lieblingsbeschäftigung, was ja bei einem stets an der Entfaltung seiner eigenen Werke geistig arbeitenden Künstler leicht erklärlich erscheint. Bruckner liebte es, für seine Schüler jene contrapunktischen Beispiele und Aufgaben zu wählen, welche er selbst unter Simon Sechter, seinem Lehrer, in wahre Riesenfolianten gewissenhaft eingetragen hatte. Jene dickleibigen Ungeheuer allein schon mußten den Schüler mit größtem Respect vor seines Meisters Fleiß und Wissen erfüllen.

Von seinen religiösen Pflichten ließ sich Bruckner auch während der Unterrichtsstunden nicht abhalten, er sprach zum Beispiel beim Klang des Vesperglöckleins regelmäßig den Abendsegen und ließ des Schülers Arbeit indessen ruhen.

Im persönlichen Verkehr entwickelte Bruckner auffällige Bescheidenheit und große Liebenswürdigkeit. Nur hin und wieder ließ er sich von seiner Laune beherrschen, und hiervon dürfte namentlich seine langjährige, treue Haushälterin Mancherlei zu erzählen wissen. Wenn sie ihm ein- oder das anderemal nicht sofort zu Diensten stand, dann herrschte sie der sonst wahrlich nicht stolze Künstler an: »Wissen Sie, wer ich bin? Ich bin der Bruckner!«, worauf die Letztere, eine reiche Wienerin, kurz gefaßt erwiderte: »Und ich bin die Kadi!« (Kathi). Damit hatte der »Streit« ein Ende und es herrschte wieder häuslicher Frieden.

Recht böse konnte Bruckner werden, wenn er beim Componiren gestört wurde und Frau Kathi hatte den strengsten Auftrag, zu solcher Zeit Niemanden vorzulassen. Man mußte überhaupt bei der guten Frau wohl angeschrieben sein, um Einlaß zu finden. Als ehemaliger Schüler Bruckner's hielt ich es für meine Pflicht, den Meister zu meinem eigenen Concerte höflichst einzuladen. Mit dem Ausruf: »Zum Teufel, man hat aber auch nicht fünf Minuten Ruh'!« wurde ich bei der Thür von ihm empfangen, um schließlich unter größter Liebenswürdigkeit mit den Worten entlassen zu werden: »Einen Anderen hätte ich gar nicht so freundlich begrüßt.«

All' der originellen Aussprüche und Handlungen Bruckner's zu gedenken, hieße Bände von dem Umfange jener obgenannten Studienbücher füllen. Heute obliegt mir viel Ernsteres: Einen Rückblick auf des Meisters Werdegang zu werfen.

Anton Bruckner, geboren am 4. September 1824 zu Ansfelden in Oberösterreich, war der Sohn eines mit einem vollen Dutzend Kinder gesegneten Dorfschulmeisters. Zwölf Jahre alt, mußte Anton schon seinen indessen verstorbenen Vater vertreten, Schule halten, Ministranten- und Organistendienste verrichten. Doch nahm sich seiner bald der edle Stiftsprälat von St. Florian an und ließ ihn als Sängerknaben auch im Clavier- und Geigenspiele, sowie im Generalbaß unterrichten. In dankbarer Erinnerung dessen nahm Bruckner fast alljährlich zur Zeit der großen Ferien in St. Florian längeren Aufenthalt. Am 23. August, am Patrociniumstage, spielte er dann regelmäßig die Stiftsorgel und dies war sozusagen ein Musikfest für ganz Oberösterreich, denn Alles strömte herbei, um sein großartiges Spiel zu bewundern.

Nachdem Bruckner in Linz bei Dürrnberger seine Kenntnisse der Harmonielehre erweitert und den zehnmonatlichen Präparandencurs absolvirt hatte, erhielt er eine Anstellung als Schulgehilfe in Windhag bei Freistadt. Der wahre Hungerlohn von 12 Gulden *jährlicher* Besoldung zwang Bruckner, bei Bauernhochzeiten um einige Kreuzer zum Tanz aufzuspielen. Doch es sollte noch schlimmer kommen. Als er sich einmal weigerte, für seinen Vorgesetzten die Feldarbeit zu besorgen, wurde er strafweise nach Kronsdorf bei Steyr versetzt. Die Güte eines Bauern, der ihm ein altes Clavier lieh, milderte sein Elend, und oft schon um 4 Uhr Früh verrichtete Bruckner sein musikalisches Morgengebet, das – bezeichnenderweise – in Bach's Präludien und Fugen bestand. Schon aus dieser Zeit stammt ein »Tafellied«, das der Wiener Akademische Gesangsverein seinerzeit zum Vortrag brachte.

1845 ward Bruckner Lehrer und supplirender Stiftsorganist in St. Florian. Als ihm nun gar ein Gönner ein Clavier vermachte, glaubte er den Himmel auf Erden zu haben und componirte fleißig Psalmen, Motetten und Lieder, welch' letztere Jugendarbeiten sich zum Theil im Besitze des Pianisten Stradal befinden. In St. Florian entstanden aber auch die ersten umfangreicheren Werke, ein Requiem, den Manen seines verstorbenen Gönners gewidmet und eine Messe zur Insulirung des Prälaten; beide Compositionen kamen zur Aufführung. Als Bruckner 1851 einen Jahresgehalt von 116 Gulden bezog, fühlte er sich in der Lage, die längst geplante Reise nach Wien zu unternehmen, um vor den dortigen Hofcapellmeistern Aßmayer und Preyer Proben seiner Kunst abzulegen; zum Erstaunen Aller führte er eine Doppelfuge durch. Noch glänzender fiel ein Probespiel in Linz aus, das ihm 1855 die Domorganistenstelle daselbst eintrug. Nun vollendete er seine Studien, indem er während der Jahre 1855–61 allwöchentlich zu Sechter nach Wien fuhr, um mit diesem gemeinsam oft halbe Tage lang zu arbeiten. Zum Schlusse seiner Lehrzeit legte Bruckner am Wiener Conservatorium in Gegenwart von Sechter, Dessoff und Herbeck eine Prüfung ab und verblüffte seine Examinatoren geradezu durch eine genial improvisirte Fuge über ein achttaktiges Thema. Bruckner erhielt ein glänzendes Zeugnis der Reife (»summa cum laude«) und hatte nun auch an Hofcapellmeister Herbeck einen aufrichtig begeisterten, thatkräftigen Freund gewonnen. Das schönste Zeugnis stellte ihm an diesem Tage Herbeck aus, indem er sich äußerte: »Wenn ich den zehnten Theil von dem wüßte, was der weiß, wäre ich glücklich!«

Solche Erfolge spornten Bruckner zu weiteren Studien an, denen er nun zwei Jahre lang unter der Leitung des orchesterkundigen, verdienstvollen Dirigenten Kitzler (gegenwärtig in Brünn) oblag. Die Domorganistenstelle gewährte ihm noch Zeit genug, sich der Führung des tüchtigen Linzer Männergesangvereins »Frohsinn« mit vollem Eifer hinzugeben und die Männerchor-Literatur durch gediegene Tonwerke, wie den preisgekrönten »Germanenzug«, zu bereichern. Im Jahre 1864 schrieb Bruckner seine 1. Messe in D-moll (Erstaufführung unter Herbeck in Wien 1867) und am 14. Mai 1865 seine I. Symphonie in C-moll (Erstaufführung in Linz am 7. Mai 1868, ohne besonderen Erfolg zu erzielen, weil in der Wiedergabe sehr mangelhaft.) Während seines Linzer Aufenthaltes brachte Bruckner die Schlußscene aus Wagner's »Meistersinger«, deren Manuscript er von dem ihm sehr wohl gewogenen Tondichter selbst erhalten hatte, zuerst zur Aufführung; in Linz entstand auch die zweite Messe in E-moll (mit Blasinstrumenten), zur Einweihung der dortigen Votivcapelle verfaßt und mit schönem Erfolg 1860 aufgeführt.

Durch Herbeck's Vermittelung wurde Bruckner nach dem Ableben Sechter's zu dessen Nachfolger für Orgelspiel, Harmonielehre und Contrapunkt am Conservatorium, sowie zum »exspectirenden« Organisten an der Wiener Hofcapelle ernannt. Kurze Zeit darauf, zur Weihnacht 1868, vollendete er seine dritte und gewaltigste Messe, jene herrliche in F-moll.

Aber auch als Hoforganist und Professor kannte Bruckner keinen Stillstand. Rastlos unterzog er sich immer schwierigeren Orgelstudien, die ihn befähigten, bei einem Wettspiele in der Kathedrale zu Nancy über sämmtliche Mitbewerber den Sieg zu erringen. Noch größeren Triumph feierte er in London, wo das Comité der internationalen Ausstellung einen Wettstreit der berühmtesten Orgelvirtuosen in der Alberthalle veranstaltet hatte. Bruckner ging zur Ehre seines Vaterlandes und seines Volkes abermals als Erster hervor und mußte noch zahlreiche Concerte in London abhalten. Die Themsestadt stellte ihm vergeblich die glänzendsten Bedingungen, um ihn für immer an sich zu fesseln, doch Bruckner wollte von Wien nicht lassen.

Hier erlebte er 1872 die Freude einer Aufführung seiner F-moll-Messe durch Herbeck, aber auch das Leid, seine II. Symphonie (in C-moll, Franz Liszt zugeeignet), welche er den Philharmonikern eingereicht hatte, von diesen zurückgewiesen zu sehen. Ein Jahr später dirigirte Bruckner diese angeblich unaufführbaren Tondichtungen bei der Schlußfeier der Weltausstellung in eigener Person und erntete trotz der nicht eben musterhaften Leistung des Orchesters stürmischen Beifall. Abermals war es der tiefblickende und tieffühlende Herbeck, der nach einer Probe dem Werke höchste Achtung zollte, indem er sagte: »Wenn Brahms im Stande wäre, eine solche Symphonie zu schreiben, dann würde der Saal vor Applaus demolirt werden.«

Gleichfalls 1873 beendete Bruckner seine III. Symphonie (»Meister Richard Wagner in tiefster Ehrfurcht gewidmet«), eines seiner leichtest faßlichen Werke, das am 16. Dezember 1877 in einem Gesellschaftsconcerte seine erste Wiedergabe erlebte. 1875 wurde Bruckner zum Lector der Wiener Universität ernannt; 1876, am 20. Februar, gelangte seine C-moll-Symphonie Nr. 2 zu erster Aufführung und 1878 vollendete er seine IV. Symphonie (in Es), die sogenannte »Romantische«, die 1881 außergewöhnlichen Erfolg errang. Schon Herbeck äußerte sich über dieses in lieblichste Naturstimmung getauchte Tongebilde also: »Das könnte Schubert geschrieben haben: wer so etwas schaffen kann, vor dem muß man Respect haben.«

Bruckner's V. Symphonie (B-dur) fand erst 1894 in Graz unter Schalk ihre erste Wiedergabe; die Sechste führte freilich nur theilweise, als *Erster* Hofcapellmeister Jahn im Jahre 1883 auf; auch sie gewann bedeutenden Erfolg. Des großen Streichquartettes in F-dur – der einzigen Schöpfung Bruckner's für Kammermusik – hatte sich Hellmesberger im Jahre 1885 mit besonderem Glück angenommen, nachdem der für Bruckner eifrig wirkende Akademische Wagner-Verein und dessen hauptsächliche Leiter, die Herren Professoren Schalk und Löwe, für interne Aufführungen desselben bereits gesorgt hatten. Ungeahnte Erfolge erzielte die VII. Symphonie (E-dur, König Ludwig II. gewidmet), wohl das prächtigste, gefälligste Werk Bruckner's, in Leipzig am 30. December 1884. Das Te Deum, zum erstenmal 1886 in Wien aufgeführt und seitdem überall mit großem Beifall aufgenommen, machte Bruckner's Namen nahezu populär.

Nun war das Eis gebrochen und Bruckner's Bedeutung ließ sich nicht mehr mit einem bloßen Achselzucken abthun oder mit »geistreicher« Witzelei »umschreiben«. Die Aufführungen im In- und Auslande mehrten sich in erfreulicher Weise; sie alle aufzuzählen gestattet der enge Rahmen dieses Gedenkblattes nicht und es sei nur noch kurz der Berliner Triumphe (infolge Eingreifens des Capellmeisters Siegfried Ochs, und der sensationellen Erstaufführung der »Romantischen« gedacht, welch' letztere Paul Heyse zu einem überaus schmeichelhaften Schreiben an Bruckner veranlaßte.

In der Ehrung, die Bruckner vom Auslande erfahren, wollte die Heimat nicht nachstehen und so zögerte denn auch die Wiener Universität nicht länger und ernannte ihren Lector zum Doktor der Philosophie. Ein im Sofiensaal zu Ehren des Gefeierten abgehaltener Commers gab Zeugnis von der großen Beliebtheit, deren sich Bruckner bei der Jugend der Hochschule zu erfreuen hatte. Bruckner wußte aber auch diese Ovationen zu würdigen und widmete seine umgearbeitete I. Symphonie der *Wiener* Universität.

Noch ist der kolossalen Achten zu gedenken, die am 18. December 1892 mit höchster Begeisterung aufgenommen wurde, sowie einer Reihe weiterer Aufführungen, die selbst in kleineren Städten, wie Olmütz (Director Labler), Steyr und vielen anderen mit Anspannung aller Kräfte trefflich gelangen. Eine IX. Symphonie, gleich jener einzigen Beethoven's in D-moll, zu vollenden, war Bruckner leider nicht mehr vergönnt.

Trotz liebevoller Pflege und fürstlicher Unterstützung, die ihm im Belvederegarten ein wohnliches Heim geschaffen, vermochte sich der greise Meister nicht mehr zu erholen. Ein Herzschlag machte der tückischen Krankheit und zugleich dem immer schaffensfrohen Leben Bruckner's ein Ende.

Unerbitterlich raffte der Tod ein Menschenleben dahin, das sich ganz aus sich selbst durch Nacht und Licht, aus den ärmlichsten Verhältnissen, aus bitterster Noth zu höchstem Rang, zu den Gipfeln der Kunst emporzuringen wußte, gehoben durch das Festhalten an seiner idealen Anschauung, geführt durch die dem Genius innewohnende sieghafte Kraft, gestärkt durch des Glaubens heilige Weihe.[127]

Die 84 im Wiener Raum zum Tode Anton Bruckners erschienenen Artikel, von denen knapp 30 als echte Nekrologe angesprochen werden können, umgreifen in ihrer Gesamtheit nahezu alle Tendenzen des Musikschrifttums, das sich bis in die fünfziger Jahre dieses Jahrhunderts mit Anton Bruckner befaßte und dessen Gliederung der Autor dieser Studie 1973 – damals ohne Kenntnis der Nekrologe – in einem Versuch einer Systematik vorlegte.[128] Jene Systematik, nach dem soziologischen Aspekt des Autors, dem inhaltlichen Aspekt des Themas und Aspekten des Effekts getrennt, ließe sich ohne großartige Veränderung auch an die Nekrologe anlegen, welche Parallele wohl den schlagendsten Beweis für die Wirkungsgeschichte Brucknerscher Beurteilung darstellt, vielleicht mit jener Einschränkung versehen, daß die Nekrologe selbst nicht ausschließlich als klischeestiftend verstanden werden können, sondern – sofern Klischees bereits in den Gemeinden vorhanden waren – als klischeeverbreitend. Jedenfalls ergibt sich ein Brucknerbild, das in nahezu allen Facetten der heutigen Trivialliteratur dieser Thematik entspricht und erst in jüngster Zeit mit detaillierten und komplizierten Einzelstudien durchbrochen zu werden versucht wird. Ein Vergleich der Gegenüberstellung gängiger Reizworte, die heute noch im weitaus größten Teil der Brucknerliteratur das Charakterbild des Komponisten zu schildern trachten, mit der Charakterisierung des eben Verstorbenen in den Nekrologen zeigt eine Identität auf, die geradezu konstruiert erscheint. Es sind dies: Dickfelligkeit, ungeschickte Verliebtheit, Gutmütigkeit, sowohl technisches als auch phantasievolles Können, ein hartes, entbehrungsreiches Leben, Zerstreutheit, Humor (makaber bis leutselig), Fleiß, schicksalhaftes Unglück, ein im Dienste der Kunst jederzeit Bereitstehen, die Verletzung feiner Sitten, Bauernschläue, musikalische Sensibilität, die gegen Verletzungen allergisch wird, Frömmigkeit und Naivität, Großzügigkeit zu Kindern, Tierfreundlichkeit, ein allzu ehrliches und deswegen in der Praxis zu kurz kommendes Verhalten, Biederkeit, Armut, Unterwürfigkeit, Autoritätsglaube, Eingebung in Träumen, demütige Lehrhaftigkeit, Verkennung, historische Ehrfurcht und solche vor berühmten Zeitgenossen, dumme Vorsicht, Bruderliebe, Lebensfreude im Alter, verdientes Geehrtwerden, einfache Sinneslust, die immerwährende Hungrigkeit, Bierdurst, Austausch einfacher Zärtlichkeiten, gelegentlich auch Starrsinn, Wissen um die eigene Gewichtigkeit, Nachgeben gegenüber anerkannten Fachautoritäten.

127 *Deutsches Volksblatt*, 12.10.1896.

128 Manfred Wagner, »Vorwort zu einer Bibliographie, dargestellt an jener Anton Bruckners«, in: *Musikforschung* 26/2, 1973, S. 225f.

Die Identität von Nekrologie und späterem Musikschrifttum nimmt dann nicht wunder, wenn man weiß, daß bis heute die Anekdote ein Konstitutivum Brucknerscher Biographik darstellt, weil die Freunde und Bekannten Bruckners, die sie berichteten oder erfanden, immer noch als konkrete Zeugen geführt werden. Der Forderung, »die Anekdote im Fall Bruckner als Quelle auszuschließen, ihren Verlockungen gegenüber abstinent zu bleiben und fest entschlossen sich an das Werk zu klammern und von dort aus möglicherweise einen Zugang zu Persönlichkeit Anton Bruckners in neuer Sicht zu erfahren«, ist bislang kaum entsprochen worden.[129]

Der zweite Schwerpunkt der Gestaltung der Nekrologe und eines Großteils der späteren Fachliteratur liegt in der Identität der Sympathien der Autoren. Geht es doch auch um Personen, die sich eine Rolle zuschanzen wollen gegenüber dem Objekt, und sich damit quasi in die Aura des Unsterblichen einkaufen, ihre persönliche Nähe oder ihr persönliches Wissen als Argument benutzen, und – bewußt oder unbewußt damit rechnend – hoffen dürfen, daß ein Schimmer vom Glanz ihres Helden auf sie falle.

Das dritte und vielleicht schwerwiegendste Zusammenfallen von Tendenzen mancher Nekrologeschreiber und einiger Verfasser wenn auch maßgebender Biographien ist in der geistesgeschichtlichen Einordnung des Komponisten Anton Bruckner zu suchen, in der von Interpretation stark mitgeprägten Wagnernähe, dem Klischee der Heldenpose, das der Musik gern unterstellt wird, der Zugehörigkeit letztlich zu einer deutschen nationalen Musiksprache emotionaler Provenienz, wie sie wahrscheinlich fast bis zur Gegenwart Wirkung und Folgen der Zweiten Wiener Schule relativ erfolgreich entgegenstand. Der Versuch der Gedenkschreiber und der Musikschriftsteller, Bruckners Werke ihrer Materialität zu entkleiden, ihr eher mit hermeneutischen, außermusikalischen Deutungsmethoden näherzukommen, mußte in emotionalen, wenn nicht metaphysischen Verehrungen enden. Die dafür eingebrachten Superlative verhinderten die Meßbarkeit der ästhetischen Prozesse nach rationalen Kriterien und wichen damit der Gefahr der Vereinnahmung, gleichgültig welcher irrationalen Vorstellung, nicht aus.

Wenn auch eine umfassende Rezeptionsgeschichte von Persönlichkeit und Werk Anton Bruckners noch aussteht, liegen jedenfalls die Zusammenhänge von Bruckners zeitgenössischer Einschätzung – punktuell zusammengefaßt – in den Nekrologen und dem heute weitverbreiteten Brucknerbild, das nur in Ansätzen der Realität entspricht, vor. Ob die Autoren zukünftig davon Kenntnis nehmen, ist allerdings ungewiß.

[129] Manfred Wagner, »Gefahr der Anekdote«, in: *Bruckner-Symposion Linz 1977. Bericht*, Linz 1978, S. 32.

Rainer Riehn

# Werkverzeichnis

Dieses Verzeichnis fußt auf Renate Grasbergers *Werkverzeichnis Anton Bruckner (WAB)* = Publikationen des Instituts für Österreichische Musikdokumentation, hrsg. von Franz Grasberger –7–, Tutzing 1977 und auf Deryck Cookes »work-list« in *The New Grove Dictionary of Music and Musicians,* hrsg. von Stanley Sadie, Bd. II, London 1980.

## 1. Orchesterwerke

*Apollo-Marsch* in Es-Dur für Militärmusik – um 1862
U: Vöcklabruck, 14. September 1924, Stadtkapelle

Marsch in d-moll – 1862
U: Klosterneuburg, 12. Oktober 1924, Dir.: Franz Moißl

Drei Orchesterstücke in Es-Dur, e-moll und F-Dur – 1862
U: Klosterneuburg, 12. Oktober 1924, Dir.: Franz Moißl (zusammen mit dem Marsch in d-moll unter dem Titel Vier Orchesterstücke)

Ouvertüre in g-moll – 1862/63
U: Klosterneuburg, 8. September 1921, Dir.: Franz Moißl

Symphonie in f-moll – 1863
U: Klosterneuburg, 18. März 1924, Dir.: Franz Moißl (nur der erste, zweite und vierte Satz; der dritte Satz wurde am 12. Oktober 1924 in Klosterneuburg ebenfalls unter Franz Moißl uraufgeführt)

Scherzo in g-moll – 1865 – ursprünglich für die I. Symphonie bestimmt

Symphonie, »Die Nullte«, in d-moll – 1863/64, revidiert: 1869
U: des dritten und vierten Satzes: Klosterneuburg, 17. Mai 1924, Dir.: Franz Moißl; des gesamten Werks: Klosterneuburg, 12. Oktober 1924, Dir.: Franz Moißl

Marsch in Es-Dur für Militärmusik – 1865

I. Symphonie in c-moll
Linzer Fassung: 1865/66 – U: Linz, 9. Mai 1868, Dir.: Anton Bruckner
Wiener Fassung: 1890/91 – U: Wien, 13. Dezember 1891, Dir.: Hans Richter

Adagio in As-Dur – 1865/66 – Erstfassung des zweiten Satzes der I. Symphonie

Symphonie in B-Dur – 1869 – nur Skizzen für den ersten Satz

II. Symphonie in c-moll
Originalfassung: 1871/72 – U: Wien, 26. Oktober 1873, Dir.: Anton Bruckner
Zweite Fassung: 1875/76 (in Zusammenarbeit mit Johann Herbeck), revidiert: 1877 und 1891/92 – U: Wien, 20. Februar 1876, Dir.: Anton Bruckner

III. Symphonie in d-moll
Erste Fassung: 1872/74
Zweite Fassung: 1876/77 – U: Wien, 16. Dezember 1877, Dir.: Anton Bruckner
Dritte Fassung: 1888/89 (in Zusammenarbeit mit Franz Schalk) – U: Wien, 21. Dezember 1890, Dir.: Hans Richter

IV. Symphonie, »Romantische«, in Es-Dur
Erste Fassung: 1874 – U: des Scherzo: Linz, 12. Dezember 1909, Dir.: August Göllerich
Zweite Fassung: (mit neuem Scherzo und Finale): 1878/80 – U: Wien, 20. Februar 1881, Dir.: Hans Richter
Dritte Fassung: 1887/88 (in Zusammenarbeit mit Ferdinand Löwe) – U: Wien, 22. Januar 1888, Dir.: Hans Richter

V. Symphonie in B-Dur – 1875/76, revidiert: 1877/78
U: der Originalfassung: München, 20. Oktober 1935, Dir.: Siegmund von Hausegger; der Fassung für 2 Klaviere: Wien, 20. April 1878, Josef Schalk und Franz Zottmann; der von Franz Schalk bearbeiteten Fassung: Graz, 8. April 1894

VI. Symphonie in A-Dur – 1879/81
U: der beiden Mittelsätze: Wien, 11. Februar 1883, Dir.: Wilhelm Jahn; aller vier Sätze (allerdings mit Kürzungen und instrumentalen Retouchen): Wien, 26. Februar 1899, Dir.: Gustav Mahler; des ungekürzten Werks: Wien, 13. Januar 1901, Dir.: August Göllerich

VII. Symphonie in E-Dur – 1881/83
U: Leipzig, 30. Dezember 1884, Dir.: Arthur Nikisch; des ersten und dritten Satzes in der Fassung für 2 Klaviere: Wien, Februar 1883, Josef Schalk und Franz Zottmann; aller vier Sätze in der Fassung für 2 Klaviere: Wien, 1884, Josef Schalk und Ferdinand Löwe

VIII. Symphonie in c-moll
Erste Fassung: 1884/87 – U: des ersten Satzes: München, 2. Mai 1954, Dir.: Eugen Jochum; des gesamten Werks: London, 2. September 1973, Dir.: Hans-Hubert Schönzeler
Zweite Fassung: 1887/90 – U: Wien, 18. Dezember 1892, Dir.: Hans Richter.
Fiktive Fassung, die in die zweite Fassung Material der ersten einfügte – U: Hamburg, 5. Juli 1939, Dir.: Wilhelm Furtwängler

IX. Symphonie in d-moll – 1887/96 (unvollendet, vom Finale existieren nur Skizzen)
U: der Version Ferdinand Löwes, die instrumentale Änderungen enthält: Wien, 11. Februar 1903, Dir.: Ferdinand Löwe; der Originalfassung: München, 2. April 1932, Dir.: Siegmund von Hausegger

Trio in F-Dur – 1889 – ursprünglich für das Scherzo der IX. Symphonie bestimmt

## 2. Kammermusik

Aequale in c-moll für 3 Posaunen – 1847
U: St. Florian 1847

Aequale in c-moll für 3 Posaunen – 1847

Streichquartett in c-moll – 1861/62
U: Berlin, 15. Februar 1951, Köckert-Quartett

*Abendklänge* in e-moll für Violine und Klavier – 1866

Streichquintett in F-Dur – 1878/79
U: der ersten drei Sätze: Wien, 17. November 1881, Winkler-Quartett (2. Bratsche: Franz Schalk); aller vier Sätze: Wien, 8. Januar 1885, Hellmesberger-Quartett

Intermezzo in d-moll für 2 Violinen, 2 Violen und Violoncello – 1879 – geplant als Scherzo eines neuen Quintetts
U: Wien, 23. Januar 1904, Winkler-Quartett

## 3. Klavierwerke

Lancier-Quadrille in C-Dur – um 1850

Steiermärker in G-Dur – um 1850

Drei kleine Vortragsstücke in G-Dur, G-Dur und F-Dur für Klavier vierhändig – 1852/54

Quadrille in A-Dur für Klavier vierhändig – um 1854

Klavierstück in Es-Dur – um 1856

Drei erste Sonatensätze in F-Dur, f-moll und g-moll – 1861/62

Adagio in F-Dur – 1861/62

*Stille Betrachtung an einem Herbstabend* in fis-moll – 1863

*Erinnerung* in As-Dur – um 1860

Fantasie in G-Dur – 1868

## 4. Orgelwerke

Vier Präludien in Es-Dur – um 1836

Präludium in Es-Dur – um 1836

Vorspiel in d-moll – um 1846

Nachspiel in d-moll – um 1846

Vorspiel und Fuge in c-moll – 1847

Fuge in d-moll – 1861

Präludium (»Perger Präludium«) in C-Dur – 1884

## 5. Geistliche Musik mit Instrumentalbegleitung

Messe (»Windhager«) in C-Dur, für Altsolo, 2 Hörner und Orgel – um 1842
U: zur Entstehungszeit in Windhaag(?)

*Libera me, Domine,* für vierstimmigen gemischten Chor und Orgel in F-Dur – um 1843
U: zur Entstehungszeit in Kronstorf

*Litanei,* für vierstimmigen gemischten Chor und Blechbläser – um 1844 oder um 1858 – verschollen
U: Linz

Requiem in d-moll, für vierstimmigen Männerchor und Orgel – 1845 – verschollen
U: zur Entstehungszeit in Kirchberg bei Eferding mit Bruckner an der Orgel

*Herz-Jesu-Lied*, für vierstimmigen gemischten Chor und Orgel in B-Dur – um 1845 – zweifelhaft

*O du liebes Jesukind,* Schullied für Singstimme und Orgel in F-Dur – um 1845 – zweifelhaft
U: zur Entstehungszeit in St. Florian

*Asperges me*, für vierstimmigen gemischten Chor und Orgel in aeolischem Modus – um 1845
U: zur Entstehungszeit in Kronstorf

*Asperges me,* für vierstimmigen gemischten Chor und Orgel in F-Dur – um 1845
U: zur Entstehungszeit in Kronstorf

*Missa pro Quadragesima,* für vierstimmigen gemischten Chor, Orgel und 2 Posaunen in g-moll – Skizzen nur für das Kyrie

*Tantum ergo,* für vierstimmigen gemischten Chor und Orgel in D-Dur – 1846 (?), revidiert: 1888
U: zur Entstehungszeit in St. Florian

*Tantum ergo,* für vierstimmigen gemischten Chor und Orgel in A-Dur – um 1849

Requiem in d-moll, für Soli, vierstimmigen gemischten Chor, Orchester und Orgel – 1848/49, revidiert: 1892
U: St. Florian, 15. September 1849

Messe in Es-Dur, für vierstimmigen gemischten Chor, 2 Oboen, 3 Posaunen und Orgel – um 1850 – Skizzen nur für das Kyrie

*Magnificat,* für Soli, vierstimmigen gemischten Chor, Orchester und Orgel in B-Dur – 1852
U: St. Florian, 15. August 1854

*Psalm XXII »Der Herr regieret mich«,* für vierstimmigen gemischten Chor und Klavier in Es-Dur – um 1852
U: St. Florian, 11. Oktober 1921

*Psalm CXIV »Alleluja! Liebe erfüllt mich«,* für fünfstimmigen gemischten Chor und 3 Posaunen in G-Dur – 1852
U: zur Entstehungszeit in St. Florian in einer Probe bzw. Linz, 1. April 1906

*Missa solemnis,* für Soli, vierstimmigen gemischten Chor, Orchester und Orgel in b-moll – 1854
U: St. Florian, 14. September 1854

*Tantum ergo,* für vierstimmigen gemischten Chor, 2 Violinen, 2 Trompeten und Orgel in B-Dur – um 1854
U: Vöcklabruck, 12. April 1925, Dir.: Max Auer

*Libera me, Domine,* für fünfstimmigen gemischten Chor, 3 Posaunen, Bässe (Violoncello und Kontrabaß) und Orgel in f-moll – 1854
U: St. Florian, 28. März 1854

*Ave Maria,* für vierstimmigen gemischten Chor (mit Sopran- und Altsolo), Orgel und Violoncello in F-Dur – 1856
U: St. Florian, 7. Oktober 1856

*Psalm CXLVI »Alleluja: Lobet den Herrn«,* für Soli, vierstimmigen gemischten Chor und großes Orchester in A-Dur – um 1860
U: St. Florian, 14. Dezember 1861

*Afferentur regi,* für vierstimmigen gemischten Chor, 3 Posaunen und Orgel ad lib. in F-Dur – 1861
U: St. Florian, 13. Dezember 1861

*Psalm CXII »Alleluja! Lobet den Herrn«,* für achtstimmigen gemischten Doppelchor und großes Orchester in B-Dur – 1863
U: Vöcklabruck, 14. März 1926. Dir.: Max Auer

Messe Nr. 1 in d-moll, für Soli, vierstimmigen Chor, Orchester und Orgel – 1864, revidiert: 1876 und 1881/82
U: Linz, 20. November 1864, Dir.: Anton Bruckner

Messe Nr. 2 in e-moll, für achtstimmigen gemischten Chor und Bläser – 1866, revidiert: 1876, 1882, 1885 und 1896
U: Linz, 29. September 1869, Dir.: Anton Bruckner; der revidierten Fassung: Leipzig, 9. April 1940, Dir.: Johann Nepomuk David

Messe Nr. 3 in f-moll, für Soli, vierstimmigen gemischten Chor, Orchester und Orgel – 1867/68, revidiert: 1876, 1877, 1881 und zwischen 1890 und 1893
U: Wien, 16. Juni 1872, Dir.: Anton Bruckner

*Inveni David,* für vierstimmigen Männerchor und 4 Posaunen in f-moll – 1868
U: Linz, 10. Mai 1868, Dir.: Anton Bruckner

Requiem in d-moll – 1875 – Skizze von 18 Takten

*Tota pulchra es,* für Tenorsolo, vierstimmigen gemischten Chor und Orgel in phrygischem Modus – 1878
U: Linz, 4. Juni 1878, Dir.: Johann Burgstaller

*Inveni David,* harmonisierter Gregorianischer Choral für Singstimmen (unisono) und Orgel – 1879
U: St. Florian, 28. Juli 1879, Dir.: Ignaz Traumihler

*Christus factus est,* für achtstimmigen gemischten Chor, 2 Violinen und 3 Posaunen in d-moll – 1879, revidiert: 1896
U: 2. Münchner Brucknerfest, Oktober 1933

*Ave Maria,* für Altsolo und Klavier, Orgel oder Harmonium in F-Dur – 1882
U: Stuttgarter Brucknerfest 1921

*Te Deum,* für Soli, vierstimmigen gemischten Chor, Orchester und Orgel (ad. lib.) in C-Dur – 1881/84
U: Wien, 2. Mai 1885, Dir.: Anton Bruckner; der Orchesterfassung: Wien, 10. Januar 1886, Dir.: Hans Richter

*Ecce sacerdos magnus,* für achtstimmigen gemischten Chor, 3 Posaunen und Orgel in a-moll – 1885
U: Vöcklabruck, 21. November 1912, Dir.: Max Auer

*Ave regina coelorum,* harmonisierter Gregorianischer Choral für Singstimmen (unisono) und Orgel – um 1886

*Veni creator spiritus,* harmonisierter Gregorianischer Choral für Singstimmen (unisono) und Orgel – um 1884

*Psalm CL »Halleluja! Lobet den Herrn«,* für Soli, vierstimmigen gemischten Chor und großes Orchester in C-Dur – 1892
U: Wien, 13. November 1892, Dir.: Wilhelm Gericke

## 6. Geistliche A-Cappella-Musik (wenn nicht anders angegeben für vierstimmigen gemischten Chor)

*Domine, ad adjuvandum me festina* – 1835 – Skizze von 25 Takten, zweifelhaft

*Pange lingua* in C-Dur – um 1835, revidiert: 1891

*Tantum ergo* in D-Dur – 1843

Messe ohne Gloria (»Kronstorfer Messe«) in d-moll – 1844
U: St. Florian, 1. Dezember 1974, Dir.: Augustinus Franz Kropfreiter

*Salve regina* – um 1844 – verschollen

*Vier Tantum ergo* in Es-Dur, C-Dur, B-Dur und As-Dur – 1846, revidiert: 1888
U: zur Entstehungszeit in St. Florian

*Dir, Herr, will ich mich ergeben,* Choral in A-Dur – um 1847

*In jener letzten der Nächte,* Choral in f-moll – um 1848

*Ave Maria,* für Sopran, 2 Alti, 2 Tenöre und 2 Bässe in F-Dur – 1861
U: Linz, 12. Mai 1861, Dir.: Anton Bruckner

*Asperges me* in F-Dur – um 1868
U: zur Entstehungszeit in Linz

*Pange lingua et Tantum ergo* in phrygischem Modus – 1868
U: Steyr, 1890, Dir.: Franz Bayer

*In S. Angelum custodem* in phrygischem Modus – um 1868
U: Stift Wilhering, 1868

Festgesang *»Sankt Jodok sproß aus edlem Stamme«* (Textdichter unbekannt), Kantate in C-Dur für vierstimmigen gemischten Chor, Sopran-, Tenor- und Baßsolo und Klavier

*Locus iste* in C-Dur – 1869
U: Linz, 29. Oktober 1869, Dir.: Johann Burgstaller

*Os justi* in lydischem Modus für achtstimmigen gemischten Chor – 1879
U: St. Florian, 28. August 1879, Dir.: Ignaz Traumihler

*Christus factus est* in d-moll – 1884
U: Wien, 9. November 1884

*Salvum fac populum,* Falsobordone-Satz – 1884

*Virga Jesse floruit* in e-moll – 1885
U: Wien, 8. Dezember 1885, Dir.: Anton Bruckner

*Vexilla regis* in phrygischem Modus – 1892
U: St. Florian, 31. März 1892, Dir.: Bernhard Deubler

## 7. Begleitete weltliche Chormusik

*Vergißmeinnicht* (Ernst Marinelli), für 4 Solostimmen, achtstimmigen gemischten Chor und Klavier in D-Dur – 1845 – zwei frühere Fassungen trugen die Titel *Musikalischer Versuch nach dem Kammer-Styl über ein kurzes Gedicht für Sänger mit Begleitung des Pianoforte* bzw. *Musikalischer Versuch nach dem Kammer-Styl über ein Gedicht für Sing-Partien und Pianoforte-Begl.*

*Wie des Bächleins Silberquelle* für 2 Soprane und Klavier in G-Dur – um 1846 – Skizzen nur der Singstimmen

*Entsagen* (Oskar von Redwitz), Kantate in B-Dur für Sopran- und Tenorsolo, vierstimmigen gemischten Chor und Orgel oder Klavier – um 1851

*Auf, Brüder auf zur frohen Feier* (Ernst Marinelli/Beda Piringer), Kantate für Sopran, Alt, 2 Tenöre und 2 Bässe mit 3 Hörnern, 2 Trompeten und 1 Baßposaune in D-Dur – 1852
U: St. Florian, September 1852 in der ersten Textfassung; 17. Juli 1857 in geänderter Textfassung; Kremsmünster, 18?? in nochmals geänderter Textfassung

*Vor Arneths Grab* (Ernst Marinelli), für vierstimmigen Männerchor und 3 Posaunen in f-moll – 1854
U: St. Florian, März 1854

*Laßt Jubeltöne laut erklingen* (A. A. Naaf / A. Weiß), für vierstimmigen Männerchor und 2 Hörner, 2 Trompeten und 4 Posaunen in Es-Dur – 1854
U: Linz, 22. April 1854, Liedertafel »Frohsinn« in der ersten Textfassung; Wien, 15. Juni 1898, Dir.: Adolf Kirchl in der zweiten Textfassung

*Auf, Brüder, auf! Und die Saiten zur Hand* (Ernst Marinelli), Kantate für Männersoloquartett, vierstimmigen Männerchor, vierstimmigen gemischten Chor und 2 Oboen, 2 Fagotte, 3 Hörner, 2 Trompeten und 3 Posaunen in D-Dur – 1855
U: St. Florian, 17. Juli 1855

*Festkantate »Preiset den Herrn«* (Pamesberger), für vierstimmigen Männerchor, Baritonsolo, Blasorchester und Pauken in D-Dur – 1862
U: Linz, 1. Mai 1862, Dir.: Engelbert Lanz

*Germanenzug* (August Silberstein), für vierstimmigen Männerchor und 2 Cornetti, Tenor-Horn, 4 Trompeten, 4 Hörner, 3 Posaunen und Baßtuba in d-moll – 1863
U: Linz, 5. Juni 1865, Dir.: Anton Bruckner

*Um Mitternacht* (Robert Prutz), für vierstimmigen Männerchor, Altsolo und Klavier in f-moll – 1864
U: Linz, 11. Dezember 1864, Dir.: Anton Bruckner

*Herbstlied* (Friedrich von Sallet), für vierstimmigen Männerchor, 2 Sopransoli und Klavier in fis-moll – 1864
U: Linz, 24. November 1864, Dir.: Anton Bruckner

*Trauungslied* (Franz Isidor Proschko), für vierstimmigen Männerchor mit Soloquartett und Orgel – 1865
U: Linz, 6. Februar 1865, Liedertafel »Frohsinn« mit Bruckner an der Orgel

*Motto* und *Begrüßung* (J. K. Markus), für vierstimmigen Männerchor in C-Dur bzw. d-moll

*Mitternacht* (Josef Mendelssohn), für vierstimmigen Männerchor, Tenorsolo und Klavier in As-Dur – 1870
U: Linz, 15. Mai 1870, Liedertafel »Frohsinn«

*Motto »Freier Sinn und froher Mut«*, für vierstimmigen Männerchor in D-Dur – 1874

*Das hohe Lied* (Heinrich von der Mattig), As-Dur
1. Fassung: vier-achtstimmiger Männerchor (teilweise Brummchor), 2 Tenor- und 1 Baritonsolo und Orgel – 1876
2. Fassung: vier-achtstimmiger Männerchor (Übertragung des Brummchors auf 2 Violen, Violoncello und Kontrabaß), Tenorsolo und 4 Hörner, 3 Posaunen und Tuba
U: 10. Dezember 1879 in einer Probe unter Bruckners Leitung; Wien, 13. März 1902, Dir.: Hans Wagner

*Trösterin Musik* (August Seuffert), für vierstimmigen Männerchor und Orgel in c-moll – 1877
U: Wien, 11. April 1886, Dir.: Rudolf Weinwurm

*Nachruf* (Heinrich von der Mattig), für vierstimmigen Männerchor und Orgel in c-moll – 1877
U: St. Florian, 28. Oktober 1877, Dir.: Max Brava

*Abendzauber* (Heinrich von der Mattig), für vierstimmigen Männerchor, Baritonsolo, 3 Fern-Frauenstimmen und 4 Hörner in Ges-Dur – 1878
U: Wien, 18. März 1911, Dir.: Victor Keldorfer

*Das deutsche Lied* (Erich Fels), für vierstimmigen Männerchor und 4 Hörner, 3 Trompeten, 3 Posaunen und Baßtuba in d-moll – 1892
U: Salzburg, 5. Juni 1892, Dir.: Raoul Mader

*Helgoland* (August Silberstein), für vierstimmigen Männerchor und Orchester in g-moll – 1893
U: Wien, 8. Oktober 1893, Dir.: Eduard Kremser

## 8. Weltliche A-Cappella-Musik

*Tafellied*, für vierstimmigen Männerchor in Des-Dur – 1843, revidiert: 1893
U: Wien, 11. März 1893, Dir.: Raoul Mader

*An dem Feste* (Alois Knauer), für vierstimmigen Männerchor in Des-Dur
U: Enns, 19. September 1843

*Das Lied vom deutschen Vaterland* (Franz Xaver Müller), für vierstimmigen Männerchor in Des-Dur – um 1845
U: St. Florian, 11. Oktober 1921, Dir.: Franz Xaver Müller

*Festlied* (Ludwig Kraus), für vierstimmigen Männerchor in D-Dur – 1843

*Ständchen*, für Männerquartett mit Brummstimmen und Tenorsolo in G-Dur – um 1846

*Der Lehrerstand*, für vierstimmigen Männerchor in Es-Dur – um 1847
U: zur Entstehungszeit in St. Florian (?)

*Sternschnuppen* (Ernst Marinelli), für Männerquartett in F-Dur – 1848
U: zur Entstehungszeit in St. Florian

*Zwei Sängersprüche (Motti)* (Textdichter unbekannt), für vierstimmigen Männerchor in D-Dur und A-Dur – 1851

*Das edle Herz* (Ernst Marinelli), für vierstimmigen Männerchor in A-Dur – um 1851

*Zwei Totenlieder* (Textdichter unbekannt), für vierstimmigen gemischten Chor in Es-Dur und F-Dur – 1852
U: zur Entstehungszeit in St. Marienkirchen

*Die Geburt* (Textdichter unbekannt), für vierstimmigen Männerchor in Des-Dur – 1851
U: März 1852

*Des Dankes Wort sei mir vergönnt* (Ernst Marinelli), für fünfstimmigen Männerchor mit Tenor- und Baßsolo in F-Dur – 1855

*Am Grabe* (Ernst Marinelli), für vierstimmigen Männerchor in f-moll – 1861
U: Linz, 11. Februar 1861, Dir.: Anton Bruckner

*Du bist wie eine Blume* (Heinrich Heine), für gemischtes Vokalquartett in F-Dur – 1861
U: Linz, 15. Dezember 1861, Hermine und Wilhelmine Ritter, Heinrich Knoll und Ferdinand Hummel

*Volkslied »Anheben laßt uns all zusamm'«* (Josef Winter), für vierstimmigen Männerchor in C-Dur – um 1861 – auch für Singstimme und Klavier bearbeitet

*Das edle Herz* (Ernst Marinelli), für vierstimmigen gemischten Chor in A-Dur – 1861

*Der Abendhimmel* (Joseph Christian Zedlitz), für Männerquartett in As-Dur – 1861/62
U: Linz, 4. Juli 1900 (als Männerchor), Dir.: Franz Prammer

*Zigeuner-Waldlied* (August Silberstein [?]), für Männerquartett – um 1863 – verschollen, jedoch inkorporiert in den *Germanenzug*

*Der Abendhimmel* (Joseph Christian Zedlitz), für vierstimmigen Männerchor in F-Dur – 1866
U: Wien, 11. Dezember 1898, Wiener Männergesangverein

*Vaterländisches Weinlied* (August Silberstein), für vierstimmigen Männerchor in C-Dur – 1866
U: Linz, 13. Februar 1868, Dir.: Anton Bruckner

*Vaterlandslied »O könnt' ich dich beglücken«* (August Silberstein), für vierstimmigen Männerchor mit Tenor- und Baritonsolo in As-Dur – 1866
U: Linz, 4. April 1868, Dir.: Anton Bruckner

*Zwei Wahlsprüche* – 1868
1. »Das Frauenherz, die Mannesbrust» (Karl Kerschbaum), für vierstimmigen gemischten Chor in A-Dur
2. »Des Höchsten Preis, des Vaterlandes Ruhm« (A. Mittermayr), für vierstimmigen Männerchor in C-Dur

*Zur Vermählungsfeier* (Heinrich von der Mattig), für vierstimmigen Männerchor in D-Dur – 1878

*Sängerbund* (Heinrich von der Mattig [?] / Karl Kerschbaum), für vierstimmigen Männerchor in C-Dur – 1882
U: Wels, 10. Juni 1883, Dir.: E. Binder

*Um Mitternacht* (Robert Prutz), für vierstimmigen Männerchor mit Tenorsolo in f-moll – 1886, revidiert: 1887
U: Linz, 15. April 1886, Dir.: Wilhelm Floderer

*Träumen und Wachen* (Franz Grillparzer), für vierstimmigen Männerchor mit Tenorsolo in As-Dur – 1890, revidiert: 1892
U: Wien, 15. Januar 1891, Dir.: Anton Bruckner

## 9. Lieder für Gesang und Klavier

*Mild wie Bäche* (Ernst Marinelli [?]), As-Dur – um 1845 – Fragment

*Duetto »Wie des Bächleins Silberquelle«*, G-Dur – um 1845 – für 2 Soprane und Klavier – Fragment

*Frühlingslied* (Heinrich Heine), A-Dur – 1851

*Amaranths Waldeslieder* (Oskar von Redwitz), G-Dur – 1858 (?)
U: zur Entstehungszeit in St. Florian (?)

*Im April* (Emanuel Geibel), As-Dur – 1868
U: Wien, 5. Februar 1903, mit Gisela Seehofer, Gesang

*Mein Herz und deine Stimme* (August von Platen), A-Dur – 1868

*Herbstkummer* (Ernst), e-moll – um 1868 – für Tenor und Klavier

Barbara Zuber / Rainer Riehn

# Auswahlbibliographie


Abendroth, W.: *Bruckner. Eine Bildbiographie,* München 1958.

Abert, A. A.: »Die Behandlung der Instrumente in Bruckners Streichquintett«, in: *Deutsche Musikkultur* 5 (1940/41), S. 133 ff.

Antonicek, Th. (Hrsg.): *Anton Bruckner und die Wiener Hofmusikkapelle,* Graz 1979.

Armbruster, E.T.A.: *Erstdruck oder »Originalfassung«?,* Leipzig 1946.

Auer, M.: *Anton Bruckner. Sein Leben und Werk,* Wien 1923.

–: *Anton Bruckner als Kirchenmusiker,* Regensburg 1927.

–: »Der Streit um den ›echten‹ Bruckner im Licht biographischer Tatsachen«, in: *Zeitschrift für Musik* 53 (1936), S. 538 ff.

Auer, M. / Pergler, R. / Weisbach, H.: *Anton Bruckner. Wissenschaftliche und künstlerische Betrachtungen zu den Original-Fassungen,* Wien 1937.

Barford, Ph.: *Bruckner's Symphonies,* London 1978.

Basso, A. (Hrsg.): *Anton Bruckner simposium,* Genua 1958.

Bauer, M.: »Zur Form in den sinfonischen Werken Anton Bruckners«, in: *Festschrift Hermann Kretzschmar,* Leipzig 1918, S. 12 ff.

Benary, P.: *Anton Bruckner,* Leipzig 1956.

–: »Gedanken zur Bruckner-Interpretation«, in: *Schweizerische Musikzeitung* 102 (1962), S. 296 ff.

Bobo, R. P.: *Scoring for the Wagner Tuben by Richard Wagner, Anton Bruckner and Richard Strauß,* Ann Arbor/Mich.: Univ. Microfilms 1972.

Brosche, G.: »Die Wiener Fassung der ersten Symphonie von Anton Bruckner«, in: *Österreichische Musikzeitschrift* 36 (1981), S. 395 ff.

Böttcher, L.: »Unbekannte Klavier-Werke von Anton Bruckner«, in: *Das Musikleben* 2 (1949), S. 236 ff.

Brosche, G.: »Anton Bruckners Traditionsbewußtsein«, in: *Österreichische Musikzeitschrift* 29 (1974), S. 430 ff.

Bruckner, A. – *Anton Bruckner. Gesammelte Briefe.* Hrsg. v. F. Gräflinger, Regensburg 1924.

Bruckner, A. – *Anton Bruckner. Gesammelte Briefe. Neue Folge.* Hrsg. v. M. Auer, Regensburg 1924.

Bruckner, A. – *Anton Bruckner. 10 Briefe.* Hrsg. u. kommentiert v. F. v. Lepel, Berlin 1953.

Bruckner, A. – *Anton Bruckner. Vorlesungen über Harmonielehre und Kontrapunkt an der Universität Wien.* Hrsg. v. E. Schwanzara, Wien 1950.

Bruckner, A. – *Anton Bruckner in Lehre und Forschung. Symposion zu Bruckners 150. Geburtstag, Linz a. d. Donau, Sept. 1974,* Regensburg 1976.

*Bruckner-Blätter. Mitteilungen der Internationalen Bruckner-Gesellschaft,* Wien 1929–1937.

Brunner, F.: *Dr. Anton Bruckner. Ein Lebensbild,* Linz 1895; Reprint: 1974.

Busch, H. J.: »Anton Bruckners Tätigkeit als Orgelsachverständiger«, in: *Ars organi* 19 (1971), S. 1585 ff.

Bushler, D. M.: *Development in the first movements of Bruckners symphonies,* Ann Arbor/Mich.: Univ. Microfilms 1976.

*Chord and Discord,* New York 1947 ff. – Publikationsorgan der amerikanischen Bruckner-Society.

Cook, D.: »The Bruckner Problem Simplified«, in: *The Musical Times* 110 (1969), S. 20ff., 142ff., 362ff., 479ff., 828ff.

Dahlhaus, C.: »Bruckner und der Barock«, in: *Neue Zeitschrift für Musik* 74 (1963), S. 335ff.

Daninger, J.: *Anton Bruckner,* Wien 1924.

Dawson-Bowling, P.: »Thematic and Tonal Unity in Bruckner's Eighth Symphony«, in: *The Music Review* 30 (1969), S. 225ff.

Decsey, E.: *Bruckner. Versuch eines Lebens,* Berlin ³1930.

Dehnert. M.: *Anton Bruckner. Versuch einer Deutung,* Leipzig 1958.

Doernberg, E.: *Anton Bruckner. Leben und Werk,* München 1963.

Duse. U.: »Bruckner e il suo caso«, in: *Musica e cultura,* Padua 1967, S. 13ff.

Eckstein, F.: *Erinnerungen an Anton Bruckner,* Wien 1923.

Engel, G.: *The Life of Anton Bruckner,* New York 1931.

–: *The Symphonies of Anton Bruckner,* New York 1955.

Eppstein, H.: »Bruckner und das Triviale«, in: *Österreichische Musikzeitschrift* 30 (1975), S. 632ff.

Eymann, F.: *Von Bach zu Bruckner,* Bern 1968.

Fellerer, K. G.: »Bruckners Kirchenmusik und der Cäcilianismus«, in: *Österreichische Musikzeitschrift* 29 (1974), S. 404ff.

Fischer, H. C. (Hrsg.): *Anton Bruckner. Sein Leben. Eine Dokumentation,* Salzburg 1974.

Floros, C.: »Zur Antithese Brahms – Bruckner«, in: *Brahms-Studien* I, hrsg. v. C. Floros, Hamburg 1974.

–: *Brahms und Bruckner. Studien zur musikalischen Exegetik,* Wiesbaden 1980.

Furtwängler, W.: *Johannes Brahms, Anton Bruckner,* Leipzig 1924.

–: »Anton Bruckner«, in: *Ton und Wort,* Wiesbaden 1954.

Gallois, J.: *Bruckner,* Paris 1971.

Gavazzeni, G.: »Intorno ad Anton Bruckner«, in: *Il suono è stanco,* Bergamo 1950.

Gentilucci, G.: »Attualitá del caso Bruckner«, in: *Rassegna musicale Curci* 20 (1967).

Göllerich, A.: »Anton Bruckners 114. Psalm«, in: *Die Musik* 6 (1906/07), S. 36.

–: *Anton Bruckner. Ein Lebens- und Schaffensbild,* Bd. 1. Regensburg 1922; Bd. 2–4 hrsg. v. M. Auer, Regensburg 1928–1936.

Gräflinger, F.: *Anton Bruckner. Bausteine zu seiner Lebensgeschichte,* München 1911.

–: *Anton Bruckner. Sein Leben und seine Werke,* Regensburg 1921.

–: *Anton Bruckner. Leben und Schaffen,* Berlin 1927.

Gräner, G.: *Anton Bruckner,* Leipzig 1924.

Grant, P.: »Bruckner and Mahler. The fundamental dissimilarity of their styles«, in: *The Music Review* 32 (1971), S. 36ff.

Grasberger, F.: »Anton Bruckner und Richard Wagner. Zur Herausgabe der III. Symphonie (Fassung von 1889) in der Bruckner-Gesamtausgabe«, in: *Österreichische Musikzeitschrift* 14 (1959), S. 524ff.

– (Hrsg.): *Bruckner-Studien. Leopold Nowak zum 60. Geburtstag,* Wien 1964.

–: »Das Jahr 1868«, in: *Österreichische Musikzeitschrift* 23 (1968), S. 197ff.

–: »Anton Bruckners Auslandsreisen«, in: *Österreichische Musikzeitschrift* 24 (1969), S. 630ff.

–: »Form und Ekstase. Über eine Beziehung Haydn–Schubert–Bruckner in der Symphonie«, in: *Anthony van Hoboken. Festschrift zum 75. Geburtstag,* Mainz 1962, S. 93ff.

– (Hrsg.): *Anton Bruckner zum 150. Geburtstag. Eine Ausstellung im Prunksaal der Österreichischen Nationalbibliothek 29. Mai bis 12. Oktober 1974,* Wien 1974.

–: »Neue Aspekte des Bruckner-Bildes«, in: *Österreichische Musikzeitschrift* 29 (1974), S. 426ff.

– (Hrsg.): *Bruckner-Symposion. Im Rahmen des Internationalen Brucknerfestes Linz 1977 . . . Bericht*, Linz 1978.

– (Hrsg.): *Anton Bruckner. Dokumente und Studien 2. Anton Bruckner in Wien. Eine kritische Studie zu seiner Persönlichkeit*, Graz 1980.

– (Hrsg.): *Bruckner-Jahrbuch 1980*, Linz 1980.

–: *Bruckner-Symposion »Die Fassungen«. Bericht*, Linz 1981.

Grasberger, R.: *Werkverzeichnis Anton Bruckner*, Tutzing 1977 (Publikationen d. Inst. f. Österreich. Musikdokumentation 7).

Grebe, K.: *Anton Bruckner in Selbstzeugnissen und Bilddokumenten*, Reinbek bei Hamburg 1972.

Griesbacher, P.: *Bruckners Te Deum*, Regensburg 1919.

Gruber, J.: *Meine Erinnerungen an Dr. Anton Bruckner*, Einsiedeln 1929.

Grüninger, F.: *Anton Bruckner. Der metaphysische Kern seiner Persönlichkeit und Werke*, Augsburg 1930.

–: *Wege zu Anton Bruckner. Erinnerungsblätter zu seinem 40. Todestag*, Karlsruhe 1936.

Grunsky, K.: *Bruckners Symphonien*, Berlin 1908.

–: *Anton Bruckner*, Stuttgart 1922.

–: *Das Formproblem in Anton Bruckners Symphonien*, Augsburg 1929.

–: *Formenwelt und Sinngefüge in den Bruckner-Symphonien*, Augsburg 1931.

Gülke, P.: »Der schwierige Jubilar. Zu Anton Bruckners 150. Geburtstag«, in: *Musik und Gesellschaft* 24 (1974), S. 547 ff.

Haas, R.: *Anton Bruckner*, Potsdam 1934.

Halm, A.: *Die Symphonien Anton Bruckners*, München 1913; 2. Aufl. 1923; Nachdr. Hildesheim 1975.

Hartmann, K. A. / Wahren, W.: »Briefe über Bruckner«, in: *Neue Zeitschrift für Musik* 126 (1965), S. 272 ff., 334 ff., 380 ff.

Hess, W.: »Die Urfassung von Bruckners dritter Sinfonie und das Problem der Gesamtausgabe«, in: *Schweizerische Musikzeitung* 88 (1948), S. 453.

Heugel, W. v.: *Anton Bruckner*, Haarlem–Antwerpen 1949.

Heuss, A.: *Te Deum von Anton Bruckner*, Leipzig 1908.

Horn, E.: »Anton Bruckner: Motetten-Pange lingua«, in: *Musica sacra* 101 (1981), S. 279 ff.

Howie, A. C.: *The Sacred Music of Anton Bruckner*, Diss. Manchester Univ. 1969.

Hruby, C.: *Meine Erinnerungen an Anton Bruckner*, Wien 1901.

*In Ehrfurcht vor den Manen eines Großen. Zum 75. Todestag Anton Bruckners*, Linz 1971.

*Katalog der Anton-Bruckner-Gedächtnisausstellung im Oberösterreichischen Landesmuseum*, Linz 1935.

Kähler, W.: *Bruckner's Symphonien*, Berlin o. J.

Kellner, A.: *Musikgeschichte des Stiftes Kremsmünster*, Kassel 1956.

Kerner, D.: »Anton Bruckner«, in: *Hessisches Ärzteblatt* 30 (1969), S. 336 ff.

Kirsch, W.: *Studien zum Vokalstil der mittleren Schaffensperiode Anton Bruckners*, Diss. Frankfurt a. M. 1958.

–: »Anton Bruckners Motetten der Wiener Zeit«, in: *Musik und Altar* 11 (1958/59), S. 56 ff.

Kitzler, O.: *Musikalische Erinnerungen*, Brünn 1904.

Klose, F.: *Meine Lehrjahre bei Bruckner. Erinnerungen und Betrachtungen*, Regensburg 1927.

–: »Zum Thema ›Original und Bearbeitung‹ bei Bruckner«, in: *Deutsche Musikkultur* 1 (1936/37), S. 222 ff.

Kluger, J.: »Schlichte Erinnerungen an Anton Bruckner«, in: *Jahrbuch des Stiftes Klosterneuburg* 3, Wien 1910, S. 107 ff.

Knab, A.: *Bruckner. 5. Symphonie*, Wien 1922.

–: »Bach, Beethoven, Bruckner«, in: *Musica* 3 (1949), S. 316ff.

Knapp, A.: *Anton Bruckner. Zum Verständnis seiner Werke*, Düsseldorf 1921.

Kobald, K. (Hrsg.): *In memoriam Anton Bruckner*, Wien 1924.

König, W.: *Anton Bruckner als Chormeister*, Linz 1936.

Korte, W. F.: *Bruckner und Brahms. Die spätromantische Lösung der autonomen Konzeption*, Tutzing 1963.

Kraus, E.: »Anton Bruckner in der Orgelliteratur«, in: *Musica sacra* 94 (1974), S. 215ff.

Krenn, G.: »Jugenderinnerungen an Meister Bruckner«, in: *Linzer Tagespost*, Nr. 264 (1924).

Kraus, Felix von: *Begegnungen mit Anton Bruckner, Johannes Brahms, Cosima Wagner*, hrsg. von Felicitas von Kraus, Wien 1960, S. 11ff.

Kreitmaier, J.: »Anton Bruckner«, in: *Dominanten*, Freiburg i. Br. 1924, S. 119ff.

Kretzschmar, H.: *Anton Bruckner. 3. Symphonie*, Leipzig 1898.

–: *Anton Bruckner. 4. Symphonie*, Leipzig 1898.

Krohn, I.: *Anton Bruckners Symphonien. Untersuchung über Formenbau und Stimmungsgehalt*, 3 Bde, Helsinki–Wiesbaden 1955–1957. (Annales Academiae Scientiarum Fennicae. LXXXVI, XCIX, CIX.)

Kropfreiter, A. F.: »Das Kyrie der f-moll-Messe im Adagio der Neunten Sinfonie«, in: *Österreichische Musikzeitschrift* 29 (1974), S. 439ff.

Kurth, E.: *Romantische Harmonik und ihre Krise in Wagners Tristan*, Berlin ²1923.

–: *Anton Bruckner*, Berlin 1925.

Kurthen, W.: »Liszt und Bruckner als Messekomponisten«, in: *Musica divina* 13/2 (1925), S. 44ff.

Lach, R.: *Die Bruckner-Akten des Wiener Universitäts-Archivs*, Wien 1926.

Lancelot, M.: *Anton Bruckner. L'homme et son œuvre*, Paris 1964.

Lang, O.: »Die Thematik Anton Bruckners«, in: *Deutsche Musikkultur* 4 (1939/40), S. 64ff.

–: *Anton Bruckner. Wesen und Bedeutung*, München ³1947.

Langevin, P.-G.: *Le siècle de Bruckner. Essais pour une nouvelle perspective sur les maîtres viennois du second âge d'or: Anton Bruckner, Hugo Wolf, Gustav Mahler, Arnold Schoenberg, Franz Schmidt et ses contemporains*, Paris 1975.

–: *Anton Bruckner. Apogée de la symphonie. Avec des contributions de Eric-Paul Stekel*, Lausanne 1977.

Lassl, J.: *Das kleine Brucknerbuch*, Salzburg ²1972.

Laux, K.: *Anton Bruckner. Leben und Werk*, Leipzig 1940, ²1947.

Liess, A.: »Anton Bruckners Gestalt und Werk«, in: *Universitas* 16 (1961), S. 31ff.

Loerke, O.: *Anton Bruckner. Ein Charakterbild*, Berlin ³1943.

Louis, R.: *Anton Bruckner*, Berlin 1904.

Machabey, A.: *La vie et l'œuvre d'Anton Bruckner*, Paris 1945.

Marliave, J. de: »Anton Bruckner«, in: *Etudes musicales*, Paris 1917.

Marnold, J.: »Anton Bruckner«, in: *Musique d'autrefois et d'aujourd'hui*, Paris 1921.

Martinotti, S.: *Guida alla settima sinfonia di Bruckner*, Genua 1960.

–: *L'opera sacra di Anton Bruckner*, Diss. Mailand 1962.

–: »Ricognizione del sinfonismo di Bruckner«, in: *Convegno musicale* 1 (1964), S. 45ff.

–: »La musica sacra di Bruckner«, in: *Convegno musicale*, Turin 1965.

–: *Anton Bruckner*. Pref. di Luigi Rognoni, Parma 1973.

Mathews, Th. K.: *The masses of Anton Bruckner. A comparative analysis*, Ann Arbor/Mich.: Univ. Microfilms 1975.

McIntyre, B.: *Conductorial Decisions in Bruckner's Symphonies nos. 8 and 9*, Diss. Indiana University 1970.

Metzger, H.-K.: »Erwägungen zu Bruckners Vierter Symphonie«, in: *Programmheft zum Konzert der Münchner Philharmoniker*, München 22./23. November 1978

*Mitteilungsblatt der Internationalen Bruckner-Gesellschaft*, Wien 1971 ff.

Moravcsik, M. J.: »The coda in the symphonies of Anton Bruckner«, in: *The Music Review* 34 (1973), S. 241 ff.

Moroianu, M.: *Anton Bruckner*, Bukarest 1972.

Morold, M.: »Das Brucknersche Finale«, in: *Die Musik* 6 (1906/07), S. 28 ff.

–: *Anton Bruckner*, Leipzig ²1920.

Munch, F.: »La musique religieuse d'Anton Bruckner«, in: *Le ménestrel* 90 (1928), S. 69 ff., 81 ff. und 93 ff.

Newlin, D.: *Bruckner, Mahler, Schoenberg*, New York 1947; Rev. ed. New York 1978.

Niemann, W.: *Anton Bruckner. Fünfte Symphonie*, Leipzig o. J.

Nowak, L.: *Te Deum laudamus. Gedanken zur Musik Anton Bruckners*, Wien 1947.

–: »Anton Bruckners achte Symphonie und ihre zweite Fassung«, in: *Österreichische Musikzeitschrift* 10 (1955), S. 157 ff.

–: »›Urfassung‹ und ›Endfassung‹ bei Anton Bruckner«, in: *Kongreßbericht Wien Mozartjahr 1956*, Graz–Köln 1958, S. 448 ff.

–: »Das Finale von Bruckners VII. Symphonie«, in: *Festschrift Wilhelm Fischer*, Innsbruck 1956 (Innsbrucker Beiträge zur Kulturwissenschaft, Sonderheft 3).

–: »Anton Bruckners Formwille, dargestellt am Finale seiner V. Symphonie«, in: *Miscelánea en homenaje a Monseñor Higinio Anglés*, Barcelona 1958/61, Bd. 2, S. 609 ff.

–: »Symphonischer und kirchlicher Stil bei Anton Bruckner«, in: *Festschrift Karl Gustav Fellerer*, Regensburg 1962, S. 391 ff.

–: »Probleme bei der Veröffentlichung von Skizzen dargestellt an einem Beispiel aus Anton Bruckners Te Deum«, in: *Anthony van Hoboken. Festschrift zum 75. Geburtstag*, Mainz 1962, S. 115 ff.

– (Hrsg.): *Anton Bruckner und Linz – Ausstellungskatalog*, Wien 1964.

–: »Form und Rhythmus im ersten Satz des Streichquintetts von Anton Bruckner«, in: *Festschrift Hans Engel*, Kassel 1964, S. 260 ff.

–: *Anton Bruckner. Musik und Leben*, Wien 1964.

–: »Der Name ›Jesus Christus‹ in den Kompositionen von Anton Bruckner«, in: *Wissenschaft im Dienste des Glaubens. Festschrift ... Hermann Peichl*, Wien 1965, S. 199 ff.

–: »Das Bruckner-Erbe der Österreichischen Nationalbibliothek«, in: *Österreichische Musikzeitschrift* 21 (1966), S. 526 ff.

–: *Anton Bruckner. Musik und Leben*, Linz 1973.

–: »Anton Bruckner und München«, in: *Die Münchner Philharmoniker. 1893–1968*, hrsg. von A. Ott und E. Faehndrich, München 1968, S. 47 ff.

–: »Zur Analyse Brucknerscher Symphonik«, in: *Neue Zeitschrift für Musik*, 135 (1974), S. 674 ff.

–: »Die drei Final-Sätze zur IV. Symphonie von Anton Bruckner«, in: *Österreichische Musikzeitschrift* 36 (1981), S. 2 ff.

Oberleithner, M. v.: *Meine Erinnerungen an Anton Bruckner*, Regensburg 1933.

Ochs, S.: *Anton Bruckner. Te Deum*, Stuttgart 1896.

Oeser, F.: *Die Klangstruktur der Bruckner-Symphonie. Eine Studie zur Frage der Original-Fassungen*, Leipzig 1939.

Orel, A.: *Unbekannte Frühwerke Anton Bruckners*, Wien 1921.

–: *Anton Bruckner. Das Werk, der Künstler, die Zeit*, Wien 1925.

–: *Anton Bruckner. Ein österreichischer Meister der Tonkunst,* Altötting 1926.

–: *Anton Bruckner. 1824–1896. Sein Leben in Bildern,* Leipzig 1936.

–: »Original und Bearbeitung bei Bruckner«, in: *Deutsche Musikkultur* 1 (1936/37), S. 193 ff.

–: *Ein Harmonielehrekolleg bei Anton Bruckner,* Wien 1940.

– (Hrsg.): *Bruckner-Brevier. Briefe, Dokumente, Berichte,* Wien 1953.

–: »Bruckner und Wien«, in: *Hans Albrecht in memoriam,* Kassel 1962, S. 225 ff.

Paap, W.: *Anton Bruckner. Zijn land, zijn leven en zijn kunst,* Bilthoven 1936.

Perl, K. J.: *Christliche Musik und Anton Bruckner,* Strasbourg 1937.

Pfugbeil, H.: »Omnia ad maiorem Dei gloriam – Anton Bruckner«, in: *Credo musicale ... Festgabe zum 80. Geburtstag ... Rudolf Mauersberger,* Kassel 1969, S. 63 ff.

Poppen, H.: *Anton Bruckner. Ein Vortrag gehalten anläßlich der Bruckner-Gedenkstunde der Stadt Heidelberg am 15. Nov. 1946,* Heidelberg 1946 (Heidelberger Vorträge 2).

Quoika, R.: *Die Orgelwelt um Anton Bruckner,* Ludwigsburg 1966.

Rappoport, L.: *Anton Bruckner,* Moskau 1963.

Redlich, H. F.: »Bruckner's Forgotten Symphony (No. ›0‹)«, in: *Music Survey* 2 (1949), S. 14 ff.

–: »The Finale of Bruckner's Ninth Symphony«, in: *The Music Review* 74 (1949), S. 143 ff.

–: »Brahms and Bruckner. Quintets in F«, in: *Music and Letters* 36 (1955), S. 253 ff.

–: *Bruckner and Mahler,* London 1955; rev. ed. 1963.

Refardt, E.: *Brahms, Bruckner, Wolf. Drei Wiener Meister des 19. Jahrhunderts,* Basel 1949.

Reich, W. (Hrsg.): *Anton Bruckner. Ein Bild seiner Persönlichkeit,* Basel 1953.

Röthig, C. Ch.: *Studien zur Systematik des Schaffens von Anton Bruckner auf der Grundlage zeitgenössischer Berichte und autographer Entwürfe,* Kassel 1978 (Göttinger musikwissenschaftliche Arbeiten 9).

Ruzicka, P.: »Zum Finale der neunten Symphonie von Anton Bruckner«, in: *HiFi-Stereophonie* 18 (1979), S. 140 ff.

Schalk, F. (Hrsg.): *Briefe und Betrachtungen,* Wien–Leipzig 1935.

Schenk, E.: *Um Bruckners Persönlichkeit,* Wien 1951.

Schiske, K.: *Zur Dissonanzverwertung in den Symphonien Anton Bruckners,* Diss. Wien 1940.

Schmitz, A.: »Anton Bruckners Motette ›Os justi‹. Eine Erwägung zur Problematik der kirchenmusikalischen Restauration im 19. Jahrhundert«, in: *Epirrhosis. Festschrift Carl Schmitt,* Bd. 1, Berlin 1968, S. 333 ff.

Schnebel, D.: »Der erhörte Klang. Höranalyse am Beispiel von Bruckners ›Dritter‹«, in: *Musik und Bildung* 11 (1979), S. 159 ff.

Schneider, O.: »Anton Bruckners Briefe an die Wiener Philharmoniker«, in: *Österreichische Musikzeitschrift* 29 (1974), S. 183 ff.

Schöny, H.: »Neues zu Anton Bruckners Vorfahren«, in: *Jahrbuch des oberösterreichischen Musealvereins* 108, Linz 1963, S. 251 ff.

–: *Bruckner-Ikonographie,* Wien 1968.

Schönzeler, H.-H.: *Bruckner,* London–New York 1970, dt. Wien 1974.

Scholz, H.-G.: *Die Form der reifen Messen Anton Bruckners,* Berlin 1961.

Schulten, W.: *Anton Bruckners künstlerische Entwicklung in der St. Florianer Zeit,* Diss. Mainz 1956.

–: *Über die Bedeutung der St. Florianer Jahre Anton Bruckners (1845–1855),* Aachen 1960.

Schwebsch, E.: *Anton Bruckner. Ein Beitrag zur Erkenntnis von Entwickelungen in der Musik,* Stuttgart ²1923.

–: *Anton Bruckners VI. Symphonie,* Stuttgart 1953.

Sharp, G.: »Anton Bruckner: Simpleton or Mystic?«, in: *The Music Review* 3 (1942), S. 46 ff.

Simpson, R.: »Bruckner and the Symphony«, in: *The Music Review* 7 (1946), S. 35 ff.

–: »The Seventh Symphony of Bruckner«, in: *The Music Review* 8 (1947), S. 178 ff.

–: *The Essence of Bruckner. An Essay towards the Understanding of his Music,* London 1967.

Singer, K.: *Bruckners Chormusik,* Stuttgart 1924.

Smith, R. R.: »Motivic procedure in opening movements of the symphonies of Schumann, Bruckner and Brahms«, in: *The Music Review* 36 (1975), S. 130 ff.

Staub-Schlaepfer, G.: »Neue Glossen zu Bruckners 8. Sinfonie«, in: *Schweizerische Musikzeitung* 46 (1905), S. 12 ff.

Sullivan, C. F.: *The D minor and F minor masses of Anton Bruckner as the culmination of the Viennese classical mass tradition,* Ann Arbor/Mich.: Univ. Microfilms 1974.

Swarowsky, H.: »Bruckner: V. Symphonie«, in: *Wahrung der Gestalt. Schriften über Werk und Wiedergabe, Stil und Interpretation in der Musik,* hrsg. von Manfred Huss, Wien 1979, S. 114 ff.

Tessmer, H.: *Anton Bruckner,* Regensburg 1922.

Thiele, S.: »Bruckner und die Musik des 20. Jahrhunderts«, in: *Neue Zeitschrift für Musik* 4 (1978), S. 396 ff.

Tröller, J.: *Anton Bruckner. 3. Symphonie d-moll,* München 1976 (Meisterwerke der Musik. 13).

Tschulik, N. (Hrsg.): *Anton Bruckner im Spiegel seiner Zeit,* Wien 1955.

Unger, H.: *Anton Bruckner und seine 7. Symphonie,* Bonn 1944.

Unger, Kl.: *Studien zur Harmonik Anton Bruckners,* Diss. Heidelberg 1970.

Vassenhove, L. v.: *Anton Bruckner,* Neuchâtel 1942.

Vestdijk, S.: *De symfonieen van Anton Bruckner en andere essays over muziek,* Amsterdam – Den Haag 1966.

Vetter, W.: »Das Adagio bei Anton Bruckner«, in: *Deutsche Musikkultur* 5 (1940/41), S. 121 ff.

Voss, E.: »Bruckners Sinfonien in ihrer Beziehung zur Messe«, in: *Schallplatte und Kirche* 5 (1969), S. 103 ff.

Wagner, K.: »Bruckners Themenbildung als Kriterium seiner Stilentwicklung«, in: *Österreichische Musikzeitschrift* 25 (1970), S. 159 ff.

Wagner, M.: *Die Melodien Bruckners in systematischer Ordnung,* Diss. Wien 1970.

–: »Der Quint-Oktavschritt als ›Maiestas‹-Symbol bei Anton Bruckner«, in: *Kirchenmusikalisches Jahrbuch* 56 (1972), S. 97 ff.

–: »Zum Formalzwang im Leben Anton Bruckners«, in: *Österreichische Musikzeitschrift* 29 (1974), S. 418 ff.

–: »Liszt und Bruckner – oder ein Weg zur Restauration sakraler Musik«, in: *Liszt-Studien 1,* Graz 1977.

–: Zur Diskrepanz zwischen Urfassung und späteren Fassungen bei Bruckner«, in: *Österreichische Musikzeitschrift* 33 (1978), S. 348 ff.

–: *Der Wandel des Konzepts. Zu den verschiedenen Fassungen Bruckners Dritter, Vierter und Achter Sinfonie,* Wien 1980.

Walker, A. D.: »Bruckner Versions«, in: *Gramophone* 43 (1965/66), S. 289 ff.

–: »Bruckner's Works. A List of the Publicated Scores of the Various Versions«, in: *Brio* 3 (1966), S. 4 ff.

Walter, B.: »Bruckner and Mahler«, in: *Chord and Discord* 2/2 (1940), S. 3 ff.

Waters, E. N.: »Variations on a Theme. Recent Acquisitions of the Music Division«, in: *Library of Congress Quaterly Journal* 27/1 (1970), S. 31 ff.

Wellesz, E.: »Le versioni originali delle Sinfonie di Bruckner«, in: *La Rassegna Musicale* 10 (1937), S. 13 ff.

–: »Anton Bruckner and the Process of Musical Creation«, in: *Musical Quaterly* 24 (1938), S. 265 ff.

Werner, E.: »The Nature and Function of the Sequence in Bruckner's Symphonies«, in: *Essays in Musicology in Honor of Dragan Plamenac,* Pittsburgh 1969, S. 365 ff.

Wessely, O.: *Anton Bruckner in Linz. Vier Studien,* Diss. Wien 1947.

–: »Anton Bruckner und Linz«, in: *Jahrbuch der Stadt Linz 1954,* S. 201 ff.

–: »Beiträge zur Familiengeschichte Anton Bruckners«, in: *Jahrbuch des oberösterreichischen Musealvereines,* Linz 1955, S. 143 ff.

–: »Vergangenheit und Zukunft in Bruckners Messe in d-moll«, in: *Österreichische Musikzeitschrift* 29 (1974), S. 412 ff.

– (Hrsg.): *Bruckner-Studien. Festgabe der Österreichischen Akademie der Wissenschaften zum 150. Geburtstag von Anton Bruckner,* Wien 1975 (Veröffentlichungen d. Kommission für Musikforschung 16).

–: »Anton Bruckner und Gustav Mahler«, in: *Österreichische Musikzeitschrift* 32 (1977), S. 57 ff.

Westarp, A.: *Anton Bruckner. L'homme et l'œuvre,* Paris 1912.

Wetz, R.: *Anton Bruckner. Sein Leben und Schaffen,* Leipzig 1923.

Wickenhauser, R.: *Anton Bruckners Symphonien. Ihr Werden und Wesen,* Leipzig 1926/27.

Wilcox, J. H.: *The Symphonies of Anton Bruckner,* Diss. Florida State Univ. 1956.

Winterberger, H.: *Anton Bruckner in seiner Zeit,* Linz 1964.

Wöss, K.: *Ratschläge zur Aufführung der Symphonien Anton Bruckners,* Linz 1974.

Wood, R. W.: »Anton Bruckner«, in: *The Music Masters,* hrsg. von A. L. Bacharach, London 1950.

Wolff, W.: *Anton Bruckner. Rustic Genius,* New York 1942.

Wünschmann, Th.: *Anton Bruckners Weg als Symphoniker,* Steinfeld 1976 (Beiträge zur Musikreflexion 4).

–: *Zur Partitur der 4. Symphonie Anton Bruckners in der Fassung von 1874,* Vaduz 1979.

Zwol, C. van: *Op reis door 't land van Bruckner,* Amersfoort 1974.